DEIN COACH ZUM ERFOLG!

Dein ActiveBook auf My**STARK**:

Du kannst auf alle digitalen Inhalte (Prüfung 2022, interaktive Aufgaben, MindCards, Glossar) online zugreifen. Registriere dich dazu unter **www.stark-verlag.de/mystark** mit deinem **persönlichen Zugangscode:**

C08349-002327

Die Inhalte dieser Auflage stehen bis 31.7..

W0333979

My**STARK**

Das Active**Book** *bietet dir:*

- Viele interaktive Übungsaufgaben zu prüfungsrelevanten Kompetenzen
- Tipps zur Bearbeitung der Aufgaben
- Sofortige Ergebnisauswertung und Feedback
- MindCards und digitales Glossar zum gezielten Üben und Wiederholen zentraler Inhalte

DEIN COACH ZUM ERFOLG!

So kannst du interaktiv lernen:

Interaktive Aufgaben

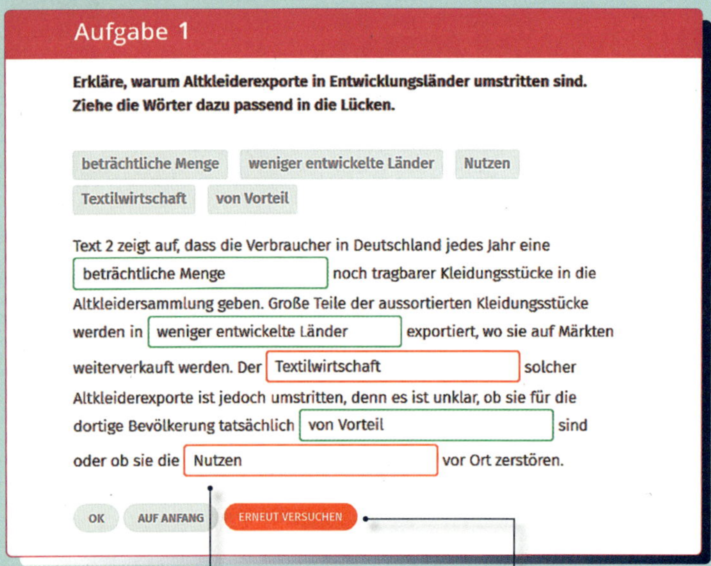

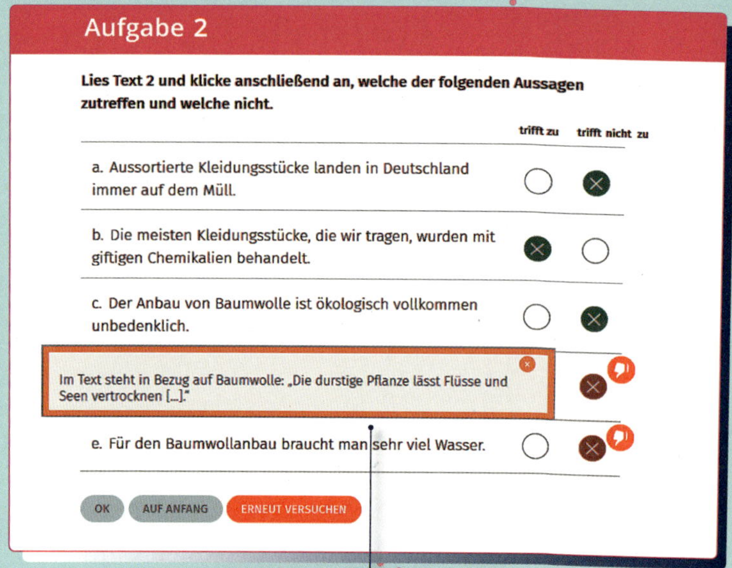

Sofortige Ergebnisauswertung

Zwei Versuche pro Aufgabe

Hilfreiche Tipps zum Lösen der Aufgaben

Digitales Glossar

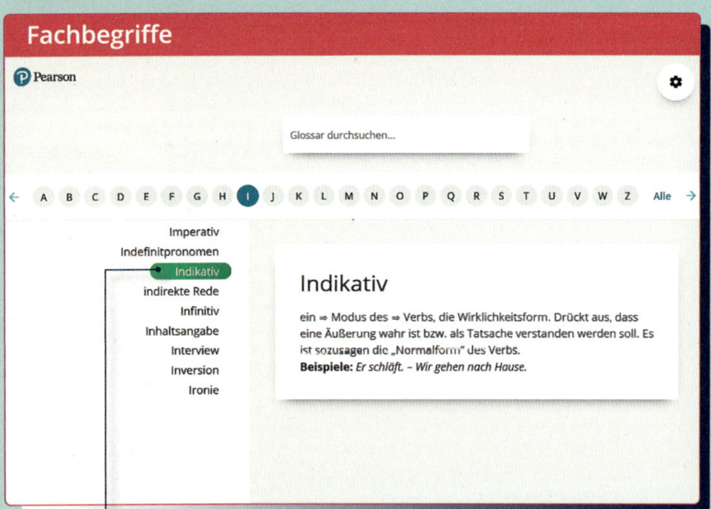

Schnelles Nachschlagen von Fachbegriffen

Web-App „MindCards“

Merkwissen gezielt üben und wiederholen

Individuelles Lernen nach dem Karteikartensystem

Systemvoraussetzungen:
- Mindestens 1024×768 Pixel Bildschirmauflösung
- Chrome, Firefox oder ähnlicher Webbrowser
- Internetzugang
- Adobe Reader oder anderer kompatibler PDF-Reader

Direkt zu den MindCards

2023

Hauptschulabschluss

Original-Prüfungsaufgaben und Training

Baden-Württemberg

Deutsch

STARK

Bildnachweis
S. 3: © javier brosch/Fotolia.com
S. 4: © pojoslaw/Fotolia.com
S. 5: © Petar Neychev/Dreamstime.com
S. 6: © Okea/Fotolia.com (oben); © Davide Guglielmo/www.sxc.hu (unten)
S. 8: © Joachim B. Albers/Fotolia.com (oben links); © Michael Flippo/Fotolia.com (unten links); © picture-alliance/dpa (rechts)
S. 11: © klickerminth/Fotolia.com
S. 12: © Gemenacom/Dreamstime.com
S. 13: © www.sxc.hu
S. 15: © Cressie Wright/Dreamstime.com
S. 19: © rdnzl/Fotolia.com
S. 20: © Volodymyrkrasyuk/Dreamstime.com
S. 21: © picsxl/Fotolia.com
S. 22: © Petr Terentyev/Dreamstime.com
S. 27: © kk_artworks/Fotolia.com
S. 28: © Poco_bw/Dreamstime.com
S. 31: © sharpner. Shutterstock
S. 33: © victoria p./Fotolia.com
S. 43: © sabphoto/123rf.com
S. 44: © Matthias Brandt: Blackbird. Verlag Kiepenheuer & Witsch 2021, Köln
S. 59: © Aamon – Fotolia.com
S. 68: aus: Mirjam Pressler, Nathan und seine Kinder © 2010 Gulliver in der Verlagsgruppe Beltz, Weinheim Basel
S. 69: © Stephanie Spaleck, Neuhausen-Hamberg
S. 81: © Aamon – Fotolia.com
S. 91: © Pelikan Vertriebsgesellschaft mbH & Co. KG Hannover
S. 92: © fotodesign – jegg/Fotolia.com
S. 98: © Ivonne Wierink/Dreamstime.com
S. 99: © Nam Fook Voon/Dreamstime.com
S. 100: © contrastwerkstatt/Fotolia.com
S. 102: © Aktion Tagwerk e.V.; www.action-tagwerk.de
S. 104: © Dmitry Rukhlenko/Fotolia.com
S. 106: © Alexander Raths/Fotolia.com
S. 109: © dolgachov/123rf
S. 119: © Real Illusion/Fotolia.com
S. 121: © Photomak/Dreamstime.com
S. 124: © Photocase.com
S. 129: © Creative Images/Fotolia.com (links), Pachangas/Fotolia.com (rechts)
S. 132: © EtiAmmos/Fotolia.com
S. 133: © svetlana67/Fotolia.com
S. 134: © Azaliya/Fotolia.com
S. 135: © Uschi Hering/Fotolia.com
S. 137: © Smileus/Fotolia.com
S. 139: © lipowski/Fotolia.com
S. 140: © Jiri Hera/Fotolia.com
S. 142: © Andreas Meyer/Dreamstime.com
S. 146: © Robert Kneschke/Fotolia.com
S. 147: © Romangorielov/Dreamstime.com
S. 149: © jagodka/Fotolia.com

DB „Training Grundwissen"
oben: © chenier/Fotolia.com, Mitte: pojoslaw/Fotolia.com, unten: © Klaus Eppele/Fotolia.com

DB „Übungsaufgaben im Stil der Abschlussprüfung"
oben: © Christian Schwier/Fotolia.com, Mitte: © Bilderbox.com, unten: Zoonar /Polylooks

DB „Original-Prüfungsaufgaben"
oben: © Michael Flippo/Fotolia.com, Mitte: © Dreamstime.com, unten: © Yuri Arcurs/Fotolia.com

16. neu bearbeitete und ergänzte Auflage
www.stark-verlag.de

Inhalt

Über den QR-Code kannst du **Lernvideos** zu wichtigen Rechtschreibregeln abrufen.

Übungsaufgaben im Stil der Abschlussprüfung

Original-Prüfungsaufgaben

Sobald die Original-Prüfungsaufgaben 2022 freigegeben sind, können sie als PDF auf der Plattform *MyStark* heruntergeladen werden (Zugangscode vgl. Farbseiten vorne im Buch).

Lernvideos

Wenn du den QR-Code mit deinem Smartphone oder Tablet scannst, kannst du Lernvideos abrufen, die dir wichtige Rechtschreibregeln erläutern.

Im Hinblick auf eine eventuelle Begrenzung des Datenvolumens empfehlen wir, dass du dich beim Ansehen der Videos im WLAN befindest. Hast du keine Möglichkeit, den QR-Code zu scannen, findest du die Lernvideos auch unter:

http://qrcode.stark-verlag.de/rechtschreibung-deutsch

Themen der Videos:

- Großschreibung
- Nominalisierung
- Kommaregeln bei Haupt- und Nebensätzen
- Kommasetzung bei Infinitivgruppen
- Rechtschreibstrategien

Autorinnen:
Marion von der Kammer: Training Grundwissen (außer: Kapitel „Pflichtlektüren“), Übungsaufgaben im Stil der Abschlussprüfung
Anja Engel: Kapitel „Pflichtlektüren“

Interaktives Training

ActiveBook
Interaktives Training

Dieses Buch umfasst auch ein interaktives Prüfungstraining fürs Lernen am Computer oder Tablet. Zum ActiveBook gelangst du über die Online-Plattform *MyStark*. Nutze dafür den vorne im Buch eingedruckten **Link** und deinen persönlichen **Zugangscode**.
Im Folgenden siehst du das Inhaltsverzeichnis zum ActiveBook. Die abgebildeten **Symbole** findest du auch auf anderen Seiten im Buch wieder. Sie zeigen dir, zu welchen Kompetenzbereichen es im ActiveBook **zusätzliche interaktive Aufgaben** gibt.

Inhalt ActiveBook

Interaktive Aufgaben
Aufgaben mit Tipps, Feedback und sofortiger Auswertung zu allen Bereichen der Prüfung:

Pflichtteil A

- Teil A 1: Sachtext
- Teil A 2: Ganzschrift

Wahlteil B

- Erörterung
- Textbeschreibung Lyrik
- Textbeschreibung Prosa

MindCards
Interaktive Lernkarten zu wichtigen Fragen und Fehlerschwerpunkten

Digitales Glossar
Einfaches und schnelles Nachschlagen von Fachbegriffen, wie z. B. Textsorten, Stilmittel, Grammatikwissen

Lernvideos
Fünf Lernvideos zu wichtigen Rechtschreibregeln

Vorwort

Liebe Schülerin, lieber Schüler,

mit diesem Buch kannst du dich selbstständig und gründlich auf die **Hauptschulabschlussprüfung** im Fach Deutsch vorbereiten. Wenn du **frühzeitig** mit deinem Training beginnst und die einzelnen Kapitel gewissenhaft durcharbeitest, bist du für alle Anforderungen der Prüfung gut gerüstet.

- Lies dir zunächst die **Hinweise** auf den folgenden Seiten durch, so kannst du dir einen Überblick über Ablauf und Aufbau der Prüfung verschaffen.
- Im **Training Grundwissen** werden alle wichtigen **Kompetenzbereiche** ausführlich wiederholt und anhand zahlreicher **Übungen** gefestigt. Einprägsame **Tipps**, zahlreiche **Hinweise** sowie Übersichten, in denen alles **auf einen Blick** zusammengefasst wird, helfen dir, deine Fähigkeiten gezielt auf Prüfungsniveau zu trainieren. Du erfährst, wie die einzelnen Aufgaben aussehen können und wie du sie **Schritt für Schritt** bearbeitest.
- Mit den anschließenden **Übungsaufgaben im Stil der Abschlussprüfung** bereitest du dich gründlich auf alle **prüfungsrelevanten Aufgabentypen** vor. Am besten führst du zu Hause schon mal eine „eigene“ Prüfung durch. So lernst du, dir die Prüfungszeit sinnvoll einzuteilen.
- Am Ende des Buchs findest du die **Original-Prüfungsaufgaben 2020 und 2021**. Die **Abschlussprüfung 2022** steht dir auf der Online-Plattform *MyStark* zum Download zur Verfügung. Die Original-Aufgaben zeigen dir noch einmal genau, was dich in der Abschlussprüfung erwartet.
- Auf *MyStark* stehen dir alle digitalen Zusätze des Buchs zur Verfügung. Neben der Abschlussprüfung 2022 findest du hier auch das **ActiveBook** mit vielen zusätzlichen interaktiven Aufgaben zu allen Prüfungsbereichen sowie fünf **Lernvideos** zu wichtigen Rechtschreibregeln. Den Link zu *MyStark* sowie deinen **persönlichen Zugangscode** findest du auf den Farbseiten vorne im Buch.
- Zu diesem Buch ist ein separater **Lösungsband** (Best.-Nr. C08349L) erhältlich. Dort findest du zu allen Trainings-, Übungs- und Prüfungsaufgaben **ausführliche Lösungsvorschläge** mit hilfreichen Hinweisen und Tipps zur selbstständigen Bearbeitung.
- Sollten nach Erscheinen dieses Buches noch wichtige **Änderungen** zur **Abschlussprüfung 2023** bekannt gegeben werden, findest du aktuelle Informationen dazu auch auf *MyStark*.
- Noch etwas: Vielleicht erscheinen dir einige der Lösungen so „perfekt“, dass du das Gefühl hast: „So würde ich das nie schaffen!“ Lass dich dadurch aber **nicht entmutigen**! Wenn du die Lösungen aufmerksam liest, erhältst du viele Anregungen, wie du dich geschickt ausdrücken und die Aufgaben gut lösen kannst. Und dann wirst du auch in der **Prüfung erfolgreich** sein.

Viel Spaß beim Üben und vor allem viel Erfolg in der Prüfung!

Hinweise zur Abschlussprüfung

Die schriftliche Abschlussprüfung im Fach Deutsch besteht aus **zwei Pflichtteilen** (Teil A 1 und A 2) und **einem Wahlteil** (Teil B).

- **Teil A 1:** Pflichtteil

  Im ersten Teil der Prüfung erhältst du einen **Sachtext**. Zu diesem Text werden dir zunächst **mehrere Aufgaben** gestellt, anhand derer geprüft wird, ob du in der Lage bist, den Text zu verstehen, und ob du dein **Textverständnis** auch schriftlich zum Ausdruck bringen kannst. Darüber hinaus werden dir einige Aufgaben zum **Sprachgebrauch** gestellt (z. B. Grammatik, Rechtschreibung, Interpunktion). Hier sollst du zeigen, dass du alle wichtigen Regeln kennst und auch sicher anwenden kannst. Im Aufgabenteil A 1 kannst du maximal 25 Punkte erreichen.

- **Teil A 2:** Pflichtteil

  Dieser Teil der Prüfung bezieht sich auf die **Ganzschrift**, die ihr in diesem Schuljahr gelesen habt. Auch hier wird zunächst anhand einiger Aufgaben dein **Textverständnis** geprüft. Anschließend wird dir noch eine sogenannte **produktive Aufgabe** gestellt. Du wirst aufgefordert, die Perspektive einer der Figuren des Romans einzunehmen und aus ihrer Sicht einen kurzen Text zu verfassen. Es kann z. B. sein, dass du einen Tagebucheintrag aus Sicht der Hauptfigur verfassen sollst; infrage kämen auch diese Textsorten: innerer Monolog, Dialog oder persönlicher Brief. Für diesen Aufgabenteil erhältst du ebenfalls maximal 25 Punkte.

- **Teil B:** Wahlteil

  Im Teil B bekommst du **drei Aufgaben** vorgelegt, von denen du **eine Aufgabe** auswählen und bearbeiten musst.
  Diese drei Aufgabentypen stehen dir zur Auswahl:
  1. Textgebundene lineare Erörterung
  2. Textbeschreibung Lyrik
  3. Textbeschreibung Prosa

  Die Wahlaufgabe wird mit höchstens 50 Punkten bewertet.

Die Bearbeitungszeit beträgt **180 Minuten**, eine separate Einlesezeit gibt es nicht. Während der gesamten Prüfungszeit darfst du ein **Rechtschreibwörterbuch** verwenden. Die Rechtschreibung fließt in die Bewertung mit ein. Insgesamt kannst du in der Prüfung **100 Punkte** erreichen: je 25 Punkte in den Teilen A 1 und A 2 sowie 50 Punkte in Teil B. Auf der folgenden Seite kannst du sehen, wie der Bewertungsschlüssel genau aussieht.

Bewertungsschlüssel

Punkte	Note
100–99,0	1,0
98,5–97,0	1,1
96,5–95,5	1,2
95,0–93,5	1,3
93,0–91,0	1,4
90,5–89,0	1,5
88,5–87,5	1,6
87,0–85,5	1,7
85,0–83,0	1,8
82,5–81,0	1,9
80,5–79,0	2,0
78,5–77,0	2,1
76,5–75,5	2,2
75,0–73,5	2,3
73,0–71,0	2,4
70,5–69,0	2,5
68,5–67,5	2,6

Punkte	Note
67,0–65,5	2,7
65,0–63,0	2,8
62,5–61,0	2,9
60,5–59,0	3,0
58,5–57,0	3,1
56,5–55,5	3,2
55,0–53,5	3,3
53,0–51,0	3,4
50,5–49,0	3,5
48,5–47,5	3,6
47,0–45,5	3,7
45,0–43,0	3,8
42,5–41,0	3,9
40,5–39,0	4,0
38,5–37,0	4,1
36,5–35,5	4,2
35,0–33,5	4,3

Punkte	Note
33,0–31,0	4,4
30,5–29,0	4,5
28,5–27,5	4,6
27,0–25,5	4,7
25,0–23,0	4,8
22,5–21,0	4,9
20,5–19,0	5,0
18,5–17,0	5,1
16,5–15,5	5,2
15,0–13,5	5,3
13,0–11,0	5,4
10,5–9,0	5,5
8,5–7,5	5,6
7,0–5,5	5,7
5,0–3,0	5,8
2,5–1,0	5,9
0,5–0,0	6,0

Training Grundwissen

Lesekompetenz

Texte sehen auf den ersten Blick aus wie eine einfache Ansammlung von Wörtern. Doch das täuscht: Bei jedem Text handelt es sich um ein kompliziertes Geflecht, dessen Botschaften gar nicht so leicht zu verstehen sind. Als guter Leser musst du Folgendes können:

- **Wörter erlesen:** Du musst imstande sein, Buchstabenfolgen (z. B.: L – a – m – a) zu dem entsprechenden Wort (hier: Lama) zusammenzufügen.
- **Bedeutungen kennen:** Du musst in der Lage sein, Zusammenhänge zwischen deinem Erfahrungswissen und den Wörtern im Text herzustellen. (Schließlich genügt es nicht, dass du die Buchstabenfolge L-a-m-a zum Wort „Lama" zusammenfügen kannst, – du musst auch wissen, was ein Lama ist!)
- **Zusammenhänge herstellen:** Die Wörter in einem Text beziehen sich aufeinander, und auch einzelne Sätze bilden Sinnzusammenhänge. Diese Zusammenhänge musst du als Leser herstellen.
- **Leerstellen füllen:** Selbst dem besten Verfasser ist es nicht möglich, einen Sachverhalt lückenlos darzustellen. (Vielleicht will er das auch gar nicht!) Also musst du als Leser das, was nur „zwischen den Zeilen steht", ergänzen. Das erfordert die **Fähigkeit des Schlussfolgerns:** Du musst aus den Textinformationen jeweils das ableiten können, was **nicht** ausdrücklich gesagt wird. Dazu musst du auch dein Erfahrungswissen heranziehen.

Dass du die einzelnen Wörter erlesen kannst, sollte selbstverständlich sein. Wichtig ist aber vor allem, dass du **Zusammenhänge** herstellen kannst, und zwar …

- **Zusammenhänge innerhalb des Textes**, also zwischen Wörtern und Sätzen, und
- **textübergreifende Zusammenhänge** zwischen Textinformationen und deinem Erfahrungswissen.

Tipp

Auch wenn es für das Textverständnis wichtig ist, dass du dein Erfahrungswissen hinzuziehst: Du darfst **keine Vermutungen** anstellen! Ausschlaggebend ist immer der Text. Bei jeder Aussage zu einem Text solltest du dich sicherheitshalber immer fragen: *Wo steht das?*

1 Den Leseprozess steuern

Wenn du glaubst, es würde genügen, einen Text nur einmal zu lesen, um ihn wirklich zu verstehen, irrst du dich! Für ein genaues Textverständnis sind auf jeden Fall (mindestens) **zwei Lesedurchgänge** notwendig:

Schritt für Schritt

Texte richtig lesen

Arbeitsschritt 1 **Überfliegendes, rasches Lesen:**
Verschaffe dir einen ersten Eindruck vom Inhalt des Textes. Frage dich:

- *Um was für eine Textsorte handelt es sich?*
  (vgl. Textsortenüberblick S. 19)
- *Welches Thema wird behandelt?*
- *Was für ein Inhalt wird dargestellt?*

Arbeitsschritt 2 **Genaues Lesen und Markieren bedeutsamer Textstellen:**
Nimm Satz für Satz zur Kenntnis und achte dabei auch auf wichtige Einzelheiten. Markiere alle Textstellen, die dir bedeutsam erscheinen, und notiere am Rand Stichworte dazu. Wenn du anschließend die Aufgaben zum Text löst, findest du schnell die Textstellen, die dir Auskunft über die gesuchten Lösungen geben.

Hinweis: Achte beim Lesen auch darauf, ob du den Text in **Sinnabschnitte** einteilen kannst. Ein Sinnabschnitt besteht aus einer Gruppe von Textaussagen, die sich alle mit einem bestimmten (Unter-)Thema befassen. Oft – aber nicht immer – entspricht ein Sinnabschnitt einem Absatz im Text. Es gibt in einem Text keine festgelegte Anzahl von Sinnabschnitten. Deshalb hast du beim Untergliedern eines Textes in Sinnabschnitte gewisse Freiheiten.

Tipp

Wenn du auch beim zweiten Lesen feststellst, dass du die eine oder andere **Textstelle** noch **nicht verstanden** hast, markierst du sie mit **?**. Sieh dir solche Textstellen und deren Umfeld noch einmal genau an, um deine Verständnisprobleme zu lösen. Meist gelingt es dir dann doch!

Lies den folgenden Text zweimal, wie in „Schritt für Schritt“ beschrieben, und bearbeite dann die Aufgaben.

Übung 1

Fast jeder fünfte Jugendliche hat Probleme beim Lesen

Nahezu 20 Prozent der Neuntklässler in Deutschland haben Schwierigkeiten beim Lesen. Besonders betroffen seien Jungs und Migranten – das ist das Ergebnis einer von der Europäischen Kommission in Auftrag gegebenen Studie.

„Einer von fünf Schülern in Europa kann mit 15 Jahren nicht richtig lesen, dazu kommen viele Erwachsene“, sagte EU-Bildungskommissarin Androulla Vassiliou in Brüssel. Zwar zeige die von der Europäischen Kommission in Auftrag gegebene neue Eurydice-Studie, dass viele Länder Fortschritte gemacht haben, darunter Deutschland. Häufig seien Lernprogramme aber nicht ausreichend auf Problemgruppen ausgerichtet, etwa auf Jungen oder auf Kinder von Migranten.

So gebe es in nur acht Ländern Fachkräfte für Leseförderung an den Schulen. In Großbritannien, Irland, Malta und den fünf nordischen Staaten[1] unterstützen diese Fachkräfte Lehrer, indem sie Nachhilfestunden für Kinder mit Leseschwächen anbieten. In Deutschland hänge es dagegen vor allem von der Eigeninitiative[2] der Lehrer ab, ob und wie lernbedürftige Schüler neben dem regulären[3] Deutschunterricht gefördert würden.

In Deutschland tun sich 18,5 Prozent der 15-Jährigen schwer beim Lesen. Im EU-Vergleich landen die Schüler in der Bundesrepublik damit zwar im guten Mittelfeld. Das EU-weite Ziel, den Anteil an Schülern, die nicht richtig lesen können, bis 2020 auf 15 Prozent zu senken, ist damit aber noch nicht erreicht. Polen, Finnland und Dänemark gehören zu den Ländern, die das bereits geschafft haben. Besonders schlecht schneiden dagegen Rumänien und Bulgarien ab, wo sich rund 40 Prozent der Schüler beim Lesen schwertun.

Quelle: Holger Heimann, 14.07.2011; im Internet unter: http://www.boersenblatt.net/449567/

1 *nordische Staaten: Dänemark, Norwegen, Schweden, Finnland, Island*

2 *Eigeninitiative: Selbstverantwortlichkeit*

3 *regulär: normal*

Aufgaben

1. **Überfliegendes Lesen**
   Notiere Stichpunkte zu Textsorte, Thema und Inhalt.
   a) Textsorte: ______
   b) Thema: ______
   c) Überblick über den Inhalt: ______

2. **Genaues Lesen**

   a) Markiere wichtige Textstellen und notiere am Rand stichwortartig, was du daraus ersehen kannst.
   b) Unterteile den Text in Sinnabschnitte und finde für jeden Sinnabschnitt eine passende Zwischenüberschrift.

Sinnabschnitt	Zwischenüberschrift
Z. 1 - Z. 5	Ergebnisse einer Studie der Europäischen Kommission

2 Leseaufgaben lösen

Deine Lesekompetenz wird anhand von Texten überprüft, die dir unbekannt sind. Du sollst sie lesen und anschließend einige Aufgaben dazu bearbeiten. In der Regel sind das **geschlossene Aufgaben**. Es können aber auch **halboffene Aufgaben** vorkommen. Lies die Aufgaben ganz genau, damit du weißt, wonach gefragt wird.

Tipp

Falls du bei einer Aufgabe unsicher bist, wie die richtige Lösung lautet, solltest du die Aufgabe trotzdem bearbeiten. Bedenke: **Nicht gelöste Aufgaben gelten als falsch.** Wenn du dich aber für eine Lösung entscheidest, besteht immerhin die Möglichkeit, dass sie richtig ist.

2.1 Geschlossene Aufgaben lösen

Geschlossene Aufgaben sind so gestellt, dass jeweils **nur ganz bestimmte Lösungen richtig** sind. Entweder musst du die zutreffende(n) Lösung(en) ankreuzen, oder du musst die richtige Lösung nennen. In der Regel genügen dann aber Stichworte.

Es gibt verschiedene Arten von geschlossenen Aufgaben. Wenn du weißt, was bei den einzelnen Aufgabenarten von dir erwartet wird, fällt es dir leichter, die richtigen Lösungen zu finden.

Auf einen Blick

Geschlossene Aufgaben	
Multiple-Choice-Aufgaben	Du bekommst in der Regel vier Aussagen zum Text. Nur eine davon darfst du ankreuzen. Man kann Multiple-Choice-Aufgaben daher auch als Mehrfachwahlaufgaben bezeichnen.
Richtig-/Falsch-Aufgaben	Du bekommst mehrere Aussagen zum Text. Davon treffen einige zu, andere nicht. Bei jeder Aussage musst du entscheiden, ob sie richtig oder falsch ist, und entsprechend ankreuzen.
Umordnungsaufgaben	Du bekommst mehrere Aussagen zum Text; diese sind aber falsch angeordnet. Du musst die richtige Reihenfolge bestimmen, indem du sie z. B. nummerierst.
Zuordnungsaufgaben	Du bekommst mehrere Aussagen zum Text. Daneben werden dir verschiedene Bezugsgrößen genannt, z. B. Personen, von denen im Text die Rede ist. Du musst nun jede Aussage der passenden Bezugsgröße zuordnen.
Geschlossene Fragen	Dir wird eine Frage zum Text gestellt, auf die es nur eine passende Antwort gibt; diese musst du aufschreiben. Meist handelt es sich dabei um ein Stichwort, das du notieren sollst. Auch eine Zahl kann gefragt sein. Manchmal sind solche Aufgaben auch als Aufforderung formuliert. Dann musst du z. B. etwas nennen.

Multiple-Choice-Aufgaben

Beispiel

Warum solltest du mutig sein, wenn eine Aufgabe am Schluss noch ungelöst geblieben ist? Kreuze die passende Aussage an.

a) ☐ Ich darf keine Aufgabe ungelöst lassen.

b) ☐ Es ist egal, ob die Lösung stimmt oder nicht.

c) ☒ Vielleicht kreuze ich zufällig die richtige Aussage an.

d) ☐ Ungelöste Aufgaben machen einen schlechten Eindruck.

Es kann auch vorkommen, dass mit einer Multiple-Choice-Aufgabe gezielt nach einer **Falschaussage** gefragt wird.

Beispiel

Was ist das Besondere an Multiple-Choice-Aufgaben?
Kreuze die Aussage an, die **nicht** zutrifft.

a) ☐ Nur eine einzige Antwort kommt für die Lösung infrage.

b) ☐ Ich muss die richtige Lösung ankreuzen.

c) ☒ Es gibt für die Lösung mehrere Möglichkeiten.

d) ☐ Es werden mehrere Auswahlantworten vorgegeben.

Tipp

Gehe nach dem **Ausschlussverfahren** vor, wenn du beim Lösen einer Multiple-Choice-Aufgabe unsicher bist: Überlege, welche Antworten auf keinen Fall infrage kommen, und sondere sie aus. Von den verbliebenen Auswahlantworten wählst du die aus, die dir am wahrscheinlichsten erscheint.

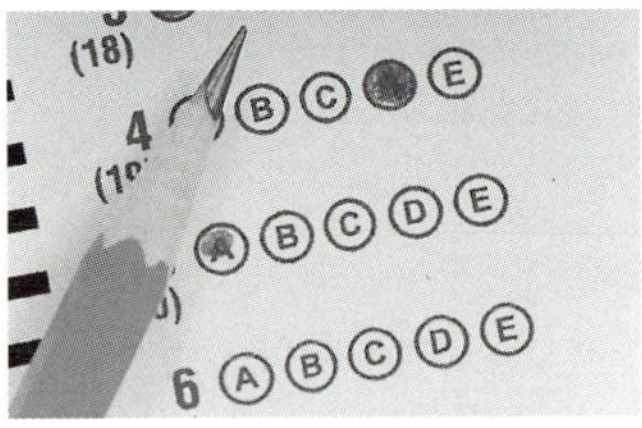

Geschlossene Fragen

Beispiel

Welche Bezeichnung könnte man anstelle des Begriffs *Multiple-Choice-Aufgaben* auch verwenden?

Mehrfachwahlaufgaben

Umordnungsaufgaben

Beispiel

In welcher Reihenfolge werden die folgenden Fragen in diesem Kapitel beantwortet? Nummeriere sie entsprechend.

Nummer	Frage
2	Welche Arten von Aufgaben gibt es, um die Lesekompetenz zu testen?
4	Wie solltest du beim Lösen von geschlossenen Aufgaben vorgehen?
3	Wie können geschlossene Aufgaben aussehen?
1	Wie wird deine Lesekompetenz geprüft?

Richtig-/Falsch-Aufgaben

Beispiel

Wie solltest du beim Lösen von geschlossenen Aufgaben vorgehen? Kreuze an.

Ich sollte …	richtig	falsch
a) jede Aufgabe ganz genau lesen.	☒	☐
b) im Text nach der passenden Information suchen.	☒	☐
c) mich vor allem an meinem Erfahrungswissen orientieren.	☐	☒
d) nur Aussagen ankreuzen, die wortwörtlich im Text stehen.	☐	☒
e) mich möglichst an die gegebene Reihenfolge halten.	☒	☐

Tipp

Sorge dafür, dass deine **Lösungen eindeutig** sind. Falls du versehentlich eine falsche Aussage angekreuzt hast, streichst du das Kreuz durch. Die richtige Lösung kannst du zusätzlich mit einem entsprechenden Vermerk versehen, z. B.: *richtige Lösung* → ☒.

Zuordnungsaufgaben

Beispiel

Auf welche Aufgabenart beziehen sich die folgenden Aussagen?
Trage den passenden Buchstaben in die Tabelle ein.

A. Multiple-Choice-Aufgaben
B. Richtig-/Falsch-Aufgaben
C. Geschlossene Fragen
D. Umordnungsaufgaben
E. Zuordnungsaufgaben

Buchstabe	Ich muss …
B	bei jeder Aussage prüfen, ob sie zum Text passt oder nicht.
C	eine Frage kurz und knapp beantworten.
D	ungeordnet vorliegende Aussagen zum Text ordnen.
A	von mehreren Auswahlantworten die passende ankreuzen.
E	verschiedene Aussagen aus dem Text den passenden Bezugsgrößen zuordnen.

Schritt für Schritt

Geschlossene Aufgaben lösen

Arbeitsschritt **1** Lies den Text mindestens zweimal und mache dir **Markierungen** und **Notizen**.

Arbeitsschritt **2** Wirf nach dem ersten Lesedurchgang schon einen **Blick auf die Aufgaben**, damit du weißt, was von dir verlangt wird und welche Textstellen wichtig sein könnten.

Arbeitsschritt **3** Beginne nach dem zweiten Lesedurchgang mit der Bearbeitung der Aufgaben. Achte darauf, um welche **Aufgabenart** es sich jeweils handelt.

Tipp

Bearbeite die Aufgaben der Reihe nach, da die **Reihenfolge** von einfachen in schwierigere Aufgaben übergeht. Falls du bei einer Aufgabe unsicher bist, solltest du dich nicht zu lange damit aufhalten. Es könnte sonst sein, dass du dadurch zu viel Zeit verlierst. Löse dann erst einmal die anderen Aufgaben. Mit der „**Problemaufgabe**“ kannst du dich am Schluss immer noch beschäftigen.

Übung 2

Die folgenden Aufgaben beziehen sich auf den Text „Fast jeder fünfte Jugendliche hat Probleme beim Lesen“ (vgl. S. 5).
Bestimme jeweils die Aufgabenart und gib außerdem die richtige Lösung an.

1. Nenne den Namen der Studie, aus der die Ergebnisse stammen.

   ____

   Aufgabenart: ______________________________

2. Wie groß ist der Anteil der deutschen Jugendlichen, die Schwierigkeiten mit dem Lesen haben? Kreuze die richtige Aussage an.

   Der Anteil beträgt …

   a) ☐ etwas über 10 Prozent.
   b) ☐ fast 30 Prozent.
   c) ☐ über 20 Prozent.
   d) ☐ knapp 20 Prozent.

   Aufgabenart: ______________________________

3. Nummeriere die Aussagen in der Reihenfolge, wie sie im Text erscheinen.

Nummer	Aussage
	Schlusslicht bilden Rumänien und Bulgarien.
	Die Lesefähigkeit der Schüler hat sich in einigen Ländern gebessert.
	Einige Länder setzen Fachkräfte ein, um Schülern mit Leseschwierigkeiten zu helfen.
	Laut einer Studie beträgt der Anteil der Jugendlichen mit Leseschwierigkeiten 20 Prozent.
	Die deutschen Schüler liegen mit ihren Leistungen im guten Mittelfeld.

Aufgabenart: ______________________________

4. Auf welche Länder beziehen sich die folgenden Aussagen? Ordne sie passend zu.

Hinweis: Bei zwei Aussagen musst du zwei Buchstaben eintragen.

A. Deutschland
B. Polen
C. Großbritannien
D. Rumänien
E. Dänemark

Land	Aussage
	40 Prozent der Schüler haben Schwierigkeiten mit dem Lesen.
	Der Anteil der Schüler, die Schwierigkeiten mit dem Lesen haben, ist auf 15 Prozent gesunken.
	Bezogen auf die Lesefähigkeit der Schüler liegt dieses Land im guten Mittelfeld.
	Fachkräfte erteilen Nachhilfeunterricht für Schüler mit Leseschwäche.
	Es hängt von der Eigeninitiative der Lehrer ab, ob Schüler mit Leseschwäche gezielt gefördert werden.

Aufgabenart: ______________________

5. Welche der folgenden Aussagen sind richtig und welche falsch? Kreuze entsprechend an.

	richtig	falsch
a) In Deutschland gibt es in den Schulen Fachkräfte, die Schülern mit Leseschwäche Nachhilfe geben.	☐	☐
b) Unter den Schülern mit Leseschwäche sind besonders viele Jungen.	☐	☐
c) Schüler mit Leseschwäche werden in Deutschland nicht immer richtig gefördert.	☐	☐
d) Es gibt auch Erwachsene, die Schwierigkeiten mit dem Lesen haben.	☐	☐
e) Es gibt genügend Lernprogramme, die genau auf bestimmte Problemgruppen ausgerichtet sind.	☐	☐

Aufgabenart: ______________________

Übung 3

Interaktive Aufgaben: A 1: Sachtext

Lies den folgenden Text und bearbeite anschließend die zugehörigen Aufgaben.

Ein Leben ohne Buchstaben

Nicht schon wieder ich, denkt sie. Warum nimmt sie nicht jemand anderen dran? Jennifer Rischers Magen verkrampft sich. Ihre Hände werden klatschnass, der Puls rast. Sie soll einen einfachen Text vorlesen. Jennifer beginnt zu lesen. Schon beim ersten Wort kommt sie ins Stocken. Nervös rutscht sie auf ihrem Stuhl herum. Noch ein Anlauf – vergeblich. Die Buchstaben vor ihren Augen wollen einfach kein Wort ergeben. Einige Mitschüler beginnen zu kichern. „Guck mal, die kann nicht lesen", sagt einer zu seinem Kumpel. Solche Sprüche hat Jennifer schon oft gehört. Dennoch sind sie so schmerzhaft wie am ersten Tag.

Jennifer ist Analphabetin. Die heute 20-Jährige ist einer von 7,5 Millionen Menschen in Deutschland, die nicht richtig lesen und schreiben können. Im Gegensatz zu primären[1] und sekundären[2] Analphabeten, die nicht die geringsten Lese- und Schreibkenntnisse besitzen, kann sie als funktionale[3] Analphabetin wenigstens kurze Wörter und Sätze lesen. Aber Formulare ausfüllen, einen Vertrag unterschreiben – undenkbar.

Jennifer will sich nicht mehr verstecken. Das tat sie jahrelang. Mit ihrer Schwäche geht sie heute etwas offener um. „Früher bin ich selten ausgegangen aus Angst, dass ich wieder ausgelacht werde." Auch heute fühlt sie sich noch manchmal als Außenseiterin. Sie, die Analphabetin, die anderen, die selbstverständlich schreiben und lesen können. Warum sie es nie lernte, weiß sie selber nicht. „Ich frage mich heute noch, warum ich die Einzige in meiner Familie bin, die es nicht kann", sagt sie. Ihre beiden Geschwister hätten nie Probleme gehabt. Für sie dagegen war der tägliche Gang in die Schule eine Qual.

Nach der zweiten Klasse wurde sie von der Grundschule genommen und auf eine Förderschule geschickt. Die Angst, vor der versammelten Klasse bloßgestellt zu werden, wenn sie wieder einmal einen Text nicht lesen konnte, blieb. Sie biss sich durch, machte ihren Hauptschulabschluss und begann eine Ausbildung zur Einzelhandelskauffrau in einer Tierhandlung. Richtig lesen und schreiben konnte sie da immer noch nicht. Der Arbeitsalltag war deshalb eine Tortur[4]. Immer wieder wurde sie von Kollegen angeraunzt, sie arbeite zu langsam, wenn sie mit einer Palette Katzenfutter ratlos vor den Regalreihen stand und sich fragte, wo sie hingehörte. Nach der Ausbildung wechselte sie den Job.

„Es gibt viele Gründe für Analphabetismus", sagt Andreas Brinkmann, Projektleiter beim Bundesverband Alphabetisierung und Grundbildung. Nur selten liege tatsächlich eine Behinderung vor. „Häufig wurde im Elternhaus zu wenig gelesen, oder die Kinder wurden in der Schule nicht genügend unterstützt", so Brinkmann. Im Laufe der Jahre verfestige sich dann die Schwäche. Der Verband plädiert[5] daher für einen flächendeckenden Ausbau des Lernangebots und individuelle Förderung in den Schulen durch Sozialpädagogen. Ohne diese Hilfe würden Analphabeten sich weiter mit Tricks durch den Alltag lavieren[6]. Laut Brinkmann entwickelten Analphabeten regelrechte Vermeidungsstrategien, um ihre Schwäche zu verbergen. Eine Schlinge um den Arm, um nicht schreiben zu müssen. Schlechtes Licht, die Brille vergessen als Ausrede, um nicht lesen zu müssen – eine Liste, die sich beliebig fortführen ließe. Jennifer kennt viele solcher Tricks.

1 *primärer Analphabetismus: Er liegt vor, wenn jemand keinerlei Lese- und Schreibkenntnisse besitzt und solche auch nie erworben hat.*

2 *sekundärer Analphabetismus: Er liegt vor, wenn die ehemals erworbenen Lese- und Schreibfertigkeiten wieder vergessen worden sind, wegen mangelnder Praxis im Lesen und Schreiben.*

3 *funktionaler Analphabetismus: Er liegt vor, wenn die Lese- und Schreibfertigkeiten unter den allgemeinen Anforderungen der Gesellschaft liegen.*

4 *Tortur: Qual*

5 *plädieren: etwas befürworten; für etwas sein*

6 *sich durch etwas lavieren: sich durchmogeln*

Lange Zeit versuchte sie, ihre Probleme zu kaschieren[7], erfand Ausreden, verstellte sich. Als sie noch in der Tierhandlung arbeitete, lernte sie die Listen der Futterinhaltsstoffe auswendig. Sie sammelte kleine Infoheftchen oder Notizen und ließ sie sich von ihrer Familie oder der besten Freundin vorlesen. So lange, bis sich auch die letzte Getreidesorte des Vogelfutters ins Gedächtnis eingebrannt hatte. Wenn Kunden dann nach bestimmten Inhaltsstoffen fragten, spulte sie die Antwort wie vom Band ab. Stotternd von der Packung abzulesen – das ging gar nicht.

Auch im Alltag versucht sie, so normal wie möglich zu wirken. Wenn sie mit Freunden essen geht, bestellt sie immer Pizza Margherita. Muss sie mit dem Zug fahren, zählt sie die Stationen und wartet auf die Stationsansage. Im Supermarkt kauft sie jede Woche die gleichen Produkte ein. Abwechslung kann sie sich nicht leisten. Sie lebt in ständiger Wiederholung.

In ihrem neuen Job gibt ihr dieses Prinzip Sicherheit. Seit einem halben Jahr arbeitet sie als Zeitarbeiterin in einer Fabrik am Fließband. Die Wiederholung stärkt ihr Selbstbewusstsein.

In der Gesellschaft ist Analphabetismus noch immer ein Tabuthema. Gerade einmal 20 000 der Analphabeten lassen sich helfen und besuchen spezielle Alphabetisierungskurse. Besonders ältere Menschen haben große Probleme, ihre Schwäche öffentlich einzugestehen.

Zuzugeben, dass man als Erwachsener auf dem Niveau eines Zweitklässlers liest, kostet Überwindung. Andreas Brinkmann vom Alphabetisierungsverband sagt: „Analphabetismus ist eines der Tabuthemen, das am schwersten zu brechen ist." Der Verband hat daher eine kostenlose Beratungs-Hotline geschaltet. Betroffene können sich hier anonym informieren und sich in spezielle Alphabetisierungskurse vermitteln lassen.

Jennifer hat von solchen Kursen noch nie etwas gehört. Sie glaubt auch nicht mehr wirklich an ihren Traum, einmal richtig lesen und schreiben zu können. „Ich bemühe mich ja, aber irgendwie will er sich nicht erfüllen." Dass es Hilfe gibt, macht ihr Mut. Sie wolle sich irgendwann informieren, sagt sie. Um endlich selbstständig zu sein und der Wiederholung in ihrem Leben zu entfliehen.

7 kaschieren: hier: verstecken

Quelle: Dominik Ehrentraut: Ein Leben ohne Buchstaben, 08. 09. 2011. Im Internet unter: http://www.welt.de/print/die_welt/vermischtes/article13591949/Ein-Leben-ohne-Buchstaben.html, aus didaktischen Gründen stellenweise gekürzt und leicht geändert.

Aufgaben

1. Bestimme die Textsorte. Kreuze die passende Aussage an.

   Bei dem Text handelt es sich um …

   a) ☐ eine Erzählung.

   b) ☐ einen Bericht.

   c) ☐ einen Kommentar.

   d) ☐ eine Reportage.

2. Bestimme das Thema des Textes. Stichworte genügen.

   ____

3. Bringe die einzelnen Stationen aus dem Leben Jennifers in die richtige Reihenfolge. Nummeriere sie.

Nummer	**Station in Jennifers Leben**
	Ausbildung zur Einzelhandelskauffrau
	Besuch der Förderschule
	Arbeit als Zeitarbeiterin am Fließband
	Abschluss der Schulbildung mit dem Hauptschulabschluss
	Fassen eines Vorsatzes: Informationen einholen
	Abschluss der Berufsausbildung
	Besuch der Grundschule

4. In Zeile 9 heißt es: „Noch ein Anlauf". Was ist mit diesem Anlauf gemeint? Kreuze die passende Aussage an.

a) ☐ Jennifer ist aus dem Klassenraum gerannt.
b) ☐ Sie hat noch einmal versucht vorzulesen.
c) ☐ Sie ist auf dem Stuhl hin- und hergerutscht.
d) ☐ Die Mitschüler haben sich wieder über sie lustig gemacht.

5. Auf welche Weise hat Jennifer ihre Ausbildung zur Einzelhandelskauffrau gemeistert? Kreuze die passende Aussage an.

Sie hat …

a) ☐ Unterstützung von Kollegen bekommen.
b) ☐ mithilfe ihrer besten Freundin lesen gelernt.
c) ☐ die nötigen Kenntnisse auswendig gelernt.
d) ☐ nebenbei an einem Förderkurs teilgenommen.

6. Welchen „Traum" (Z. 136) hat Jennifer? Stichworte genügen.

____

7. Was bedeuten die Worte „Sie biss sich durch" (Z. 49/50)? Kreuze die passende Aussage an.

Jennifer …

a) ☐ hat sich die ganze Zeit bemüht und angestrengt.
b) ☐ hat während ihrer Ausbildungszeit viel gegessen.
c) ☐ war ihren Kollegen gegenüber aggressiv.
d) ☐ hat sich immer die einfachsten Aufgaben ausgesucht.

8. Welche der folgenden Aussagen sind richtig, welche sind falsch? Kreuze entsprechend an.

	richtig	falsch
a) Es gibt in Deutschland über 5 Millionen Analphabeten.	☐	☐
b) Nur 20 000 Analphabeten lassen sich helfen.	☐	☐
c) Analphabeten bekennen sich zu ihrer Schwäche.	☐	☐
d) Analphabeten können besonders gut auswendig lernen.	☐	☐
e) Analphabetismus kann verschiedene Ursachen haben.	☐	☐
f) Eine Beratungs-Hotline bietet Analphabeten Hilfe an.	☐	☐
g) Analphabeten werden nie richtig lesen können.	☐	☐

9. Warum greifen Analphabeten manchmal zu „Vermeidungsstrategien“ (Z. 79)? Kreuze die passende Aussage an.

Analphabeten wollen es vermeiden, ...

a) ☐ lesen zu lernen.
b) ☐ ihre Leseschwäche einzugestehen.
c) ☐ eine Arbeit anzunehmen.
d) ☐ ihre Wohnung zu verlassen.

10. Nenne drei Beispiele für Vermeidungsstrategien, die Analphabeten manchmal anwenden. Stichworte genügen.

____

____

____

11. Man unterscheidet drei Arten von Analphabetismus. Wann liegt welche Art vor? Ordne passend zu.

A. primärer Analphabetismus
B. sekundärer Analphabetismus
C. funktionaler Analphabetismus

Art	Merkmal
	Die Lese- und Schreibkenntnisse einer Person liegen unter dem Durchschnitt der Gesellschaft.
	Jemand hat in seinem ganzen Leben nie lesen und schreiben gelernt.
	Aufgrund mangelnder Übung hat jemand das Lesen wieder verlernt.

12. Wie viele Analphabeten gibt es in Deutschland? Nenne die Zahl.

____

2.2 Halboffene Aufgaben lösen

Im Prinzip sind halboffene Aufgaben nichts anderes als Fragen zum Text, die du **mit eigenen Worten** beantworten sollst. Es werden dir also **keine Lösungsvorschläge** vorgegeben, die du überprüfen und beurteilen musst, sondern du sollst die richtigen Lösungen selbstständig finden und treffend formulieren.

Auf einen Blick

Halboffene Aufgaben	
Äußerungen ergänzen	Es werden dir Satzanfänge vorgegeben, die du mit eigenen Worten sinnvoll ergänzen musst.
W-Fragen	Es werden direkte Fragen gestellt. Oft handelt es sich um Warum- oder Wie-Fragen. Du bearbeitest sie, indem du jeweils vollständige Antwortsätze schreibst.
Textstellen erläutern	Dir wird eine Textstelle genannt und du musst sagen, was damit gemeint ist.
Aussagen zum Text erklären	Du sollst eine Aussage zum Text erklären. Dabei musst du dich auf eine oder mehrere Textstellen beziehen.

Hinweis: Wichtig ist, dass du deine Lösung mit eigenen Worten zum Ausdruck bringst. In der Regel genügt dafür ein einziger Antwortsatz. Manchmal bietet es sich auch an, zwei oder drei Sätze zu schreiben – mehr aber nicht.

Schritt für Schritt

Halboffene Aufgaben lösen

Arbeitsschritt 1	Lies jede Aufgabe sehr **genau** durch. Es ist wichtig, dass du verstehst, wonach gefragt wird bzw. was du erklären sollst.
Arbeitsschritt 2	Überlege, welche **Textstelle(n)** dir die entscheidenden Auskünfte geben. Bedenke aber, dass du die richtigen Antworten nicht unbedingt wortwörtlich im Text findest.
Arbeitsschritt 3	Schreibe deine Antwort in **eigenen Worten** auf (ein bis drei Sätze).
Arbeitsschritt 4	**Überprüfe** deine Antwortsätze. Kontrolliere Formulierungen, Rechtschreibung und Zeichensetzung.

Tipp

Vermeide es, deinen **Lösungssatz** mit einer unterordnenden Konjunktion (z. B. „wenn“ oder „weil“) zu beginnen. Das könnte sonst dazu führen, dass du als Antwort **nur einen Nebensatz** schreibst, der als Lösung **unzureichend** ist. (z. B. *Warum ist Tim der beste Spieler der Mannschaft? Weil er die meisten Tore geschossen hat.* – Hier steht ein Nebensatz ohne Hauptsatz.)

Beispiele

Die folgenden Beispiele beziehen sich auf den Text „Ein Leben ohne Buchstaben“ (S. 12/13).

1. Warum fühlt sich Jennifer manchmal als Außenseiterin?

   Jennifer fühlt sich manchmal als Außenseiterin, weil sie merkt, dass sie anders ist als die anderen Menschen, die lesen und schreiben können.

2. „Sie lebt in ständiger Wiederholung.“ (Z. 109/110) – Wie ist das zu verstehen?

   Sie macht immer das Gleiche, z. B. kauft sie im Supermarkt immer die gleichen Produkte ein. Das tut sie, weil sie dann nicht lesen muss, was auf den Verpackungen steht.

Übung 4

Bearbeite die folgenden halboffenen Aufgaben zum Text „Ein Leben ohne Buchstaben“ (S. 12/13).

1. Ergänze den vorgegebenen Satz: Es ist erstaunlich, dass Jennifer ihren Hauptschulabschluss geschafft hat, weil ...

   ____

   ____

2. Wie hat Jennifer die Ausbildung zur Einzelhandelskauffrau geschafft?

   ____

   ____

3. Jennifer bestellt im Restaurant immer nur Pizza Margherita. Warum? Stelle eine begründete Vermutung an.

   ____

   ____

4. Ergänze den folgenden Satz: Die Arbeit am Fließband gibt Jennifer Sicherheit, weil ...

   ____

   ____

5. „Die Wiederholung stärkt ihr Selbstbewusstsein.“ (Z. 114/115)
   Erkläre, warum das so ist.

   ____

   ____

   ____

6. Es heißt im Text: „Jennifer will sich nicht mehr verstecken.“ (Z. 28/29)
   Was bedeutet das?

   ____

   ____

   ____

7. Es heißt im Text, dass Analphabetismus noch immer ein Tabuthema sei (vgl. Z. 127/128). Wie ist das zu verstehen?

   ____

   ____

3 Sachtexte verstehen

Sachtexte beziehen sich auf **tatsächliche Sachverhalte** in der Vergangenheit oder Gegenwart. Manchmal behandeln sie auch Sachverhalte, deren zukünftiges Eintreten sehr wahrscheinlich ist (wie z. B. der Klimawandel). Der Verfasser eines Sachtextes denkt sich nichts aus, sondern stellt nur dar, was er über ein Thema weiß.

3.1 Die Absicht des Verfassers erkennen

Es ist wichtig, dass du durchschaust, welche **Absicht** ein Verfasser mit seinem Text verfolgt, denn nur wenn dir das gelingt, kannst du den Text richtig verstehen.

Auf einen Blick

Absichten des Verfassers	
informieren	Der Verfasser formuliert seine Informationen **sachlich** und **neutral**.
kommentieren	Er sagt klar, was er über ein Thema denkt, und äußert **seine Meinung** dazu.
appellieren	Er **fordert** den Leser dazu **auf**, etwas zu tun oder zu unterlassen.
anleiten	Er **erklärt Schritt für Schritt**, wie man vorgehen muss, um etwas zu tun.
unterhalten	Der Verfasser will, dass der Leser beim Lesen **Vergnügen** oder Spannung empfindet.

Tipp

Manche Autoren verfolgen mit ihren Texten **mehrere Absichten**. Beispielsweise wird der Verfasser eines Sachbuchs wahrscheinlich Wert darauf legen, dass sich seine Leser beim Lesen nicht nur informiert, sondern auch unterhalten fühlen. Frage dich in diesem Fall, **welche Absicht bedeutsamer** ist: die der Information oder die der Unterhaltung.

Übung 5

Welche Absicht verfolgt der Verfasser? Ordne passend zu, indem du die Buchstaben in die linke Spalte einträgst.

A. informieren B. appellieren C. unterhalten
D. kommentieren E. anleiten

Absicht	Der Verfasser …
	erzählt sehr anschaulich und lebendig von seinen Erlebnissen während einer Reise in die Türkei.
	teilt dem Leser mit, dass es am frühen Morgen bei dichtem Nebel auf der Autobahn A 10 zu einer Massenkarambolage gekommen ist.
	erklärt dem Leser, wie er vorgehen muss, um bei seinem neuen Fernseher die einzelnen Sender zu programmieren.
	kritisiert, dass es immer wieder Zugausfälle im S-Bahn-Verkehr gibt.
	fordert den Leser auf, in der kalten Jahreszeit auf passende Kleidung zu achten.

3.2 Textsorten unterscheiden

Bei vielen Sachtexten, die uns im Alltag begegnen, handelt es sich um Zeitungstexte. Sie informieren über wichtige Ereignisse, die kurz zuvor passiert sind, und veranlassen den Leser, sich zu den Geschehnissen eine eigene Meinung zu bilden.
Es erleichtert dir das Verständnis, wenn du die **Merkmale** der einzelnen Textsorten kennst. Am häufigsten kommen diese Zeitungstexte vor:

Merkmale der verschiedenen Sachtextsorten

- **Bericht**
  Ein Bericht informiert **sachlich** und **neutral** über wichtige aktuelle Ereignisse. Berichte sind in der Regel so aufgebaut: Zuerst werden die W-Fragen beantwortet: **Was** ist geschehen? **Wer** ist betroffen? **Wo** ist es geschehen? **Wann** ist es geschehen? Evtl. wird auch gleich am Anfang etwas über die Folgen gesagt. Erst danach folgen genauere Ausführungen zum Ablauf: **Wie** ist es geschehen? **Warum** ist es passiert? Berichte sind in der Regel im **Präteritum** verfasst.

- **Reportage**
  Eine Reportage **informiert ausführlich**, **anschaulich** und **unterhaltsam** über ein Thema. Der Einstieg erfolgt oft über eine „Nahaufnahme" (z. B. die persönliche Lage einer Familie); davon ausgehend wird **Grundlegendes** dargestellt (z. B. über eine bestimmte Situation). Reportagen sind in der Regel im **Präsens** verfasst, denn das wirkt anschaulich, so, als sei der Verfasser direkt vor Ort.

- **Kommentar**
  In einem Kommentar äußert der Verfasser seine **Meinung** über ein aktuelles Ereignis oder eine aktuelle Entwicklung. Seine Meinung kann positiv (befürwortend) oder negativ (kritisch) ausfallen; evtl. wirkt er auch ratlos. In der Regel beginnt der Verfasser damit, kurz auf das Ereignis Bezug zu nehmen, zu dem er sich kommentierend äußern will. Danach sagt er, was er davon hält. Kommentare sind überwiegend im **Präsens** verfasst. Die Darstellung ist **sachlich**, aber **nicht neutral**. (Der Verfasser vertritt ja eine bestimmte Meinung!)

- **Glosse**
  Die Glosse ist eine Art **humorvoller Kommentar**. Der Verfasser übt darin Kritik an einem Ereignis oder einer Entwicklung; das aber tut er auf äußerst **lässige** und **witzige** Art. Häufig wird darin auch Umgangssprache verwendet. Glossen sind – wie Kommentare – meist im **Präsens** verfasst.

- **Interview**
  Das Interview gibt den Ablauf eines Gesprächs in Form eines **Dialogs** wieder: Ein Vertreter der Zeitung stellt einer Person **Fragen** und diese **antwortet** darauf. Sowohl die Fragen als auch die Antworten werden abgedruckt.

Tipp

> Wenn dir ein Text vorliegt, den du nicht klar einer Textsorte zuordnen kannst, verwendest du zur Bestimmung das Wort „**Sachtext**".

Übung 6 Welches Merkmal passt zu welcher Textsorte? Kreuze entsprechend an.

Hinweis: Einige Merkmale lassen sich mehr als einer Textsorte zuordnen.

Die Darstellung …	Bericht	Reportage	Interview	Kommentar	Glosse
a) wirkt anschaulich.	☐	☐	☐	☐	☐
b) wirkt sachlich und neutral.	☐	☐	☐	☐	☐
c) wirkt humorvoll.	☐	☐	☐	☐	☐
d) wirkt kritisch.	☐	☐	☐	☐	☐
e) wirkt übertrieben.	☐	☐	☐	☐	☐
f) zeigt die Meinung des Autors.	☐	☐	☐	☐	☐
g) erfolgt meist im Präteritum.	☐	☐	☐	☐	☐
h) erfolgt in der Regel im Präsens.	☐	☐	☐	☐	☐
i) strebt auf einen überraschenden Wendepunkt zu.	☐	☐	☐	☐	☐
j) entspricht der eines Dialogs.	☐	☐	☐	☐	☐
k) bezieht sich auf Einzelfälle, aber auch auf Grundsätzliches.	☐	☐	☐	☐	☐
l) enthält auch Umgangssprache.	☐	☐	☐	☐	☐

Übung 7 Die folgenden Texte befassen sich alle mit dem Thema „Graffiti". Bestimme die Textsorte und notiere jeweils die Merkmale, an denen du sie erkannt hast.

Text A

Polizei fasst Graffiti-Sprayer

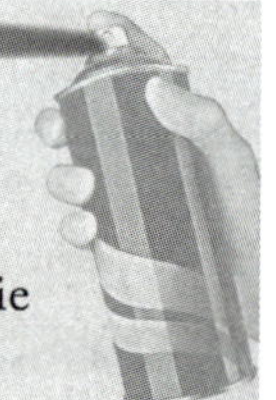

Von einer zivilen Fußstreife wurden am Mittwochabend im Parkhaus an der Hindenburgstraße drei jugendliche Graffiti-Sprayer auf frischer Tat ertappt.
Die beiden Polizeibeamten waren gegen 19.20 Uhr auf ihrem Streifenweg in Richtung Fußgängerzone unterwegs und bemerkten im Treppenhaus die drei Jugendlichen, die gerade dabei waren, mithilfe von Farbsprühdosen die Innenwände des Parkhauses zu verunzieren. Die sichtlich verdutzten Jungen, zwei 15-Jährige aus Meinersen und Weyhausen sowie ein 16-Jähriger aus Gifhorn, ließen sich widerstandslos festnehmen. Bei der Durchsuchung ihrer mitgeführten Sachen fanden die Beamten umfangreiches Material in Form von Spraydosen, Stiften und Datenträgern mit Fotos vermutlich weiterer Tatorte. Die Ermittlungen hierzu dauern an.

Quelle: Thomas Reuter, Polizeiinspektion Gifhorn, 05. 01. 2017. Im Internet unter: http://www.presseportal.de/blaulicht/pm/56517/3528024.

Textsorte: ____________________

Merkmale: ____________________

Text B

Graffiti-Urgestein Loomit

Matthias Köhler, besser bekannt als Loomit, ist Sprayer der ersten Graffiti-Generation in Deutschland. Heute verdient Loomit mit Street Art[1] sein Geld. Ein Gespräch über die Kommerzialisierung[2] der Szene.

HP: Was ist dein Anspruch an deine Werke und deine Motivation dahinter?

Loomit: Es geht mir darum, dass ich als Graffiti-Sprüher Plätze im öffentlichen Raum besetze. Das ist der ganz normale Graffiti-Anspruch. Man möchte möglichst viele Leute erreichen – oder auf riesengroße Wände sprühen. Eine wirkliche Message[3] haben die wenigsten Graffitis. Das sind dann eher die Betrachter, die tiefphilosophische Ansätze zu den Bildern haben.

HP: Wenn jemand ein Graffiti auf eine Leinwand sprüht und diese in ein Museum hängt, ist das dann noch Street Art?

Loomit: Nein, das ist etwas anderes. Das ist ein Bild von Graffiti, aber keine Street Art, denn da fehlt ja die Straße! Für mich ist Street Art für jedermann zugänglich 365 Tage im Jahr, 24 Stunden am Tag. Du kannst Bier drauf verschütten, darüber malen oder es wegreißen, die Wand neu streichen. Wenn dein Bild wirklich der Öffentlichkeit zugänglich ist und du nicht mehr kontrollieren kannst, was damit passiert, dann ist es Graffiti oder Street Art.

Quelle: Bettina Menzel, Matthias Köhler, The Huffington Post, 11. 05. 2016. Im Internet unter: http://www.huffingtonpost.de/bettina-menzel/ich-bin-ein-mensch-der-strae---graffiti-urgestein-loomit-im-interview_b_7239758.html, stellenweise gekürzt.

1 *für jeden zugängliche Kunst im öffentlichen Raum (z. B. an Hauswänden)*

2 *Vorgang, bei dem aus (ideellen) Dingen mehr und mehr ein Geschäft gemacht wird*

3 *Botschaft, Aussage*

Textsorte: ______________________________

Merkmale: ______________________________

Text C

Farbe, Folien, Laub – Entwicklungen in der Graffiti-Szene

In der Nähe der East Side Gallery – einem mittlerweile bunt bemalten Abschnitt der Berliner Mauer – packt Daniel Ihrke seine Farbdosen aus. Der Graffiti-Sprayer hat sich an diesem grauen Wintermorgen einen besonderen Ort ausgesucht: die Oberbaumbrücke zwischen Friedrichshain und Kreuzberg. Würde er bei helllichtem Tag die Brücke besprühen, wäre ihm Ärger sicher. Doch Ihrke bringt selbst mit, was man seine Leinwand nennen könnte: Klarsichtfolie, die er zwischen Bögen auf der Brücke spannt. „So kann man sich andere Kulissen zum Sprayen aussuchen", sagt der 28-Jährige. Fremde Wände und Türen bleiben verschont.

Ihrke hat sich die Folien-Technik vor wenigen Jahren aus Frankreich abgeguckt, wie er erzählt. Fotos zeigen Graffiti im Wald, auf Folie zwischen Bäumen. Auf einem Bahnsteig legte Ihrke selbst mit Folie los und hat seitdem nach eigenen Angaben keine ernsthaften Probleme mit seinen vergänglichen Werken bekommen. Manchmal rücke zwar die Polizei an, belasse es aber bei der Aufnahme der Personalien. Bleibende Schäden durch Graffiti gibt es anderweitig genug: Allein in Berlin sind laut der für Bahnanlagen zuständigen Bundespolizei zwischen Januar und November 1400 Fälle zur Anzeige gebracht worden.

Quelle: Gisela Gross, Berliner Morgenpost am 19. 12. 2016. Im Internet unter: http://www.morgenpost.de/berlin/article209024335/KORR-Bericht-Farbe-Folien-Laub-Entwicklungen-in-der-Graffiti-Szene.html, stellenweise gekürzt.

Textsorte: ______________________________

Merkmale: ______________________________

Text D

Graffiti im Wald

„Ich ging im Walde so vor mich hin, und nichts zu suchen, das war mein Sinn“[1]. Wir wissen, wen der Waldspaziergänger Goethe mit dem Blümlein im Schatten meinte, das er mit allen Wurzeln aushebt und wieder am stillen Ort pflanzt, wo es ihm nun immer zweigt und blüht. Auch ich ging im Duisburger Umlandwalde so vor mich hin, nicht Blümlein – Graffiti verstören den Sinn.

Da haben doch tatsächlich freche Sprayer die Orientierungstafel „Erholungsgebiet Angertal“ kräftig umgestaltet! Von Weg- und Flurbezeichnungen ist nichts mehr zu erkennen. Blau, rot und schwarz glühende Flächen, Linien und Buchstaben überlagern die ehedem[2] grüne Wanderkarte vollständig. Der Zorn über Schmierereien sogar in der Waldabgeschiedenheit legt sich rasch. Je länger ich mich in die bunte Tafel im Schatten vertiefe, desto mehr erliege ich ihrem ästhetischen[3] Reiz. Ich habe ein Kunstwerk gefunden! Und tröste in Gedanken die Wanderer: Wer auf diesen Waldweg gestoßen ist, der findet auch ohne Orientierungstafel wieder zurück. Das Waldbild aber wirkt und glüht mir immerfort.

Quelle: © Hans-Otto Schenk

1 *Anfang des Gedichts „Gefunden“ von Johann Wolfgang von Goethe*

2 *ehedem: vormals*

3 *ästhetisch: schön anzusehen*

Textsorte: ______________________________

Merkmale: ______________________________

____

Text E

Lasst die Kunst frei

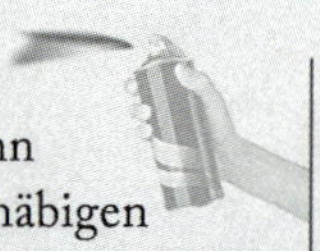

Manchmal freut man sich, wenn man auf einer Bahnfahrt an schäbigen Hinterhoffronten farbenfrohe Kunstwerke entdeckt. Und manchmal ärgert man sich, wenn frisch renovierte Fassaden schon wieder mit Kritzeleien überzogen sind. Ob illegale Graffiti-Sprayer es entspannt hinnähmen, wenn man ihr Auto über Nacht mit rosa Blümchen bemalte? Wohl nicht.

Die Frage, ob das Kunst ist, oder ob man da mit dem Sandstrahler oder Wandfarbe drübergehen darf, beantwortet das Grundgesetz. Es stellt Eigentum unter Schutz. In Deutschland wenden Immobilienbesitzer jährlich Hunderte Millionen Euro auf, um unerwünschte Kunstwerke entfernen zu lassen. Wer sich also gegen Graffiti wehrt und Anzeige erstattet, hat dazu jedes Recht. Klug sind die Kommunen und Unternehmen, die den Sprühdosenaktivisten freiwillig schön große Beton-Leinwände an gut einsehbarer Stelle zur Verfügung stellen. Kunst kann sich hier frei entfalten, die Kreativität, die es hinausdrängt, ist nicht mit Instandsetzungskosten verbunden. Und junge Leute, die die Folgen ihres Handelns vielleicht noch nicht in vollem Umfang absehen können, werden nicht über Nacht zu Straftätern.

Quelle: Claudia Bockholt, Mittelbayerische Zeitung am 11. 09. 2016. Im Internet unter: http://www.mittelbayerische.de/panorama-nachrichten/lasst-die-kunst-frei-21934-art1429074.html, aus didaktischen Gründen stellenweise gekürzt.

Textsorte: ______________________________

Merkmale: ______________________________

____

3.3 Nichtlineare Texte: Tabellen und Diagramme

Bei nichtlinearen Texten handelt es sich um eine besondere Art von Sachtexten. Sie stellen sehr **übersichtlich** dar, wie häufig etwas vorkommt. Alles, was sich messen und klar zuordnen lässt, kann Thema eines nichtlinearen Textes sein. *Wie oft? Wie lange? Wie viel?* Das sind mögliche Fragen, die beantwortet werden. Man unterscheidet bei nichtlinearen Texten zwischen **Tabellen** und **Diagrammen**.

Tabellen

Tabellen listen Zahlen übersichtlich in **Spalten** und **Zeilen** auf.

Beispiel

Text A

Häufigkeit des Verzehrs vegetarischer oder veganer Alternativen[1]

Es nehmen üblicherweise vegetarische oder vegane Alternativen zu tierischen Produkten zu sich

	einmal/mehrmals täglich %	einmal/mehrmals in der Woche %	einmal/mehrmals im Monat %	seltener %	nie*) %
insgesamt	5	11	8	12	64
Ost	4	7	7	13	68
West	5	11	8	12	64
Männer	4	11	8	12	65
Frauen	6	12	7	12	63
14- bis 29-Jährige	7	15	9	17	52
30- bis 44-Jährige	7	15	10	13	55
45- bis 59-Jährige	5	8	9	9	68
60 Jahre und älter	2	8	5	11	74
Hauptschule	0	6	3	7	84
mittlerer Abschluss	3	7	7	9	72
Abitur, Studium	6	14	9	12	59
Kinder im Haushalt:					
– ja	6	11	10	13	60
– nein	4	11	7	12	66

*) an 100 Prozent fehlende Angaben = „weiß nicht"

Befragt wurden 1 001 Bürger*innen in Deutschland ab einem Alter von 14 Jahren
Befragungszeitraum: 6. Dezember 2019 – 10. Januar 2020
Art der Befragung: computergestützte Telefoninterviews

Quelle: forsa. Ernährungsreport 2019/2020. Ergebnisse einer repräsentativen Bevölkerungsbefragung (24.01.2020), S. 12, Im Internet unter: https://www.bmel.de/SharedDocs/Downloads/DE/_Ernaehrung/forsa-ernaehrungsreport-2020-tabellen.pdf;jsessionid=%203D869AF08996F299D5509378470F305F.internet2852?__blob=publicationFile&v=3

1 ***Vegetarische oder vegane Alternativen:*** *Lebensmittel, die Vegetarier oder Veganer anstelle von Fleisch essen würden; gemeint sind hier Fleisch- oder Fischersatzprodukte wie z. B. Würstchen aus Tofu oder Seitan oder auch pflanzliche Alternativen zu Trinkmilch oder Milchprodukten (z. B. Haferdrink oder Soja-Joghurt).*

Vegetarier*innen *essen kein Fleisch und keinen Fisch, aber tierische Produkte wie Eier, Milch und Milchprodukte (z. B. Käse).*

Veganer*innen *dagegen essen gar nichts, was von Tieren stammt: weder Eier noch Milch noch Milchprodukte, auch keinen Honig.*

Diagramme

Diagramme stellen Zahlen in Form von **Grafiken** (Schaubildern) dar. Die folgenden Diagrammarten kommen besonders häufig vor:

▸ Kurvendiagramme

Sie bilden Zahlen in Form von Kurven ab, die von links nach rechts verlaufen. Die Kurven stellen meist dar, wie sich Zahlen innerhalb eines bestimmten Zeitraums entwickelt haben.

Beispiel

Text B

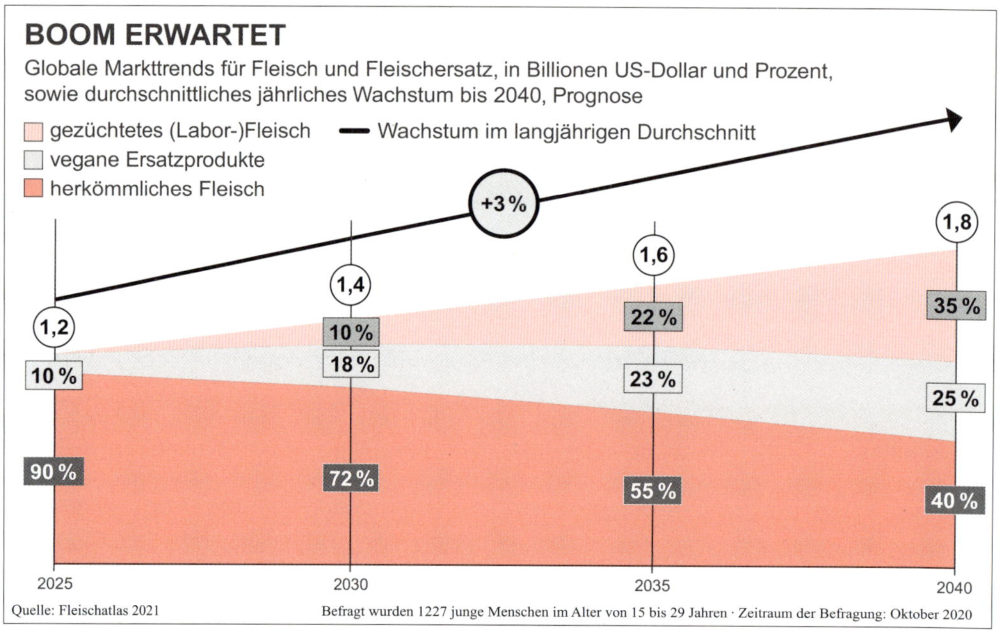

▸ Säulendiagramme

Sie bilden Zahlen in Form von senkrechten Säulen ab.

Beispiel

Text C

1–4: *siehe Anmerkung auf der gegenüberliegenden Seite*

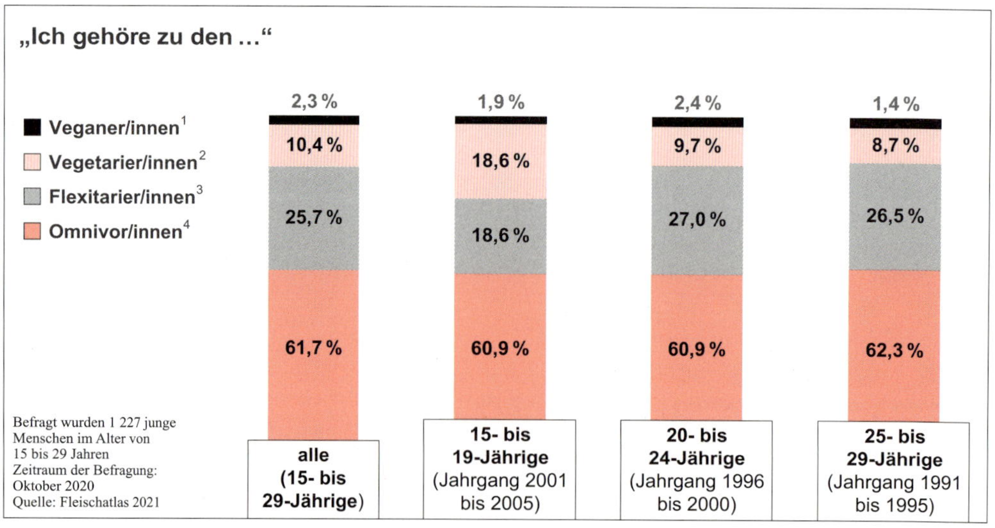

▸ Kreisdiagramme

Sie bilden Zahlen in Form von Kreisausschnitten ab. Alle Kreisausschnitte ergeben zusammen genau 100 Prozent.

Beispiel

Text D

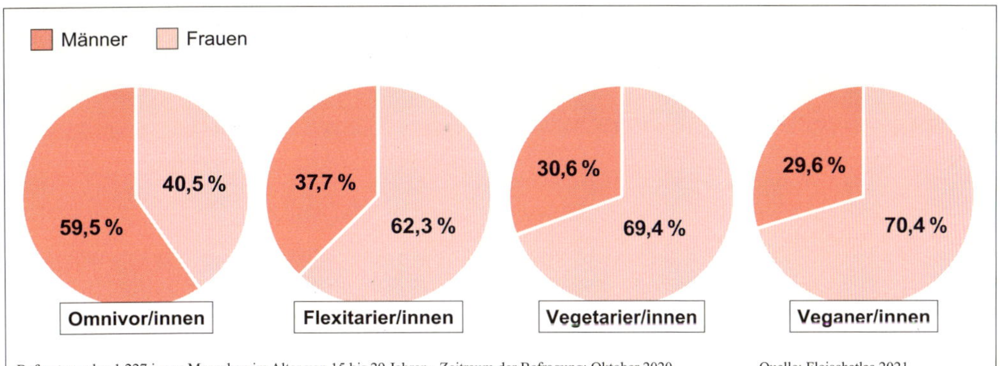

Befragt wurden 1 227 junge Menschen im Alter von 15 bis 29 Jahren · Zeitraum der Befragung: Oktober 2020 Quelle: Fleischatlas 2021

▸ Balkendiagramme

Sie bilden Zahlen in Form von waagerechten Balken ab.

Beispiel

Text E

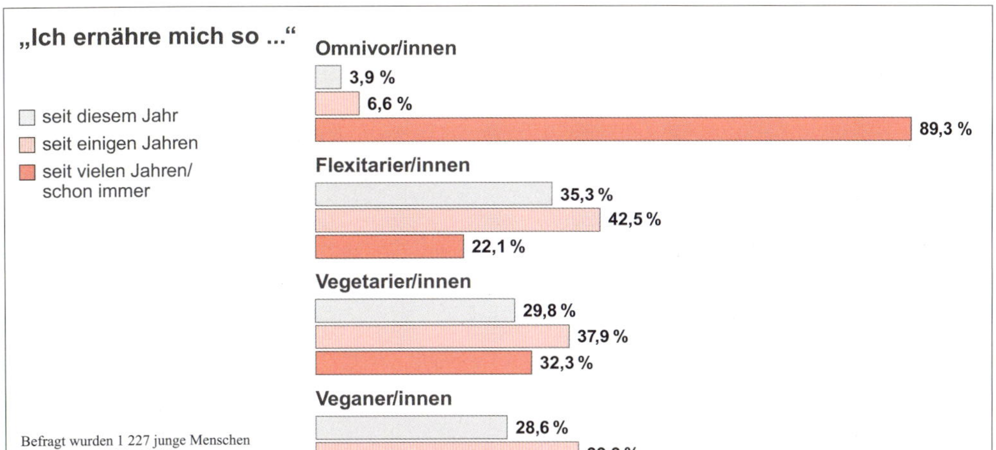

Befragt wurden 1 227 junge Menschen im Alter von 15 bis 29 Jahren
Zeitraum der Befragung: Oktober 2020
Quelle: Fleischatlas 2021

Anmerkung zu den Diagrammen C, D und E

1 ***Veganer*innen:*** *essen weder Fleisch noch tierische Produkte (wie z. B. Butter, Käse oder Eier)*

2 ***Vegetarier*innen:*** *essen kein Fleisch, aber sie lehnen tierische Produkte wie Eier oder Käse nicht ab.*

3 ***Flexitarier*innen:*** *lehnen Fleisch nicht ab, aber sie essen es nur ab und zu. (Sie sind bezüglich ihrer Ernährung flexibel.)*

4 ***Omnivor*innen:*** *essen alles, was ihnen schmeckt (Fleisch, Fisch, Eier, Milchprodukte, Gemüse usw.)*

Schritt für Schritt

Aufgaben zu nichtlinearen Texten bearbeiten

Arbeitsschritt **1** Bestimme das **Thema** der Tabelle oder des Diagramms. Frage dich: *Worum geht es?* Entscheidende Hinweise zum Thema findest du in der Regel in der **Überschrift**.

Arbeitsschritt **2** Beachte die **Legende**. Sie steht außerhalb des eigentlichen nichtlinearen Textes und vermittelt oft wichtige Informationen über den Personenkreis oder den Zeitpunkt, zu dem die Daten erhoben wurden.

Arbeitsschritt **3** Beachte die **Bezugsgrößen**. Frage dich:
Um welchen Personenkreis geht es?
Wann wurden die Zahlen erhoben?
Auf welchen Zeitpunkt/Zeitraum beziehen sich die Daten?

Arbeitsschritt **4** Überlege, in welchen **Einheiten** die Zahlen angegeben sind: Handelt es sich um absolute Zahlen oder Prozentzahlen?

Arbeitsschritt **5** Sieh dir die einzelnen Werte erst einmal flüchtig an. Achte dabei schon auf die **Extremwerte**, das heißt die Werte, die besonders hoch oder niedrig sind.

Arbeitsschritt **6** Betrachte die Werte nun genauer. Beachte vor allem auffällige **Ähnlichkeiten** und **Unterschiede**.

Arbeitsschritt **7** Bearbeite nun die **Aufgaben**, auf die sich Tabelle oder Diagramm beziehen.

Hinweis: Nichtlineare Texte geben nur Häufigkeiten oder Mengen an. Die abgebildeten Werte beziehen sich immer auf einen bestimmten Zeitpunkt oder Zeitraum. Tabellen und Diagramme geben **keine Auskünfte über Ursachen**. Trotzdem lassen sich oft **Zusammenhänge** erkennen. Diese zeigen sich darin, dass es bestimmte **Übereinstimmungen** gibt – oder auch **Unterschiede**. Bei nichtlinearen Texten, die sich auf einen längeren Zeitraum beziehen, z. B. bei Kurvendiagrammen, spielen auch **Veränderungen** eine Rolle.

Tipp

Bei nichtlinearen Texten sind vor allem Übereinstimmungen und Unterschiede interessant. Daraus lassen sich nämlich bestimme Aussagen ableiten. Zum Beispiel kann ein Sachverhalt auf die Mitglieder einer bestimmten Gruppe **besonders oft**, **durchschnittlich oft**, **vergleichsweise selten** oder **gar nicht** zutreffen.

Übung 8

Schau dir die **Tabelle** auf S. 23 genau an und bearbeite dann die Aufgaben dazu.

1. Bestimme das Thema der Befragung. Verwende den folgenden Satzanfang:
   Die Teilnehmer*innen wurden gefragt, wie oft sie ____________________

   ____

2. Nenne den Zeitpunkt der Befragung und die Anzahl der Befragten. Notiere außerdem, welcher Personenkreis befragt wurde.
   - Zeitpunkt der Befragung: ____________________
   - Anzahl der Befragten: ____________________
   - Befragter Personenkreis: ____________________

     ____

3. Nenne die Methode, mit der die Befragung durchgeführt wurde. Stichworte genügen.

___

4. Wie sind die Ergebnisse der Befragung angegeben? Kreuze die passende Aussage an.

   Die Ergebnisse sind angegeben in …

   a) ☐ absoluten Zahlen.
   b) ☐ Prozentzahlen.
   c) ☐ Hunderten.
   d) ☐ Tausenden.

5. Welche der folgenden Aussagen lassen sich der Tabelle entnehmen und welche nicht? Kreuze entsprechend an.

	trifft zu	trifft nicht zu
a) Ungefähr zwei Drittel der Befragten verzehren nur selten oder nie vegetarische oder vegane Alternativen zu tierischen Produkten.	☐	☐
b) Frauen und Männer verzehren ungefähr gleich häufig vegetarische und vegane Alternativen zu tierischen Produkten.	☐	☐
c) Je älter die Menschen sind, desto häufiger verzehren sie vegetarische oder vegane Alternativen zu tierischen Produkten.	☐	☐
d) In der Altersklasse der 30- bis 44-Jährigen ist der Anteil derer, die mindestens einmal im Monat vegetarische oder vegane Alternativen zu tierischen Produkten verzehren, am höchsten.	☐	☐
e) Menschen mit Hauptschulabschluss verzehren am häufigsten vegetarische oder vegane Alternativen zu tierischen Produkten.	☐	☐

Schau dir das **Kurvendiagramm** auf S. 24 genau an und bearbeite die Aufgaben dazu.

6. Bestimme das Thema dieses Diagramms. Kreuze die richtige Aussage an.

   In dem Diagramm geht es um die Frage, …

   a) ☐ ob die Menschen auch in Zukunft noch Fleisch essen werden.
   b) ☐ wie sich der Konsum von Fleisch und Fleischersatz entwickeln wird.
   c) ☐ ob es bald gelingen wird, Fleisch im Labor herzustellen.
   d) ☐ wie sich die Ernährung der Menschen im Laufe der Zeit ändern wird.

7. Das Schaubild bezieht sich auf einen Ernährungstrend. Wo wird dieser Trend erwartet? Kreuze die passende Aussage an.

   Erwartet wird dieser Ernährungstrend ...

   a) ☐ in Deutschland.
   b) ☐ in Europa.
   c) ☐ in den Industrieländern.
   d) ☐ weltweit.

8. Auf welchen Zeitraum bezieht sich das Schaubild? Kreuze die passende Aussage an.

   Das Schaubild bezieht sich auf einen Zeitraum von ...

   a) ☐ 5 Jahren.
   b) ☐ 10 Jahren.
   c) ☐ 15 Jahren.
   d) ☐ 20 Jahren.

9. Wie wird sich der Markt für Lebensmittel künftig entwickeln? Ordne die Einschätzungen passend zu.

Lebensmittel	Der Konsum wird am meisten zunehmen	Der Konsum wird deutlich zunehmen	Der Konsum wird stark abnehmen
a) vegane Ersatzprodukte	☐	☐	☐
b) Fleisch	☐	☐	☐
c) Laborfleisch	☐	☐	☐

10. Erkläre den Sinn der Überschrift: „Boom erwartet“

    ____

    ____

    ____

Schau dir die **Diagramme C, D und E** genau an und bearbeite die Aufgaben dazu.

11. Nenne die Anzahl der Befragten und ihr Alter sowie den Zeitraum der Befragung.

    - Anzahl der Befragten: ______________________________
    - Alter der Befragten: ______________________________
    - Zeitraum der Befragung: ______________________________

12. Notiere, wann die Ergebnisse der Umfrage veröffentlicht wurden.

    ____

13. Nenne die Quelle des Textes.

___

Die Aufgaben 11 bis 16 beziehen sich auf das **Säulendiagramm:**

14. Worauf beziehen sich die einzelnen Säulen? Kreuze die passende Aussage an.

    Die einzelnen Säulen beziehen sich auf …

    a) ☐ das Geschlecht.
    b) ☐ die Altersgruppen.
    c) ☐ die Ernährungsweisen.
    d) ☐ das Datum der Befragung.

15. Welche Gruppe der Befragten ist in allen Säulen am größten und welche am kleinsten?

    ▶ Am größten ist in allen Säulen die Gruppe der …

    ___.

    ▶ Am kleinsten ist in allen Säulen die Gruppe der …

    ___.

16. Notiere die Altersgruppe, in der es die meisten Vegetarier*innen gibt.

___

Die Aufgaben 17 und 18 beziehen sich auf die **Kreisdiagramme:**

17. Bei welchen Ernährungsweisen ist der Unterschied zwischen Männern und Frauen am größten bzw. am geringsten? Kreuze entsprechend an.

	Unterschied am größten		Unterschied am geringsten
a) Veganer*innen	☐	Veganer*innen	☐
b) Vegetarier*innen	☐	Vegetarier*innen	☐
c) Flexitarier*innen	☐	Flexitarier*innen	☐
d) Omnivor*innen	☐	Omnivor*innen	☐

18. Formuliere eine Aussage, die zu allen Kreisdiagrammen passt. Trage die fehlenden Wörter in die Lücken ein.

    Alle Kreisdiagramme zeigen, dass ___ eher bereit sind, auf Fleisch zu verzichten als ___.

Die Aufgaben 19 und 20 beziehen sich auf das **Balkendiagramm:**

19. Notiere den Anteil der Befragten, die Folgendes über sich sagten:

	Anteil
a) Ich bin schon seit vielen Jahren Vegetarier*in.	______
b) Ich ernähre mich seit ungefähr einem Jahr vegan.	______
c) Ich bin seit Langem daran gewöhnt, alles zu essen, auch Fleisch.	______
d) Ich versuche seit einigen Jahren, meinen Fleischkonsum einzuschränken.	______

20. Welche Aussagen lassen sich dem Balkendiagramm entnehmen – und welche nicht? Kreuze entsprechend an.

	trifft zu	trifft nicht zu
a) Die Flexitarier*innen konnten in diesem Jahr den stärksten Zuwachs verzeichnen.	☐	☐
b) Die meisten Omnivor*innen sind ihrer Ernährungsweise viele Jahre lang treu geblieben.	☐	☐
c) 89,3 Prozent aller Befragten sind seit vielen Jahren/schon immer Omnivor*innen.	☐	☐
d) 42,5 Prozent aller Flexitarierinnen sind seit einigen Jahren Flexitarier*innen.	☐	☐
e) Die Anteile der Vegetarier*innen sind ähnlich groß wie die Anteile der Veganer*innen.	☐	☐

4 Literarische Texte verstehen

Literarische Texte sind Texte, deren Inhalt sich der Verfasser **ausgedacht** hat. Zwar bilden eigene Erfahrungen und Erlebnisse durchaus die Grundlage für seine **Geschichten**. Aber in ihrer Gestaltung sind die Werke doch das Ergebnis seiner Fantasie. Kein literarischer Text spiegelt die Wirklichkeit so wider, wie sie ist.
In einem literarischen Text geht es immer um **Einzelschicksale**. Die Figuren, um die es geht, sind **besondere Charaktere**, die sich in einer **besonderen Situation** befinden. In der Regel hat die Hauptfigur **Probleme**, die sie bewältigen muss. Welche das sind, musst du beim Lesen eines literarischen Textes verstehen.

Man unterscheidet drei Arten von literarischen Texten:

- **Prosatexte:** Sie erzählen Geschichten. Die Sprache entspricht im Wesentlichen der normalen Sprache, die du kennst: In der Regel bestehen die Texte aus vollständigen Sätzen, die aufeinander folgen. (Das heißt aber nicht, dass der Autor nicht doch eine besondere Ausdrucksweise verwendet, die vom alltäglichen Sprachgebrauch abweicht!)
- **Gedichte:** Sie sind besonders kunstvoll gestaltet. Du erkennst sie schon an der äußeren Form: Gedichte bestehen aus Strophen und Versen, und oft reimen sich die Verse am Ende.
- **Dramen:** Sie sind für die Bühne eines Theaters gedacht und in Dialogform verfasst. Die Texte bestehen nur aus den Äußerungen der einzelnen Figuren. Einen Erzähler gibt es nicht (manchmal aber Regieanweisungen, die den Schauspielern sagen, wie sie eine Äußerung sprechen sollen, wie sie sich bewegen sollen usw.).

Ehe du dich schriftlich zu einem Text äußern kannst, musst du ihn natürlich erst einmal **verstehen**. Nur dann kann es dir gelingen, die Aufgaben, die du dazu bearbeiten sollst, gut zu lösen. Du musst schließlich die **Zusammenhänge** verstehen, die im Text dargestellt sind.

Tipp

Gewöhne dir an, während des Lesens **Textstellen**, die dir auffallen oder wichtig erscheinen, gleich zu **unterstreichen** und sie am Rand mit ein, zwei Stichworten zu **kommentieren**. Das hilft dir später beim Bearbeiten der Aufgaben zum Text, weil du wichtige Textstellen dann schnell wiederfindest.

4.1 Prosatexte untersuchen

Arten von Prosatexten unterscheiden

Es gibt verschiedene Arten von Prosatexten. Sie unterscheiden sich nicht nur hinsichtlich ihres Umfangs, sondern auch in ihrem Aufbau und der Darstellung.

Merkmale der verschiedenen Textsorten

Dies sind die wichtigsten Prosatexte:

- **Erzählung**
  Das ist der **Oberbegriff** für alle Prosatexte kurzer und mittlerer Länge.
- **Kurzgeschichten**
  Kurzgeschichten sind Erzählungen von geringem Umfang. Auffällig ist vor allem ihr Aufbau: Es gibt meist **keine Einleitung**, und auch das **Ende** ist **offen**. Die Hauptpersonen sind ganz **normale Menschen**, aus deren **Alltag** ein besonderes Erlebnis erzählt wird. Die Handlung strebt auf einen **Höhepunkt** zu, bei der die Hauptperson oft eine **neue Einsicht** gewinnt. Typisch ist die **einfache, moderne Sprache**.
- **Roman**
  Romane sind **längere Erzählungen**, die in der Regel **in Buchform** veröffentlicht werden. Die Handlung erstreckt sich meist über einen **längeren Zeitraum**. So kann der Leser verfolgen, welche **Entwicklung** die Hauptperson durchmacht.

Tipp

In der **Prüfung** wird dir meist eine **Kurzgeschichte** vorgelegt – oder ein Auszug aus einem **Roman** (in der Regel aus einem Jugendroman).

Den Inhalt eines Prosatextes erschließen

Wenn dir ein Prosatext vorgelegt wird, solltest du gezielt auf einige Dinge achten, um den Text gut zu verstehen. Am besten stellst du dir diese Fragen:

Schritt für Schritt

Fragen an den Text

Frage A **Wer sind die beteiligten Personen?**
Bestimme zunächst die Hauptperson und ihre Besonderheiten (z. B. Alter, Geschlecht, Aussehen). Überlege dann, wer die übrigen Personen sind, die eine Rolle spielen, und überlege, wie die Beziehung der Hauptperson zu ihnen beschaffen ist.

Frage B **Worum geht es?**
Bestimme das Thema.

Frage C **Was zeigt der Text?**
Bestimme die Kernaussage. Überlege z. B., ob die Hauptperson im Laufe des Geschehens eine Einsicht gewinnt.

Frage D **Wo spielt die Handlung?**
Es macht z. B. einen Unterschied, ob sich das Geschehen auf dem Lande, in einer Kleinstadt oder in einer Großstadt abspielt. Auch der genaue Ort der Handlung spielt eine Rolle (in einem Haus, auf der Straße, in der Schule …).

Frage E **Wie verhalten sich die Beteiligten?**
Hier ist nicht nur das Verhalten der Hauptperson wichtig, sondern auch das Verhalten von Personen, mit denen sie Umgang hat.

Frage F **Wann spielt die Handlung?**
Achte nicht nur auf den **Beginn** der Handlung (z. B. das Jahr oder die Jahreszeit), sondern auch auf die **Dauer** (Stunden, Tage, Monate?).

Frage G **Wie endet das Geschehen?**
Es gibt drei Möglichkeiten: Entweder gibt es ein gutes Ende (ein sogenanntes „Happy End"), oder das Ende ist schlecht, oder der Ausgang bleibt offen.

Es geht nicht nur um das, was die Beteiligten tun, sondern auch um das, was sie dabei **denken und fühlen**. Ein Problem besteht darin, dass der Erzähler das meist nicht direkt sagt. Du musst also die **Gedanken und Gefühle** der beteiligten Personen **aus ihrem Verhalten ableiten**.

Tipp

Um zu verstehen, was eine Person in ihrem Inneren bewegt, solltest du dir regelmäßig **Warum-Fragen** stellen, z. B. so: *Warum reagiert die Person jetzt so wütend? Warum weint sie? Warum zieht sie sich zurück?* Wenn du so vorgehst, kannst du am ehesten verstehen, was in dieser Person vorgeht.

Übung 9

Julia Franck: Streuselschnecke

Der Anruf kam, als ich vierzehn war. Ich wohnte seit einem Jahr nicht mehr bei meiner Mutter und meinen Schwestern, sondern bei Freunden in Berlin. Eine fremde Stimme meldete sich, der Mann nannte seinen Namen, sagte mir, er lebe in Berlin, und fragte, ob ich ihn kennen lernen wolle. Ich zögerte, ich war mir nicht sicher. Zwar hatte ich schon viel über solche Treffen gehört und mir oft vorgestellt, wie so etwas wäre, aber als es soweit war, empfand ich eher Unbehagen. Wir verabredeten uns.

Er trug Jeans, Jacke und Hose. Ich hatte mich geschminkt. Er führte mich ins Café Richter am Hindemithplatz, und wir gingen ins Kino, ein Film von Rohmer. Unsympathisch war er nicht, eher schüchtern. Er nahm mich mit ins Restaurant und stellte mich seinen Freunden vor. Ein feines, ironisches Lächeln zog er zwischen sich und die anderen Menschen. Ich ahnte, was das Lächeln verriet.

Einige Male durfte ich ihn bei seiner Arbeit besuchen. Er schrieb Drehbücher und führte Regie bei Filmen. Ich fragte mich, ob er mir Geld geben würde, wenn wir uns treffen, aber er gab mir keins, und ich traute mich nicht, danach zu fragen. Schlimm war das nicht, schließlich kannte ich ihn kaum, was sollte ich da schon verlangen? Außerdem konnte ich für mich selbst sorgen, ich ging zur Schule und putzen und arbeitete als Kindermädchen. Bald würde ich alt genug sein, um als Kellnerin zu arbeiten, und vielleicht wurde ja auch noch eines Tages etwas Richtiges aus mir.

Zwei Jahre später, der Mann und ich waren uns noch immer etwas fremd, sagte er mir, er sei krank. Er starb ein Jahr lang, ich besuchte ihn im Krankenhaus und fragte, was er sich wünsche. Er sagte mir, er habe Angst vor dem Tod und wolle es so schnell wie möglich hinter sich bringen. Er fragte mich, ob ich ihm Morphium besorgen könne. Ich dachte nach, ich hatte einige Freunde, die Drogen nahmen, aber keinen, der sich mit Morphium auskannte. Auch war ich mir nicht sicher, ob die im Krankenhaus herausfinden wollten und würden, woher es kam. Ich vergaß seine Bitte.

Manchmal brachte ich ihm Blumen. Er fragte nach dem Morphium, und ich fragte ihn, ob er sich Kuchen wünsche, schließlich wusste ich, wie gerne er Torte aß. Er sagte, die einfachen Dinge seien ihm jetzt die liebsten – er wolle nur Streuselschnecken, nichts sonst. Ich ging nach Hause und buk Streuselschnecken, zwei Bleche voll. Sie waren noch warm, als ich sie ins Krankenhaus brachte. Er sagte, er hätte gerne mit mir gelebt, es zumindest gern versucht, er habe immer gedacht, dafür sei noch Zeit, eines Tages – aber jetzt sei es zu spät.

Kurz nach meinem siebzehnten Geburtstag war er tot. Meine kleine Schwester kam nach Berlin, wir gingen gemeinsam zur Beerdigung. Meine Mutter kam nicht. Ich nehme an, sie war mit anderem beschäftigt, außerdem hatte sie meinen Vater zu wenig gekannt und nicht geliebt.

Quelle: Julia Franck: Streuselschnecke, in: Dies.: Bauchlandung: Geschichten zum Anfassen. Fischer Taschenbuch Verlag, Frankfurt am Main, 1. Auflage 2012.

Aufgaben

Bearbeite die folgenden Aufgaben.

1. Erschließe den Inhalt der Kurzgeschichte „Streuselschnecke" von Julia Franck. Beantworte dazu die Fragen **A** bis **G** (siehe Schritt-für-Schritt-Kasten, S. 32). Stichworte genügen.

A ______________________________

____

____

B ______________________________

____

____

C ______________________________

____

____

D ______________________________

____

____

E ______________________________

____

____

____

____

F ______________________________

____

G ______________________________

____

2. Überlege, welche Gedanken und Gefühle die Hauptperson bewegen. Formuliere **drei Warum-Fragen** und beantworte sie. Verwende ein eigenes Blatt.

Die Darstellung berücksichtigen

Bei einem Prosatext solltest du immer auch auf die **Darstellung** achten (z. B. auf den Satzbau oder die Wortwahl). Die Art und Weise, wie sich der Autor/die Autorin ausdrückt, hat nämlich einen Einfluss auf den **Sinn**.

Stelle dir diese Fragen, um Besonderheiten der Darstellung zu erkennen:

- **Wer ist der Erzähler?** Bedenke Folgendes: Der Autor hat sich jemanden ausgedacht, der die Geschichte erzählt. (Du darfst ihn nicht mit dem Autor verwechseln!) Entweder stellt der Erzähler das Geschehen aus der Sicht eines Außenstehenden dar. Dann ist er wie ein **Beobachter**, der beschreibt, was passiert. Oder er erzählt die Handlung aus Sicht der Hauptperson. Dann handelt es sich um einen **Ich-Erzähler**.
- **Wie ist der Text aufgebaut?** Jeder Text lässt sich in **Sinnabschnitte** untergliedern. Ein neuer Sinnabschnitt beginnt immer dort, wo der Erzähler etwas Neues zur Sprache bringt – entweder den **nächsten Handlungsschritt** oder einen **neuen Gedanken**. Indem du dir klar machst, in wie viele Sinnabschnitte sich ein Text untergliedern lässt, verstehst du, wie der Erzähler die Aufmerksamkeit des Lesers lenkt. Oft (aber nicht immer!) entspricht ein Sinnabschnitt einem Absatz im Text.
- **Wie sieht der Satzbau aus?** Der Satzbau ist insofern wichtig, als der Erzähler damit eine bestimmte Atmosphäre erzeugen kann. Ein Text, in dem überwiegend **Hauptsätze** aufeinander folgen, wirkt eher **sachlich und kühl**. Gibt es dagegen viele **Satzgefüge** (bestehend aus Haupt- und Nebensätzen), klingt der Text meist **harmonisch**.
- **Gibt es Besonderheiten bei der Wortwahl?** Mit den Wörtern, die der Erzähler verwendet, vermittelt er ebenfalls eine bestimmte **Stimmung**. Es gibt Wörter, mit denen man **positive Vorstellungen** verbindet (z. B. *Held, warm* oder *singen*), und Wörter, die **negative Vorstellungen** wecken (z. B. *Gauner, kalt* oder *drohen*). Von den Wörtern, die der Erzähler benutzt, hängt es entscheidend ab, welcher Eindruck beim Leser entsteht.
- **Verwendet der Erzähler sprachliche Bilder?** Durch sprachliche Bilder wird ein Text für den Leser besonders **anschaulich**. Der Leser entwickelt eine Vorstellung davon, was der Erzähler meint, wenn er z. B. davon spricht, dass es „wie Bindfäden regnet" oder dass die Äußerung einer Person „wie eine schallende Ohrfeige" auf den Empfänger gewirkt hat. Sprachbilder können positive oder negative Vorstellungen erzeugen. Das hat einen Einfluss darauf, wie der Leser den Text versteht. Einen Überblick über die wichtigsten Sprachbilder findest du auf S. 41.
- **Gibt es Wiederholungen im Text?** Wiederholungen von Wörtern, Wortgruppen oder ganzen Sätzen weisen darauf hin, dass der Leser ihren **Inhalt** besonders **wichtig** nehmen soll.
- **Wie ist der Zusammenhang zwischen Text und Überschrift?** Bedenke: Der Autor hat die Überschrift für seinen Text ganz bewusst ausgewählt. Er zeigt mit ihr indirekt, worauf es ihm besonders **ankommt**. Deshalb solltest du der Überschrift immer eine besondere Beachtung schenken.

Übung 10

Aufgaben

Bearbeite die folgenden Aufgaben.

1. Bestimme die Besonderheiten der Darstellung bei der Kurzgeschichte „Streuselschnecke“ von Julia Franck. Stichworte genügen. Notiere deine Beobachtungen zu diesen Fragen:

   a) Wer ist der Erzähler/die Erzählerin?

   b) Wie ist der Text aufgebaut? Untergliedere ihn in Sinnabschnitte.

   c) Wie sieht die Sprache des Erzählers/der Erzählerin aus? Äußere dich zum Satzbau und zur Wortwahl.

   d) Gibt es weitere Besonderheiten in der Sprache, die auffallen, z. B. Wiederholungen?

2. Wie **wirkt** die Sprache des Textes auf den Leser? Überlege, ob sie die Gefühle der Hauptperson unterstreicht.

4.2 Gedichte untersuchen

Wie der Name schon sagt, sind Gedichte besonders kunstvoll („dicht“) gestaltet. Über den Sinn muss der Leser/die Leserin oft sorgfältig nachdenken. In der Regel steckt hinter den Worten des lyrischen Sprechers ein tieferer Sinn, den man erst beim genauen Lesen erkennt. Manchmal muss man eine Weile darüber nachdenken, um zu verstehen, was der Dichter/die Dichterin damit meint.

Die Form von Gedichten

- **Strophen und Verse**
  Die Worte des lyrischen Sprechers ordnet der Dichter in **Versen** an, also in verkürzten Zeilen. Das Ende eines Verses markiert jeweils eine kurze Pause im Denken des Sprechers. Es kann sein, dass ein Satz am Ende eines Verses beendet ist; es kommt aber auch vor, dass sich ein Satz über zwei oder mehr Verse erstreckt.
  Verse sind jeweils gruppenweise zu **Strophen** zusammengefasst. Das sind die Absätze in einem Gedicht. Häufig besteht eine Strophe aus vier Versen; es gibt aber auch längere Strophen.

- **Reime**
  Typisch ist für die meisten Gedichte, dass sie sich am Versende reimen. Nur moderne Dichter verzichten oft auf Reime.
  Reime entstehen durch den **Gleichlaut von Vokalen und Konsonanten** am Versende. Es gibt einsilbige und zweisilbige Reime.

  Hinweis: Es kommt wirklich nur auf den Klang an. Die Schreibweise ist zwar auch oft ähnlich, spielt aber keine Rolle!

Beispiele

kalt	Rest	Kissen	melden	Bengel	Hammer
Wald	lässt	wissen	Helden	Engel	Kammer

Reime können in einem Gedicht unterschiedlich angeordnet sein: Entweder folgen sie unmittelbar nacheinander – oder sie stehen in einem bestimmten Abstand zueinander. Das Reimschema ist stets bestimmt durch die Art und Weise, wie Reime aufeinander folgen.

Auf einen Blick

Reimschema		
Paarreim: Die Reime folgen paarweise direkt hintereinander.	*Beispiel:*	***Affe*** ***Waffe*** Rand Wand
Kreuzreim: Die Reime folgen abwechselnd (über Kreuz) aufeinander.	*Beispiel:*	***Gäste*** besser ***Feste*** Messer
umarmender Reim: In der Mitte gibt es Wörter, die sich reimen; diese werden eingerahmt („umarmt“) von zwei weiteren Wörtern, die sich ebenfalls reimen.	*Beispiel:*	***Männer*** schalten walten ***Kenner***

Nicht immer sind die Formmerkmale in einem Gedicht strikt durchgehalten. Es kann auch Unregelmäßigkeiten geben. Grundsätzlich gilt: **Je gleichmäßiger** ein Gedicht gestaltet ist, **desto harmonischer** ist die Stimmung, die damit zum Ausdruck kommt. Aber Achtung: Es kann auch sein, dass ein ganz gleichmäßig gestaltetes Gedicht eher **monoton** und **trostlos** wirkt.

Tipp

> Überlege stets, ob es zwischen dem **Inhalt** eines Gedichts und den **Formmerkmalen** einen Zusammenhang gibt. Welche Wirkung von den Formmerkmalen ausgeht, hängt immer auch vom Inhalt ab.

Übung 11

Erich Kästner: Sachliche Romanze

Als sie einander acht Jahre kannten
(und man darf sagen: sie kannten sich gut)
kam ihre Liebe plötzlich abhanden.
Wie andern Leuten ein Stock oder Hut.

Sie waren traurig, betrugen sich heiter,
versuchten Küsse, als ob nichts sei,
und sahen sich an und wussten nicht weiter.
Da weinte sie schließlich. Und er stand dabei.

Vom Fenster aus konnte man Schiffen winken.
Er sagte, es wäre schon Viertel nach vier
und Zeit, irgendwo Kaffee zu trinken.
Nebenan übte ein Mensch Klavier.

Sie gingen ins kleinste Café am Ort
und rührten in ihren Tassen.
Am Abend saßen sie immer noch dort.
Sie saßen allein, und sie sprachen kein Wort
und konnten es einfach nicht fassen.

Quelle: Erich Kästner: Doktor Erich Kästners Lyrische Hausapotheke, 26. Auflage, München 2011.

Aufgabe

Bestimme die Formmerkmale des Gedichts „Sachliche Romanze“ von Erich Kästner.

- Strophen:

___

- Verse je Strophe:

___

___

- Reimschema:

___

___

Den Inhalt eines Gedichts erschließen

In einem Gedicht äußert ein lyrischer Sprecher seine **Gedanken** und **Gefühle** über sich und die Welt. Er kann sich mit verschiedenen Themen befassen, z. B. mit dem Leben in der Großstadt, mit der Liebe zu einer Frau oder mit der Natur.

Hinweis: Ein Sonderfall sind **Balladen**. Mit ihnen wird in Gedichtform eine Geschichte erzählt. (In der Prüfung wird dir aber keine Ballade vorgelegt, denn Balladen sind sehr lang.)

Um den Inhalt eines Gedichts zu erschließen, stellst du dir am besten diese Fragen:

Schritt für Schritt

Fragen an das Gedicht

Frage **A** **Um welches Thema geht es?**
Am besten bestimmst du das Thema erst einmal allgemein, z. B. so: *Thema ist das Leben in der Großstadt.*

Frage **B** **Wer ist der lyrische Sprecher?**
Beschreibt er eine Situation aus der Sicht eines Außenstehenden? Oder spricht er in der Ich-Form von sich? Dann bezeichnet man ihn als **lyrisches Ich**.

Frage **C** **Wo befindet er sich?**
Ist er zu Hause oder in der Stadt oder in der freien Natur?

Frage **D** **An wen richtet er seine Worte?**
Es gibt drei Möglichkeiten:

- Entweder spricht er wie ein außenstehender Beobachter über ein Thema, z. B. darüber, wie sich die Natur verändert, wenn es Herbst wird. Dann gibt es keinen direkten Ansprechpartner.
- Oder er spricht eine andere Person an, z. B. seine Geliebte. Dann verwendet er das Pronomen „du“.
- Oder er spricht sich selbst an, führt also eine Art Selbstgespräch. Auch in diesem Fall verwendet er hin und wieder das Pronomen „du“.

Hinweis: Wenn du in einem Gedicht das Pronomen „du“ liest, solltest du sehr genau überlegen, worauf es sich bezieht: auf den lyrischen Sprecher selbst – oder auf ein Gegenüber.

Frage **E** **Über wen spricht er?**
Äußert er seine Gedanken nur über andere Personen? Oder bezieht er sich selbst mit ein? Dann verwendet er ab und zu das Pronomen „wir“.

Frage **F** **Was bewegt ihn dazu, sich mit dem Thema zu befassen?**
Überlege, ob es einen Anlass für ihn gibt, sich Gedanken dazu zu machen. Frage dich: *Was hat dazu geführt, dass der lyrische Sprecher sich Gedanken über dieses Thema macht?*

Frage **G** **Welche Gedanken macht er sich zu dem Thema?**
Achte jetzt auf Einzelheiten.

Frage **H** **Welche Gefühle bewegen ihn?**
Sind es eher positive Gefühle, z. B. Freude, oder sind seine Gefühle negativ, z. B. Enttäuschung oder Trauer?

Frage **I** **Wie beschließt er seine Gedanken?**
Gelangt er zu einem Ergebnis? (Fasst er am Ende vielleicht einen Entschluss?) Oder wirkt er ratlos und verzagt?

Übung 12

Aufgabe

Beantworte zu dem Gedicht „Sachliche Romanze“ von Erich Kästner die Fragen **A** bis **I**. Stichworte genügen.

A ______________________________

____

B ______________________________

____

____

C ______________________________

____

D ______________________________

____

____

E ______________________________

____

____

____

F ______________________________

____

____

____

G ______________________________

____

____

____

H ______________________________

____

____

____

I ______________________________

____

____

Sprachliche Bilder in einem Gedicht

Sprachliche Bilder spielen bei einem Gedicht eine herausragende Rolle. Diese Sprachbilder solltest du kennen:

- **Bildhafter Vergleich:** Eine Person oder Sache aus dem Text wird mit etwas aus einem ganz anderen Sachbereich verglichen. Du erkennst bildhafte Vergleiche an Vergleichswörtern, z. B. *wie* oder *als* oder *als ob*.

  Der Mann war so groß wie ein Bär. Beispiel

- **Metapher:** Bei einer Metapher sind die beiden Elemente des Sprachbilds zu einer Einheit verschmolzen. Vergleichswörter (z. B. *wie*) gibt es nicht.

  Der Bär betrat die Konditorei und kaufte ein Stück Kuchen. Beispiel

- **Personifikation:** Einer Sache oder einem Tier werden menschliche Eigenschaften zugeschrieben.

  Die Sonne lachte. Beispiel

Aufgaben

Übung 13

1. Bestimme die sprachlichen Besonderheiten des Gedichts „Sachliche Romanze" von Erich Kästner:

   a) Beschreibe den Satzbau.

   ____
   ____
   ____
   ____
   ____
   ____
   ____
   ____

   b) Beschreibe die Wortwahl.

   ____
   ____
   ____
   ____
   ____
   ____
   ____

c) Äußere dich zu sprachlichen Bildern. Erkläre, was der lyrische Sprecher damit zum Ausdruck bringt.

2. Äußere dich zur **Wirkung** der Sprache. Überlege, ob der Klang des Gedichts zum Inhalt passt oder nicht. Begründe deine Meinung.

Pflichtlektüren

Ein Aufgabenteil der Prüfung bezieht sich auf die Lektüre einer **Ganzschrift**, die ihr in diesem Schuljahr gelesen habt. Es ist wichtig, dass du den Inhalt dieser Lektüre genau kennst, damit du dich in der Prüfung gut an wichtige Einzelheiten erinnern kannst.

Es gibt in diesem Jahr zwei Lektüren zur Auswahl: entweder das Jugendbuch „**Blackbird**" von Matthias Brandt – oder der Roman „**Nathan und seine Kinder**" von Mirjam Pressler. Welche Lektüre ihr im Unterricht lest, entscheidet eure Schule. Im Folgenden findest du zu beiden Lektüren Hinweise und Aufgaben, die dir helfen, den Text gut zu verstehen.

Interaktive Aufgaben: A 2: Lektüre

In der Prüfung darfst du zur Bearbeitung der Aufgaben **dein eigenes Lektüre-Exemplar** verwenden. Darin können **Randnotizen** enthalten sein, die du dir während der Bearbeitung der Lektüre zu wichtigen Stellen gemacht hast. Allerdings dürfen keine Haftnotizzettel oder andere Hilfsmittel (z. B. Büroklammern, Klebestreifen) eingefügt sein. Während der ganzen Prüfungszeit darfst du ein **Rechtschreibwörterbuch** benutzen.

Dir werden in Bezug auf die Lektüre **Aufgaben zum Textverständnis** gestellt, also

- zum **Inhalt**,
- zu **einzelnen Textstellen** und
- zum **Textzusammenhang**.

Zusätzlich sollst du eine **produktive Schreibaufgabe** lösen. Hier musst du zu einer bestimmten Situation oder Textstelle im Buch einen kreativen Text schreiben, z. B.

- einen Tagebucheintrag,
- einen Brief,
- einen inneren Monolog oder
- ein Gespräch (Dialog).

Die produktive Aufgabe enthält eine **Mindestwortangabe**. Dein Lösungstext muss hier aus mindestens **80 Wörtern** bestehen. Diese Textlänge solltest du keinesfalls unterschreiten. Wenn du alle Vorgaben aus der Aufgabenstellung berücksichtigst, wird dein Text vermutlich ohnehin etwas länger – und das darf er auch sein.

5 Lektüren 2022/2023

Eine der beiden Ganzschriften im Schuljahr 2022/2023 heißt „Blackbird“ und stammt von dem Schauspieler und Autor Matthias Brandt.

5.1 Matthias Brandt: Blackbird

Mit zwei Flaschen Amselfelder auf dem 10-Meter-Brett.
Als der 15-jährige Morten Schumacher, genannt Motte, einen Anruf bekommt, ist in seinem Leben nichts mehr, wie es einmal war. Sein bester Freund Bogi ist plötzlich sehr krank. Aber das ist nur eine der herzzerreißenden Explosionen dieses Jahres, die in Matthias Brandts Roman „Blackbird“ Mottes Leben komplett auf den Kopf stellen.
Kurz danach fährt Jacqueline Schmiedebach vom Einstein-Gymnasium auf einem Hollandrad an ihm vorbei, und die nächste Erschütterung nimmt ihren Lauf. Zwischen diesen beiden Polen, der Möglichkeit des Todes und der Möglichkeit der Liebe, spitzen sich die Ereignisse immer weiter zu, geraten außer Kontrolle und stellen Motte vor unbekannte, schmerzhafte Herausforderungen. Doch zum richtigen Zeitpunkt sind die richtigen Leute an Mottes Seite und tun genau das Richtige. Und er selbst schaut den Dingen mutig ins Gesicht, mit scharfem Blick und trockenem Witz.
Die Figuren dieses Ausnahmeromans wird man nicht mehr vergessen, die Schornsteinfegerin Steffi, Elvis, den lebensklugen Bademeister mit den langen Koteletten, Neandertal-Klaus, und selbst den lustbetonten Sozialkundelehrer Meinhardt. Denn sie und all die anderen zeigen uns durch die Erzählkunst des Schriftstellers Matthias Brandt die Komik und die Tragik des Lebens, ihres Lebens in einer kleinen Stadt in den 70ern, aber auch unseres. Und wir können es sehen, ganz deutlich.
„Jung zu sein, bleibt immer gleich – so schmerzhaft, so unverständlich und so schön, weil alles zum ersten Mal passiert. ‚Blackbird‘ ist ein wundervoller Roman.“ (Eva Menasse)

Quelle: Blackbird von Matthias Brandt. Im Internet unter: https://wasliestdu.de/matthias-brandt/blackbird-0.

Übung 14 Lies die Kurzzusammenfassung gründlich und beantworte folgende Fragen. Kreuze die jeweils zutreffende Antwort an.

a) An welchem Ort spielt die Handlung?

Die Handlung spielt in …

- ☐ Holland.
- ☐ dem Dorf Schmiedebach.
- ☐ der Ortschaft Amselfeld.
- ☐ einer deutschen Kleinstadt.

b) In welcher Zeit spielt die Handlung?

Die Handlung spielt in den ...

- ☐ 1950er-Jahren.
- ☐ 1960er-Jahren.
- ☐ 1970er-Jahren.
- ☐ 1980er-Jahren.

c) Welches einschneidende Ereignis ist die Ausgangssituation für die Handlung?

Ausgangssituation ist ...

- ☐ die Begegnung mit einem „Blackbird“, also einer Amsel.
- ☐ eine Explosion am Einstein-Gymnasium.
- ☐ ein Anruf, der Motte über die Krankheit von Bogi informiert.
- ☐ der Fahrradunfall von Jacqueline Schmiedebach.

d) Welche zwei Gefühle bzw. Extreme sind in der Handlung des Romans vorherrschend?

- ☐ Hass und Wut
- ☐ Liebe und Tod
- ☐ Neid und Freude
- ☐ Liebe und Eifersucht

e) Welche Menschen sind in dieser Ausnahmesituation an Mottes Seite?

An Mottes Seite sind ...

- ☐ seine Eltern, seine Lehrer*innen und Mitschüler*innen.
- ☐ ein Bademeister, ein Schornsteinfeger und ein Neandertaler.
- ☐ Elvis, Steffi und Meinhardt.
- ☐ seine Freunde Klaus, Matthias und Bogi.

f) Das Thema des Romas wird beschrieben als „Jung zu sein, bleibt immer gleich – so schmerzhaft, so unverständlich und so schön“. Was ist damit gemeint?

- ☐ Die Jugend ist immer eine Mischung aus schmerzhaften und schönen Erfahrungen.
- ☐ Jugendliche empfinden auch schmerzhafte Erfahrungen als schön.
- ☐ Man kann die Jugend von früher nicht mit der von heute vergleichen.
- ☐ Es ist unverständlich, warum Jugendliche diese Zeit al schmerzhaft empfinden.

g) Welche Figur steht im Mittelpunkt der Handlung (und ist Ich-Erzähler)?

- ☐ Matthias Brandt
- ☐ Morten Schumacher
- ☐ Bademeister Elvis
- ☐ Neandertal-Klaus

Zusammenfassung der Handlung

Im Folgenden findest du Zusammenfassungen der einzelnen Romankapitel. Lies die Zusammenfassungen und bearbeite danach die Aufgaben.

Die Seitenzahlen beziehen sich auf diese Textausgabe:
Matthias Brandt: Blackbird. Verlag Kiepenheuer & Witsch 2021, Köln.

Kap. 1: Mitte August **S. 5–11**

Der Anruf von Bogis Vater verändert alles

Der fünfzehnjährige Morten Schumacher, genannt Motte, erfährt am Telefon von den Eltern (Petra und Dieter Schnellstieg) seines besten Freundes Manfred, genannt Bogi, dass dieser aufgrund eines unklaren Befunds für weitere Untersuchungen ins Krankenhaus gebracht wurde. Aus diesem Grund kann Bogi auch nicht an der geplanten Turnierfahrt teilnehmen. Zuvor hatten die beiden besten Freunde zwei Flaschen Amselfelder Wein gekauft, um auf der Fahrt ihre ersten Erfahrungen mit Alkohol zu machen. Seinen Spitznamen erhielt Bogi, als ein Mitschüler den Schauspieler Humphrey Bogart aus Unwissenheit „Manfred Bogart" nannte und dadurch für Lacher sorgte.
Mottes Eltern haben sich getrennt und sein Vater hat bereits eine neue Lebensgefährtin, zu der er demnächst ziehen wird. Dies bedeutet auch für Motte und seine Mutter, dass sie aus dem Haus der Familie ausziehen müssen.

Kap. 2: Mitte September **S. 12–39**

Motte und die Freunde Detlef Walkenhorst, genannt Walki, und Jan Borowka haben mit Bogis Mutter einen Besuchstermin bei Bogi im Krankenhaus ausgemacht. Als Motte Bogi auf der Kinderstation, im sogenannten Giraffenzimmer, besucht, hat er ein mulmiges Gefühl. Bogi kommt ihm fremd vor und ihm fällt nichts ein, womit er die merkwürdige Situation überspielen könnte. Motte ist bewusst, dass Bogi Krebs (Non-Hodgkin-Lymphom) hat und daran sterben könnte. Jan und Walki gelingt es besser, normal mit Bogi umzugehen.
Bogi und Motte kennen sich schon seit der Grundschule und sind Freunde, seit Bogi als „ausgelaufene Batterie" verkleidet zum Schulfasching kam.

Kap. 3: Ende September **S. 40–47**

Motte begegnet der schönen Jacqueline Schmiedebach, die mit einem Hollandrad an ihm vorbeifährt und auf das benachbarte Einstein-Gymnasium geht, und verliebt sich in sie. Um sie wie zufällig zu treffen, wartet Motte am Fähranleger, da Jacqueline auf der anderen Seite des Flusses wohnt und deshalb die Fähre nehmen muss. Dort wird er von einem Mann angesprochen, der ihm ein unsittliches Angebot macht. Motte flüchtet vor ihm, versucht aber weiterhin, Jacqueline zu begegnen.

Kap. 4: Ende September **S. 48–66**

Motte trifft seinen Vater, den er kaum noch sieht, zufällig im Wohnzimmer. Sie haben sich allerdings nichts zu sagen. Mottes Vater nimmt offenbar an, dass seine Ex-Frau bereits mit ihrem Sohn über die Trennung der Eltern gesprochen hat, sodass er kein klärendes Gespräch mit ihm führen muss. Mottes Vater hat seine Arbeitsstelle verloren, obwohl Motte aufgrund der früheren Aussagen seines Vaters immer dachte, dass er der Chef der Firma gewesen ist. Motte denkt daran, dass sein Vater nun mit seiner neuen Lebensgefährtin Claudia Hunger-Löper zusammenziehen wird und

seine Eltern schon lange nicht mehr richtig miteinander geredet haben. Seit einer Weile versucht Mottes Mutter verstärkt, sich um ihn zu kümmern, was Motte jedoch lästig findet. Er möchte nicht zusätzlich zu seiner eigenen Traurigkeit wegen Bogi noch die seiner Mutter aushalten müssen und geht ihr daher aus dem Weg.
Im Haus der Schumachers, aus dem der Vater gerade auszieht und aus dem bald auch Motte und seine Mutter ausziehen müssen, trifft Motte eine ehemalige Klassenkameradin aus der Grundschule, Stefanie Fuchs. Steffi macht gerade eine Schornsteinfegerlehre und ist mit ihrem Chef bei den Schumachers im Einsatz. Motte erinnert sich daran, dass sie damals versehentlich in eine Heugabel gesprungen ist und daraufhin mehrfach operiert werden musste.

Kap. 5: Erster Oktober **S. 67–73**

In Mottes handschriftlichem Brief an Jacqueline Schmiedebach, den er an seinem 16. Geburtstag verfasst, stellt er sich ihr vor, macht ihr Komplimente und bittet sie um ein Treffen. Dieses soll am Fähranleger stattfinden, wenn sie das nächste Mal Tennis hat. Den Briefentwurf überarbeitet und kürzt er anschließend noch.

Kap. 6: Anfang Oktober **S. 74–89**

Motte plant, dass Walkis Schwester Manuela, die wie Jacqueline auf das Einstein-Gymnasium geht, ihr den Brief in der Pause überbringen soll. Motte bittet Walki daher, den Brief seiner Schwester auf dem Sportplatz, den sie sich mit dem Einstein-Gymnasium teilen, zu geben. Walki möchte jedoch Näheres über den Brief wissen, sodass Motte ihn einweihen muss. Als Motte es sich kurzzeitig anders überlegt und den Brief zurückfordert, verweigert Walki die Herausgabe und versichert ihm, dass der Brief großartig ist.

Kap. 7: Anfang Oktober **S. 90–97**

Auf dem Sportplatz behauptet Walki gegenüber dem Sportlehrer Kragler, er müsse seiner Schwester den vergessenen Hausschlüssel bringen. Kragler lässt ihn gehen, sodass er Mottes Brief an Manuela übergeben kann.
Motte möchte am liebsten unsichtbar sein und fiebert aufgeregt dem im Brief vorgeschlagenen Treffen entgegen. Tatsächlich erscheint Jacqueline am Treffpunkt. Sie unterhalten, berühren und küssen sich sogar zum Abschied. Zudem willigt sie ein, am Sonntag mit Motte ins Kino zu gehen.

Kap. 8: Mitte Oktober **S. 98–107**

Ein Umzugsunternehmen übernimmt den Auszug von Mottes Vater aus dem Haus der Familie. Herr Schumacher selbst geht noch immer jeden Tag zur Arbeit oder tut zumindest so. Motte hat das Gefühl, dass sein Leben auseinanderbricht.
Er erhält eine Postkarte von Steffi, die ihm in gewisser Weise ein Treffen vorschlägt.
Motte und seine Mutter haben einen Termin für eine Wohnungsbesichtigung in der Neuen Stadt. Dort ist auch das Krankenhaus, in dem Bogi liegt. Weil Motte ihn seiner eigenen Auffassung nach nicht oft genug besucht, hat er ein schlechtes Gewissen. Motte hat das Gefühl, dass ihm nichts einfällt, über das er noch mit Bogi sprechen könnte. Alles scheint gesagt zu sein. Als Motte Bogis Mutter eines Tages im Krankenhaus begegnet, bittet sie ihn, Bogi jetzt nicht im Stich zu lassen.
Mit einem Immobilienmakler besichtigen Motte und seine Mutter eine Wohnung.

Kap. 9: Mitte Oktober S. 108–126

Motte wartet in einiger Entfernung vom Kino auf Jacqueline, weil es so aussehen soll, als käme er auch erst gerade an bzw. als hätte er sich beeilen müssen, um pünktlich zu sein. Jacqueline taucht schließlich in Begleitung von Callum, dem englischen Austauschschüler ihres Bruders, auf. Wie selbstverständlich lassen sich Jacqueline und Callum von Motte den Kinoeintritt für den erotischen Film „Bilitis" und ein Eis bezahlen. Als Motte während des Films Körperkontakt zu Jacqueline aufnehmen will, bemerkt er, dass sich Jacqueline und Callum küssen. Überstürzt flüchtet er aus dem Kino und landet schließlich beim örtlichen Freibad. Er schämt sich wie noch nie zuvor in seinem Leben.

Kap. 10: Anfang November S. 127–144

Mottes Freunde merken offenbar, dass die Verabredung mit Jacqueline nicht gut gelaufen ist, und fragen ihn daher auch nicht danach. Er ist durch die Geschichte mit Jacqueline wie betäubt und bekommt in der Schule nicht mehr viel mit.

Gelegentlich trifft sich Motte in Restaurants mit seinem Vater, der nun nicht mehr zu Hause wohnt. Auch der Umzug von Motte und seiner Mutter steht unmittelbar bevor. Die kumpelhafte Art des Immobilienmaklers, der ihnen die neue Wohnung vermittelt hat, geht Motte auf die Nerven.

Im Sportunterricht meldet sich Walki beim verhassten Sportlehrer Kragler, der immer wieder einzelne Schüler besonders quält und den sie alle für einen Nazi halten, zu einer freiwilligen Nachprüfung. Walki täuscht vor, seine Note verbessern zu wollen, und schlägt einen 5 000-Meter-Lauf, an dem vermeintlich auch Motte und Jan teilnehmen wollen, vor. Herr Kragler geht auf Walkis Vorschlag ein und erhofft sich schon mögliche Siege bei Schulwettbewerben, bei denen er mit dem guten Läufer Walkenhorst antreten könnte.

Herr Kragler trifft sich mit den drei Jungen und einer Referendarin nachmittags auf dem Sportplatz, wo Walki auf dem besten Wege ist, eine Rekordzeit zu laufen. Kragler ist ganz aus dem Häuschen und feuert Walki euphorisch an. 50 Meter vor dem Ziel bleibt Walki allerdings stehen, beleidigt den aufgeregten Kragler und konfrontiert ihn mit den Ereignissen, in denen er Schüler gequält und erniedrigt hat. Als Kragler droht, ihn fertigzumachen, erwidert Walki, dass er ihn dann anzeigen würde. Jan und Motte dienen ihm als Zeugen.

Kap. 11: Anfang Dezember S. 145–169

Motte drückt sich vor den Besuchen bei Bogi und macht sich deswegen Vorwürfe. Jan besucht Bogi hingegen mehrfach allein.

Der Umzug aus dem Haus der Familie Schumacher ist beinahe abgeschlossen und Motte schaut sich ein letztes Mal in seinem inzwischen leergeräumten Zimmer um. Den Weg in die neue Wohnung will er aber nicht mit seiner Mutter, sondern allein mit dem Fahrrad zurücklegen. Er fährt durch den Volkspark und trifft dort auf Neandertal-Klaus. Mit ihm führt er ein merkwürdiges Gespräch, unter anderem über das Kiffen. Klaus denkt, dass Motte von ihm Gras kaufen will, und lässt ihn an seinem Joint ziehen. Nach einer Weile verabschiedet sich Motte wieder von Klaus.

Mottes weiterer Weg führt ihn durch die Fußgängerzone, wo gerade eine Rollstuhl-Squaredance-Vorführung stattfindet. Der Joint zeigt mittlerweile Wirkung. Motte wird von Steffi, die plötzlich auftaucht, angesprochen und sie erkundigt sich, ob er ihre Karte bekommen habe. Sie stellen fest, dass ihr Heimweg in die gleiche Richtung führt. Obwohl Steffi bemerkt, dass Motte bekifft ist, willigt sie ein, mit ihm in ein Café zu gehen. Dort verschlingt Motte mehrere Stücke Kuchen und trinkt Kakao. Als Steffi ihn auf die traurige Situation bei ihm zu Hause anspricht, fällt Motte auf, dass er es nicht gewohnt ist, dass Dinge direkt angesprochen werden. Als sie das Café verlassen, muss Steffi die Rechnung übernehmen, da Motte kein Geld dabeihat. Während der weiteren Heimfahrt gesteht Steffi Motte, dass sie ihn gernhat. Motte fährt daraufhin einfach mit dem Fahrrad davon.

Kap. 12: Mitte Februar S. 170–186

Bogi darf das Krankenhaus verlassen. Einerseits findet Motte es gut, dass Bogi wieder Teil seines Lebens ist, andererseits ist es für ihn aber auch anstrengend, weil er so andauernd mit den Themen „Krankheit“ und „Tod“ konfrontiert wird.
Bogi kann und darf Motte zur Eröffnung des „Rockworld“-Ladens in die Stadt begleiten. Im Bus geraten sie aber über ihren Musikgeschmack in Streit, sodass Bogi beleidigt allein durch das Musikgeschäft streift. Bei der Eröffnung sind viele Bekannte da, auch Steffi ist dort. Sie küsst Motte öffentlich, was diesem unangenehm ist, zumal Bogi, der noch nichts von Steffi weiß, es sehen kann. Bogi reagiert jedoch positiv, da er sich in Krankenschwester Merle, die ebenfalls zur Eröffnung gekommen ist, verliebt zu haben scheint.
Motte, Jan, Walki und Bogi spielen Fußball, Bogi legt sich ins Tor, weil er schon zu erschöpft ist.

Kap. 13: Ende Mai S. 187–201

Bogi muss wieder ins Krankenhaus. An der Reaktion von Bogis Mutter erkennt Motte, dass es schlecht um ihn steht. Als Motte ihn besucht, kommt Bogi ihm fremd vor, obwohl dieser noch recht munter wirkt und Motte darum bittet, ihm Fast Food zu besorgen. Motte erzählt ihm, welche Erfahrungen er in den letzten Monaten gemacht hat, z. B. mit Alkohol und Drogen. Vom Kinobesuch mit Jacqueline oder der Intimität mit Steffi erzählt Motte ihm jedoch nichts. Plötzlich erinnert Bogi Motte daran, dass die zwei Flaschen Amselfelder Wein noch im Versteck liegen. Schon am nächsten Tag geht Motte wieder zu Bogi ins Krankenhaus und erzählt seinem geschwächten Freund, dass der verhasste Lehrer Kragler an eine andere Schule wechselt. Als Motte Bogi am Folgetag noch einmal besucht, wird er von Bogis Vater gewarnt, dass Bogi ihn möglicherweise nicht mehr richtig versteht, weil er sehr starke Medikamente bekommt. Kurz nachdem Motte Bogis Zimmer wieder verlässt, geht ein Alarm los. Die Ärzte können Bogi nicht mehr helfen; Bogi stirbt. Motte weiß nicht, was er tun soll und verlässt fluchtartig die Klinik.

Kap. 14: Ende Mai, selber Tag S. 202–210

Motte will sich auf keinen Fall von jemandem trösten lassen und deshalb auch nicht nach Hause gehen. Auf Umwegen gelangt er in den Garten von Familie Schnellstieg und holt dort die beiden Flaschen Amselfelder Wein aus dem Versteck. Er wirft auch einen Blick auf das ehemalige Haus seiner Familie, das jetzt von anderen bewohnt wird. Dort stiehlt er ein Damenrad und fährt damit zu der Holzbrücke, an der er früher immer heimlich geraucht hat, und prostet Bogi mit dem Amselfelder Wein zu.

Kap. 15: Ende Mai, selber Tag S. 211–234

Motte bekommt durch den Alkohol Lust auf Gesellschaft und beschließt, zu seinem Sozialkundelehrer Meinhardt Vogt zu fahren. Dieser hat die Schüler*innen ständig zu sich eingeladen und mit seinem „Open House“ geworben. Motte möchte zu jemandem gehen, der noch nichts von Bogis Tod weiß. Angetrunken trifft er beim ebenfalls alkoholisierten Lehrer ein. Dieser bittet ihn herein, obwohl er gerade einen Streit mit seiner Frau hat. Meinhardt hatte offenbar nicht zum ersten Mal ein Verhältnis mit einer Schülerin. Als der Lehrer und später auch dessen Frau nach Bogi fragen, tut Motte so, als ob dieser auf dem Weg der Besserung sei.
Auf einem Super-8-Film, den Meinhardt auf der Klassenfahrt im vergangenen Jahr gedreht hat, sieht Motte sich und Bogi. Es wird deutlich, dass die beiden zusammengehörten und beste Freunde waren. Motte verdrängt, dass Bogi tot ist, und erinnert sich an dessen Pläne, einmal Biologe zu werden.

Kap. 16: Ende Mai, selber Tag S. 235–251

____

Motte fährt zum geschlossenen Freibad, klettert dort über den Zaun und schließlich auf den Zehnmeterturm. Als er eine der Weinflaschen ins Wasser wirft und „Amselfelder" und „Blackbirdfielder" in die Nacht ruft, wird er vom Bademeister entdeckt. Dieser fordert ihn auf, herunterzukommen, doch Motte ist zu betrunken und muss sich übergeben. Schließlich klettert der Bademeister zu Motte auf den Turm und trinkt sogar selbst vom Amselfelder. Als Bademeister Günter Reuser erfährt, dass er von den Jugendlichen „Elvis" genannt wird, erzählt er Motte, dass er ein großer Elvis-Fan ist und als Reaktion auf den Tod seines Idols zum Elvis-Imitator wurde. Weil Mottes Vater auch Elvis-Fan ist, kennt Motte viele der Lieder. Zusammen singen sie Lieder von Elvis Presley. Motte behauptet, er sei auf den Turm geklettert, um endlich seine Angst zu überwinden, und springt schließlich vom Zehnmeterturm. Als Motte im Wasser landet, übermannt ihn die Traurigkeit und ihm wird klar, dass er nie wieder sprechen wird.

Kap. 17: Sechs Wochen später, Mitte Juli S. 252–276

____

Nach dem Vorfall im Freibad wird Motte zunächst in einem Sozialpädiatrischen Zentrum behandelt, weil er nicht mehr spricht, und er nimmt anschließend noch an Gruppensitzungen teil.
Sechs Wochen nach Bogis Tod findet die Trauerfeier bzw. Urnenbestattung statt. Mittlerweile hat Mottes Mutter einen neuen Freund namens Dieter. In der Aussegnungshalle spielt Bogis Cousine Gitarre, unter anderem eines von Bogis Lieblingsliedern „Blackbird" von den Beatles. Bogis Eltern müssen ihre Ansprache, in der sie von Bogi erzählen, als er noch klein war, weinend abbrechen. Motte hatte die Bitte, dass auch er etwas sagt, abgelehnt, weil er nicht mehr spricht. Überraschenderweise übernimmt Steffi für ihn und spielt ein Lied ab, das Bogi gemocht hatte. Motte ärgert sich zunächst darüber, da es sich in seinen Augen um Mädchenmusik handelt. Dann wird ihm aber klar, dass es darum geht, was Bogi gefallen hätte. Als alle anderen Trauergäste bereits weg sind, verabschieden sich Motte, Jan, Walki und Steffi noch gesondert am Grab von Bogi. Allein im Arm von Steffi beginnt Motte zu weinen und wieder zu sprechen.

Übung 15

1. a) Ordne die unten stehenden Vorschläge für **Kapitelüberschriften** den einzelnen **Zusammenfassungen** (vgl. S. 46–50) zu und notiere sie jeweils auf der Linie am Anfang jeder Zusammenfassung.
   b) Schreibe die Überschriften auch zu Beginn der Kapitel in deinen Roman.
   c) Unterstreiche schließlich in den Kapitelzusammenfassungen die handelnden Figuren im jeweiligen Kapitel.

Wie Walki Nazikragler mit einem 5000-Meter-Lauf besiegt	Auszug des Vaters, Postkarte von Steffi, Schuldgefühle und Wohnungsbesichtigung	Bogis Heimkehr, Eröffnung des „Rockworld"– Plattenladens	
Briefübergabe mit Hindernissen	Mottes Enttäuschung im Kino	Open House bei Meinhardt Vogt	Kiffen und Kaffee
~~Der Anruf von Bogis Vater verändert alles~~	Jacqueline und das Schornsteinfegermädchen Steffi	Das langersehnte Treffen mit Jacqueline	
Bogis Urnenbestattung	Motte will Bogis Tod entkommen	Ein Liebesbrief an Jacqueline	Bogis langsames Sterben
Im Freibad auf dem Sprungbrett	Mottes erster Besuch bei Bogi im Krankenhaus	Motte verliebt sich in Jacqueline Schmiedebach	

2. Überprüfe, wie gut du dich im Roman „Blackbird" auskennst. In jeder Zeile ist nur **eine** der Aussagen zum Buchinhalt richtig. Notiere jeweils den Buchstaben der korrekten Antwort in der rechten Spalte. Streiche falsche Inhalte in den beiden anderen Versionen durch.

	A	B	C	richtige Aussage
1	Als Herr Schnellstieg bei Familie Schumacher anruft, um von Bogis Krankheit zu berichten, sitzt Motte in seinem Zimmer auf einem Sitzsack und schießt Styroporkügelchen an die Zimmerdecke.	Als Herr Schumacher bei Familie Schnellstieg anruft, um von Bogis Krankheit zu berichten, sitzt Motte in seinem Zimmer auf einem Sitzsack und schießt Styroporkügelchen an die Zimmerdecke.	Als Herr Schnellstieg bei Familie Schumacher anruft, sitzen Motte und Bogi im Zimmer auf einem Sitzsack und schießen Styroporkügelchen an die Zimmerdecke.	
2	Bei ihrem letzten Gespräch vor Mottes Besuch bei Bogi im Krankenhaus hatten die beiden Jungs über den Satz des Pythagoras gesprochen, weil Bogi naturwissenschaftlich sehr interessiert ist.	Bei ihrem letzten Gespräch vor Mottes Besuch bei Bogi im Krankenhaus hatten die beiden Jungs über das Anzünden von Fürzen gesprochen, weil Bogi sich damit ziemlich gut auskennt.	Bei ihrem letzten Gespräch vor Mottes Besuch bei Bogi im Krankenhaus hatten die beiden Jungs darüber gesprochen, dass Bogi so oft furzen muss und welche Gründe das haben könnte.	
3	Motte versucht Jacqueline Schmiedebach scheinbar zufällig zu begegnen. Dazu meldet er sich ebenfalls zum Tennisspielen beim THC an.	Motte versucht Jacqueline Schmiedebach scheinbar zufällig zu begegnen. Dazu bietet er ihr am Fähranleger an, ihr kostenlos Mathenachhilfe zu geben.	Motte versucht Jacqueline Schmiedebach scheinbar zufällig zu begegnen. Dazu lungert er stundenlang am Anlegeplatz der Fähre herum.	
4	Mottes Vater und Motte sind sich in den letzten Wochen aus dem Weg gegangen, weil der Vater gerade dabei ist, die Familie zu verlassen und zu seiner neuen Lebensgefährtin Christina zu ziehen.	Mottes Vater und Motte sind sich in den letzten Wochen aus dem Weg gegangen, weil der Vater ihm andauernd erklären will, warum er mit seiner neuen Lebensgefährtin zusammenziehen möchte.	Mottes Vater und Motte sind sich in den letzten Wochen aus dem Weg gegangen, weil der Vater gerade dabei ist, die Familie zu verlassen und zu seiner neuen Lebensgefährtin Claudia zu ziehen.	

	A	B	C	richtige Aussage
5	In seinem fein säuberlich abgetippten Brief an Jacqueline Schmiedebach, den er an der Schreibmaschine seiner Mutter verfasst, stellt sich Motte erst einmal vor und schreibt, dass er nach dem nächsten Tennistraining auf sie warten wird.	In seinem handschriftlichen Brief an Jacqueline Schmiedebach stellt sich Motte erst einmal vor und schreibt, dass er nach dem nächsten Tennistraining auf sie warten wird.	In seinem handschriftlichen Brief an Jacqueline Schmiedebach stellt Motte klar, dass er nicht der Perverse vom Fähranleger ist, und schreibt, dass er nach dem nächsten Tennistraining auf sie warten wird.	
6	Weil er den Brief an Jacqueline nicht mit der Post schicken will, plant Motte, ihn Walki zu geben. Dieser soll ihn an seine Schwester Manuela, die wie Jacqueline auf das Einstein-Gymnasium geht, weiterreichen. In der Pause soll Manuela ihn dann Jacqueline überbringen.	Weil er den Brief an Jacqueline schließlich doch mit der Post schicken will, verwirft Motte den Plan, den Brief Walki zu geben, damit dieser ihn an seine Schwester Manuela, die wie Jacqueline auf das Einstein-Gymnasium geht, weiterreicht.	Motte hat für die Übergabe des Briefs an Jacqueline den Plan, den Brief heimlich Walkis Schwester Manuela, die wie Jacqueline aufs Einstein geht, zu geben. In der Pause soll Manuela ihn dann Jacqueline überbringen.	
7	Schlussendlich behauptet Motte auf dem Sportplatz, dass Walkis Schwester den Hausschlüssel vergessen hat und er ihn ihr geben muss. Sportlehrer Kragler erlaubt ihm das und so überbringt Manuela Mottes Brief an Jacqueline.	Schlussendlich behauptet Walki auf dem Sportplatz, dass seine Schwester den Hausschlüssel vergessen hat und er ihn ihr geben muss. Sportlehrer Kragler erlaubt ihm das und so überbringt Manuela Mottes Brief an Jacqueline.	Schlussendlich gestattet Kragler auf dem Sportplatz, dass Walkis Schwester ihren angeblich vergessenen Hausschlüssel bei ihrem Bruder abholt. So überbringt Manuela Mottes Brief an Jacqueline.	
8	Motte beschreibt die berufliche Situation seines Vaters und dessen private Situation zu Hause, indem er sagt: „Meine Firma, Familie Schumacher, löste sich jedenfalls gerade in ihre Bestandteile auf, so viel stand fest."	Motte beschreibt die Kündigung, die sein Vater bekommen hat, und die Tatsache, dass dieser dennoch zur Arbeit fährt, indem er sagt: „Meine Firma, Familie Schumacher, löste sich jedenfalls gerade in ihre Bestandteile auf, so viel stand fest."	Motte beschreibt seine Situation zu Hause, die Trennung der Eltern und die beiden Umzüge, indem er sagt: „Meine Firma, Familie Schumacher, löste sich jedenfalls gerade in ihre Bestandteile auf, so viel stand fest."	

	A	B	C	richtige Aussage
9	Jacqueline taucht mit einem etwa gleichaltrigen Jungen vor dem Kino auf. Er trägt einen riesigen Parka, der am Ärmel einen Aufnäher mit der britischen Fahne hat. Er ist ein englischer Austauschschüler namens Tony Marshall und küsst Jacqueline später im Kino.	Jacqueline taucht mit einem etwa gleichaltrigen Jungen vor dem Kino auf. Er trägt einen riesigen Parka, der am Ärmel einen Aufnäher mit der britischen Fahne hat. Er ist ein englischer Austauschschüler namens Callum und küsst Jacqueline später im Kino.	Jacqueline taucht mit einem deutlich älteren Jungen vor dem Kino auf. Er trägt einen riesigen Parka, der am Ärmel einen Aufnäher mit der britischen Fahne hat. Er ist ein irischer Austauschschüler namens Callum und küsst Jacqueline später im Kino.	
10	Beim Auszug seines Vaters fällt Motte auf, dass dieser die Golfausrüstung einpackt, obwohl er gar nicht Golf spielen kann. Dass sein Vater auch den Nymphensittich mitnimmt, macht Motte und seine Mutter traurig.	Beim Auszug seines Vaters fällt Motte auf, dass seine Mutter zwar tapfer lächelt, ihre Augen jedoch traurig sind. Dass sein Vater sich im Auto eine Träne wegwischt, lässt Motte ebenfalls in Tränen ausbrechen.	Beim Auszug seines Vaters fällt Motte auf, dass seine Eltern nicht auf eine wirklich nette Art nett zueinander sind, sondern auf eine höfliche. Dass sein Vater sich im Auto eine Träne wegwischt, ist Motte peinlich.	
11	Als Motte sein leer geräumtes Zimmer sieht, freut er sich auf sein neues, sauberes Zimmer ohne Flecken.	Als Motte sein leer geräumtes Zimmer sieht, das sich schon fremd anfühlt, ist ihm zum Heulen zumute.	Als Motte sein leer geräumtes Zimmer sieht, bemerkt er, dass sogar die Kommode weggebracht wurde.	
12	Bei einem früheren Besuch im Musikhaus Rockworld hatte sich Bogi die Schallplatte (Single) „Kung Fu Fighting“ von Carl Douglas angehört und sie dann gekauft. Motte bezeichnet das Lied als Stuss.	Bei einem früheren Besuch im Musikhaus Bornstedt hatte sich Motte die Schallplatte (Single) „Kung Fu Fighting“ von Carl Douglas angehört und sie dann gekauft. Bogi bezeichnet das Lied als Stuss.	Bei einem früheren Besuch im Musikhaus Bornstedt hatte sich Bogi die Schallplatte (Single) „Kung Fu Fighting“ von Carl Douglas angehört und sie dann gekauft. Motte bezeichnet das Lied als Stuss.	
13	Bei einem der letzten Besuche von Motte bei Bogi im Krankenhaus wünscht sich Bogi Fast Food von McDonald’s.	Bei einem der letzten Besuche von Motte bei Bogi im Krankenhaus bringt ihm Motte als Gastgeschenk Fast Food von McDonald’s mit.	Auf dem Weg zu einem der letzten Besuche bei Bogi im Krankenhaus isst Motte aus lauter Nervosität Fast Food von McDonald’s.	

	A	B	C	richtige Aussage
14	Kurz vor seinem Tod erinnert Bogi Motte daran, dass die zwei Flaschen Amselfelder noch im Versteck liegen. Nach Bogis Tod holt Motte sie unter dem Surfboard, das im Schuppen in Familie Schnellstiegs Garten liegt, hervor.	Kurz vor seinem Tod erinnert Bogi Motte daran, dass die zwei Flaschen Amselfelder noch im Versteck liegen. Nach Bogis Tod holt Motte sie hinter dem Schuppen, der in Familie Schnellstiegs Garten steht, hervor.	Kurz vor seinem Tod erinnert Bogi Motte daran, dass die zwei Flaschen Amselfelder noch im Versteck liegen. Nach Bogis Tod holt Motte sie hinter den Paddeln des Schlauchboots, das im Schuppen in Familie Schnellstiegs Garten liegt, hervor.	
15	Der Sozialkundelehrer, der bei seinem Vornamen Meinhardt genannt werden will, zeigt Motte den Film, den er auf der Klassenfahrt der 9b an die Schlei gedreht hat. Erst als der Film startet, wird Motte klar, dass darin auch Bogi vorkommen wird.	Der Sozialkundelehrer Meinhardt Vogt zeigt Motte auf dessen dringenden Wunsch hin den Film, den er auf der Klassenfahrt der 10b an die Schlei gedreht hat. Erst als der Film startet, wird Motte klar, dass darin auch Bogi vorkommen wird.	Meinhardt Vogt, Mottes Sozialkundelehrer, zeigt Motte den Film, den er auf der Klassenfahrt der 9b an die Schlei gedreht hat. Erst als der Film startet, wird Motte klar, dass darin auch Claudia Herbst, mit der der Lehrer ein Verhältnis hatte, vorkommen wird.	
16	Als Motte im Freibad auf dem Fünfmeterturm sitzt, kann er weder weinen noch sprechen.	Als Motte im Freibad auf dem Zehnmeterturm sitzt, kann er nicht weinen, muss sich aber nach einer Weile übergeben.	Als Motte im Freibad auf dem Siebenmeterturm sitzt, kann er nicht weinen, muss aber nach einer Weile pinkeln.	
17	Nach Bogis Tod und dem Vorfall im Schwimmbad wird Motte im Sozialpädiatrischen Zentrum, das er „Klapsmühle“ nennt, behandelt, weil er einen Zusammenbruch erlitten hat und nicht mehr spricht.	Nach Bogis Tod und dem Vorfall im Schwimmbad wird Motte im Sozialpädiatrischen Zentrum, das er „Klapsmühle“ nennt, behandelt, weil er einen Zusammenbruch erlitten hat und nichts mehr isst.	Nach Bogis Tod und dem Vorfall in der Schule wird Motte im Sozialpädiatrischen Zentrum, das er „Klapsmühle“ nennt, behandelt, weil er einen Zusammenbruch erlitten hat und nicht mehr spricht.	

Figuren und Figurenkonstellation

Übung 16

1. Die Abbildung zeigt dir noch einmal auf einen Blick, welche Figuren im Roman „Blackbird“ eine Rolle spielen und in welcher Beziehung sie zueinander stehen.

   Sieh dir aufmerksam an, welche Informationen vorgegeben sind, und trage dann die Namen der Figuren in die passenden Kästchen ein.

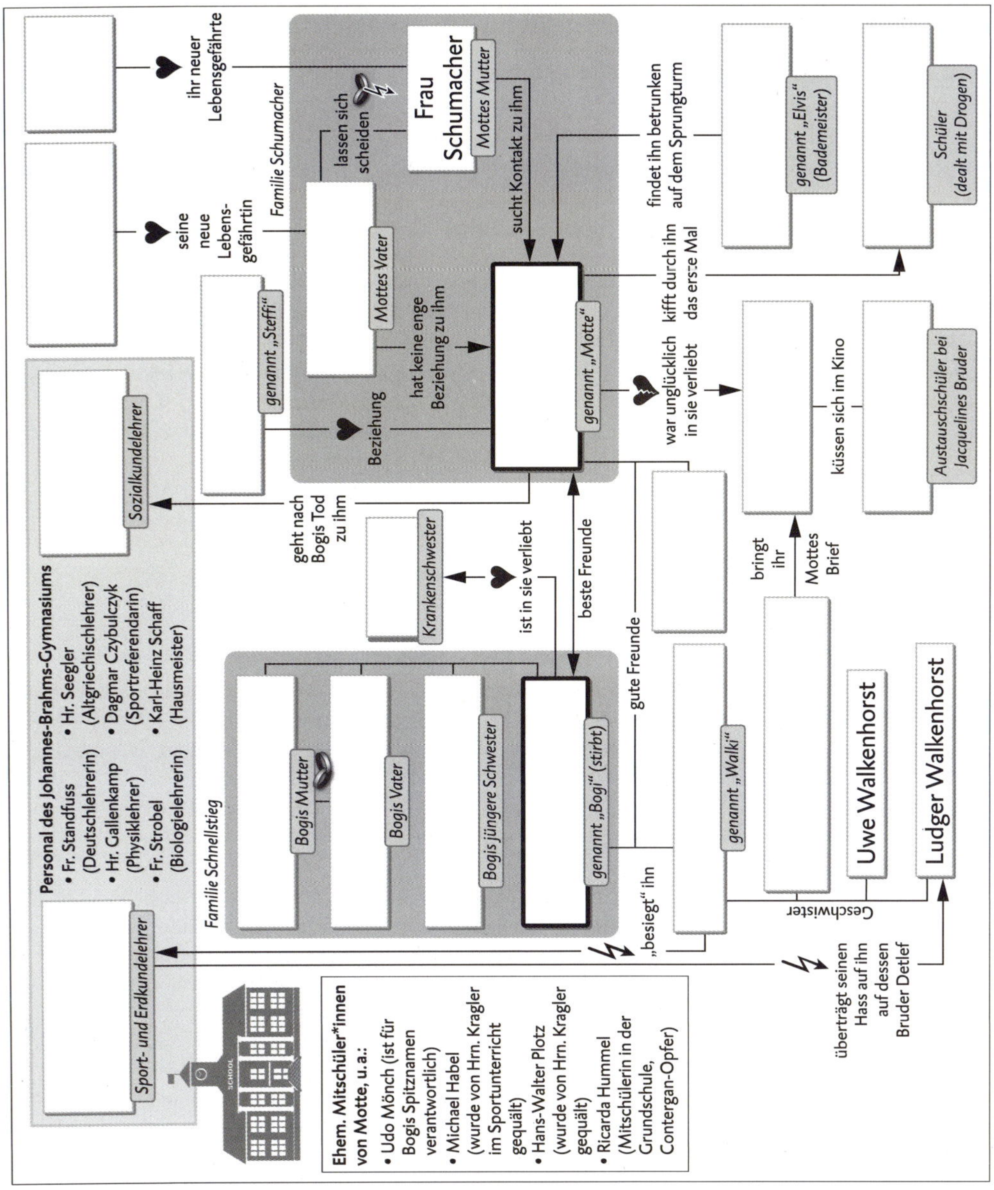

2. Prüfe deine Textkenntnis zu den Figuren im Roman.
   a) Gehe im Kopf nacheinander alle Figuren durch, die im Roman vorkommen und eine wichtige oder auch eher unwichtige Rolle spielen.
   b) Weißt du noch genau, wer wer ist? Welche Informationen fallen dir auf Anhieb zu den hier aufgeführten Personen ein?

   Lege eine Tabelle nach folgendem Beispiel an (siehe unten) und notiere die Informationen zu den Figuren jeweils in der rechten Spalte. Ergänze gegebenenfalls noch weitere Figuren, die dir einfallen. (→ Heft)

Petra Schnellstieg	Jacqueline Schmiedebach	Herr Leuwagen	Frau Strobel
Frau Schumacher	Neandertal-Klaus	Dieter Schnellstieg	Pfarrer Martiny
Callum	Horst Kragler	Jan Borowka	Dietmar Rosin
Dagmar Czybulczyk	Stefanie Fuchs (Steffi)	Uwe und Ludger Walkenhorst	Herr Gallenkamp
Ricarda Hummel	Herr Seegler	Manuela Walkenhorst	Herr Huhloh
Udo Mönch	Dieter	Karl-Heinz Schaff	Claudia Herbst
Manfred Gunnar Schnellstieg (Bogi)	Gerhard Schumacher	Anette Schnellstieg	Claudia Hunger-Löper
Frau Standfuss	Gitti Vogt	Schwester Merle	Meinhardt Vogt
Günter Reuser	Detlef Walkenhorst (Walki)	Thomas John	Morten Schumacher (Motte)
Hans-Walter Plotz	Herr Jablonski	Michael Habel	Almut Gerhardts

Hinweis: Da sehr viele Figuren im Roman vorkommen, ist es sinnvoll, sie Oberbegriffen zuzuordnen, z. B. den folgenden: „Personal des Johannes-Brahms-Gymnasiums“, „Jugendliche“, „Familie(n)“, „Sonstige“.

So könnte die Tabelle aussehen:

Personal des Johannes-Brahms-Gymnasiums	
Horst Kragler	Er ist Oberstudienrat, unterrichtet Sport und Erdkunde und wird von den Schülerinnen und Schülern als Nazi bezeichnet. Er hasst Walki und dessen Brüder, will aber trotzdem mit Walkis sportlicher Leistung angeben. …
…	…

3. Trage in die Tabelle ein, wessen Aussagen in der rechten Spalte jeweils abgedruckt sind.

vollständiger Name der Figur	Aussage(n) der Figur
	• „So, Freunde, Körperschule!“ (S. 18) • „Solange ich hier Lehrer bin, machst du kein Abitur, mein Freund“ (S. 133) • „Fünf Minuten vor der Zeit ist des Soldaten Pünktlichkeit, Brüder.“ (S. 138)
	• „Du bist die mit der Heugabel, oder?“ (S. 65) • „Kannst. Du. Deiner Schwester. Was. Für jemanden. Vom. Einstein. Mitgeben?“ (S. 78) • „Walki, ich muss mir das alles noch mal überlegen. Ich glaube, der ist eigentlich nicht so gut, der Brief. Da steht überhaupt nicht das drin, was ich meine. Nie im Leben trifft die sich mit mir, wenn die den Scheiß liest“ (S. 87) • „Sag mal, wie nennt man eigentlich die Haarfarbe, die du hast?“ (S. 162)
	• „Motte, das ist Callum. Der ist gerade auf Austausch hier. Geht in die Klasse von meinem Bruder. Wohnt bei uns. Der Callum wollte gerne ins Kino mitkommen. Ist okay für dich, oder? Callum kommt aus London.“ (S. 115)
	• „Schornsteinfegerlehre, genau“ (S. 65) • „Wäre ich ein Pferd, würde man sagen falb.“ (S. 163)
	• „Nein. Pass mal auf. Der Manfred, der, äh, Bogi musste leider ins Krankenhaus. Der kann nicht mit.“ (S. 9)
	• „Na, den Film! […] Wie hieß der noch? Kassaplancka! Mit dem Manfred Bogart!“ (S. 7)
	• „Na, mein Freund […] Freier Nachmittag? Was gibts denn hier für Attraktionen? Mit den jungen Damen poussieren? Petra, Babsi, Susi? […] Willst du dir 50 Mark verdienen?“ (S. 43/44)
	• „Wenn ihr lacht, höre ich sofort auf […] Also wenn der Penis … […] Ich hab euch gewarnt. Schluss damit, weg!“ (S. 77)
	• „Der haut total rein, der Blackbirdfielder.“ (S. 8) • „Ihr könnt doch vielleicht draußen was spielen, und ich guck euch von hier oben aus zu. Das ist ja dann fast wie selber kicken.“ (S. 37) • „Motte, du Schuft! Mir aus den Augen!“ (S. 84) • „Die Amselfelderflaschen liegen noch hinter den Paddeln vom Schlauchboot. Am Schuppen.“ (S. 192)
	• „Ja, pass auf, Motte, du musst wirklich nicht weinen. Der Manfred war doch gestern Nachmittag beim Arzt, wegen der Impfung. Und da hat man was gefunden, wo sie jetzt im Krankenhaus mal nachgucken wollen. Aber wahrscheinlich ist es gar nichts.“ (S. 10)
	• „Der Bogi? Ist in der Giraffe.“ (S. 23)
	• „Lieber Udo, wenn ich daran denke, dass ich Sie in Deutsch benoten soll, würde ich eigentlich lieber das Gift trinken und tot umfallen.“ (S. 82)

vollständiger Name der Figur	Aussage(n) der Figur
	• „Sollen wir alle zusammen draußen 'n bisschen kicken gehen?" (S. 36) • „Bongschuur, Mott […] Wäär istö Jacqueline Chmiiddöbaack? […] Aaah! Mirr att erssält lö pöti Yann! Mott is bissschöön verlippt in die Jacqueline." (S. 78–80) • „Steck' dir deinen Rekord in den Arsch, Kragler. […] So wie den Michi Habel? Oder den Hans-Walter? Komm doch her, kannst mir ja auch in die Fresse hauen wie dem. Und dann zeig ich dich an, du Kackhaufen. Der Borowka und der Schumacher sind Zeugen." (S. 143)
	• „Na, du Behindi! Hehehe, ein Vollhorst ist das, der Bogi! Hängt der hier im Krankenhaus rum!" (S. 32) • „Boginski, mein Freund" (S. 32) • „Ey, ihr Pacholken! Ich glaubs ja nicht! Der Bogator rennt hier einfach in der Stadt rum, der Schlunz!" (S. 185)
	• „Deine Mutter hat dir das ja alles erklärt –" (S. 50)
	• „Ik froie mik, dik ssu … […] …dik ssu … kännon lörnän, Motta." (S. 116)
	• „… ich komme auf Sie zu, Frau Schumacher" (S. 107) • „Tschüss, mein Freund" (S. 107) • „Sitzen Sie, Frau Schumacher?" (S. 128)
	• „Schlaf, Kindchen schlaf, der Kragler ist ein Schaf, der Kragler ist ein blödes Schwein, das weiß sogar das Hansilein, schlaf, Kindchen, schlaf." (S. 133)
	• „Das Schöne ist ja, dass das alles irgendwie Verbündete sind, der Baum und der Matsch und der Regen und die Insekten […] Der Baum is' so schön" (S. 150/151) • „Haan liegt in der Nähe von Düsseldorf – und vom, äh, Neandertal." (S. 151) • „Finde ich gut, dass du da positiv rangehst" (S. 156)
	• „Motte, wir können uns morgen eine Wohnung in der Neuen Stadt angucken." (S. 61) • „Motte, willst du den Herrn Schornsteinfeger nicht mal anfassen? Das bringt Glück" (S. 63)

Textwissen überprüfen

Mithilfe dieser **Checkliste zum Buch** kannst du dir noch einmal einen Überblick über die wichtigsten Themen aus der Ganzschrift verschaffen.
Du solltest nach dem Lesen und Bearbeiten des Romans in der Lage sein, diese Fragen zum Inhalt der Lektüre zu beantworten.

- Notiere dir zu jedem Punkt, in welchem Kapitel bzw. welchen Kapiteln du Informationen dazu findest.
- Hake danach die Themen ab, zu denen du genügend Textstellen gefunden und im Buch markiert hast.

Themen	**Kapitel**	☑
Buchtitel „Blackbird“		
Was heißt „Blackbird“ auf Deutsch?		☐
Wo bzw. an welchen Textstellen wird der Begriff auf Deutsch oder Englisch verwendet?		☐
Welche Symbole bzw. Themen werden mit dem Begriff „Blackbird“ verbunden?		☐
Welche Rolle spielen die zwei Flaschen Amselfelder Wein? Wo werden sie thematisiert?		☐
Welche Rolle spielt der gleichnamige Song von den Beatles?		☐
Die Freundschaft zwischen Motte und Bogi		
Wie und wo haben sich Motte und Bogi kennengelernt? Seit wann kennen sie sich?		☐
Was erfährt man über den Ich-Erzähler, also die Hauptfigur?		☐
Wie heißen die beiden Jungen mit Vor-, Nach- und Spitznamen?		☐
Wie kam Bogi zu seinem Spitznamen?		☐
Von welchen gemeinsamen Erlebnissen erfährt man?		☐
Welche Zukunftspläne haben die beiden?		☐
Welche gemeinsamen Geheimnisse haben die beiden?		☐
Welche Streitthemen gibt es zwischen den beiden, d. h., wo sind sie unterschiedlicher Meinung?		☐
Welche besonderen Momente verbinden die beiden?		☐
Über welche Themen sprechen die beiden nicht miteinander? Wo herrscht sozusagen „Sprachlosigkeit“ zwischen ihnen?		☐

Themen	Kapitel	✓
Mottes Familiensituation und sein Umgang damit		
In welcher familiären Situation lebt Motte? Wie verändert sie sich gerade?		☐
Wie geht Motte mit der aktuellen Familiensituation um?		☐
Wie ist das Verhältnis zwischen Motte und seinem Vater?		☐
Was erfährt man über das Verhältnis zwischen Motte und seiner Mutter?		☐
Wie denkt Motte über die Ehe seiner Eltern?		☐
Wie ergeht es Motte in der Schule?		☐
Welche Rolle spielt die Wohnsituation bzw. die Veränderung der Wohnsituation für Motte?		☐
Wie gehen Mottes Mutter bzw. sein Vater mit Bogis Krankheit um?		☐
Bei welchen Themen herrscht innerhalb der Familie „Sprachlosigkeit“?		☐
Die Bedeutung von Freundschaft		
Welche gemeinsamen anderen Freunde haben Motte und Bogi?		☐
Was erfährt man über Jan Borowka? Wie geht er mit Bogi bzw. mit dessen Krankheit um?		☐
Was erfährt man über Detlef Walkenhorst? Wie geht er mit Bogi bzw. mit dessen Krankheit um?		☐
Was unterscheidet Mottes und Bogis Freundschaft von der Freundschaft zu Jan und Walki?		☐
Warum ist es Bogis Mutter so wichtig, dass Bogi den Kontakt zu seinen Freunden nicht verliert?		☐
Mit wem kann Motte seine Gefühle teilen bzw. besprechen und mit wem nicht?		☐
Welche Rolle spielt die Beziehung zu Steffi für Motte?		☐
Wie unterscheidet sich die Freundschaft zu Steffi von der Freundschaft zu den Jungs?		☐
Warum erzählt Motte Bogi zunächst nichts von Steffi?		☐
Welche Rolle spielen die Freunde auf Bogis Beerdigung?		☐
Bei welchen Themen herrscht zwischen den Freunden „Sprachlosigkeit“?		☐

Themen	Kapitel	☑
Bogis Krankheit bzw. der Krankheitsverlauf		
Wie heißt die Krankheit, die Bogi hat?		☐
Wie macht sich diese Krankheit bemerkbar? Wie ist (normalerweise) der Krankheitsverlauf?		☐
Wie verändert sich Bogi durch die Krankheit (Aussehen, Verhalten usw.)?		☐
Welche Phasen der Krankheit werden beschrieben?		☐
Was erfährt man über die Behandlung, die Bogi im Krankenhaus bekommt?		☐
Worüber spricht niemand bzw. was spricht keiner aus?		☐
Mottes Umgang mit Bogis Krankheit		
Wie reagiert Motte auf die Nachricht von Bogis Krankheit?		☐
Ab wann ist ihm bewusst, dass Bogi vermutlich an der Krankheit sterben wird?		☐
Wie verändert sich Mottes Verhalten Bogi gegenüber? Was erzählt er ihm, was nicht?		☐
Wie verhält sich Motte bei den Krankenhausbesuchen?		☐
Wie geht Motte mit seiner Trauer und Wut um?		☐
Welche Versäumnisse wirft Motte sich vor? Warum denkt er, dass er kein guter Freund ist?		☐
Was verändert sich an der Freundschaft zwischen Motte und Bogi? Was unterscheidet Mottes Leben vor Bogis Krankheit von dem Leben mit der Krankheit?		☐
Wie geht Motte mit der Hoffnung auf Besserung bzw. Heilung um, die durch Bogis zeitweise Entlassung aus dem Krankenhaus geweckt wird?		☐
Ab wann ist ihm klar, dass Bogi bald sterben wird?		☐
Worüber sprechen auch Motte und Bogi nicht?		☐

Themen	Kapitel	✓
Der Umgang mit dem Thema Sterben bzw. Tod		
Ab wann ist allen klar, dass Bogis Tod nur noch eine Frage der Zeit ist?		☐
Wer ist bei Bogis Tod im Krankenhaus anwesend?		☐
Wie reagieren Bogis Eltern auf dessen Tod?		☐
Wie reagiert Motte auf die Todesnachricht? Was macht er und was nicht? Wohin geht er und wohin nicht?		☐
Wie beschreibt Motte seine Gefühle, seine Trauer?		☐
Welche Menschen begegnen ihm, als er versucht, der Realität und Bogis Tod zu entfliehen?		☐
Wie verhält sich Motte auf der Beerdigung?		☐
Wie verhalten sich die anderen Anwesenden?		☐
Welchen Beitrag auf der Trauerfeier hatten sich Bogis Eltern eigentlich von Motte gewünscht?		☐
Welchen Beitrag der Freunde gibt es stattdessen?		☐
Woran erkennt man Mottes Trauer? Wie äußert er sich über den Verlust?		☐
Was „tröstet“ Motte?		☐
Über welche Themen kann Motte nicht reden, bei welchen Themen herrscht bei ihm sozusagen „Sprachlosigkeit“?		☐
Hinweise auf die Siebzigerjahre		
Was erfährt man über die Zeit, in der die Handlung spielt?		☐
Welche Besonderheiten dieser Zeit werden zum Ausdruck gebracht?		☐
Welche Unterschiede zu heute fallen dir auf?		☐
Wie unterscheidet sich deiner Meinung nach die Jugend von damals von der Jugend von heute?		☐
Welche Themen oder Situationen kommen dir bekannt vor, weil sie damals und heute gleichermaßen vorkommen?		☐

Aufgaben zum Textverständnis

Bearbeite folgende **Aufgaben zum Textverständnis**, wie sie dir in ähnlicher Weise auch in der Prüfung begegnen könnten. Hier erhältst du allerdings noch Tipps und Hilfestellungen zur Umsetzung. Achte insbesondere auf die **Operatoren**, die in der Aufgabenstellung genannt sind.

Tipp

Was sind Operatoren?

Operatoren sind „handlungsleitende Verben" und sollen deutlich machen, welche konkrete Handlung bei einer Aufgabenstellung von dir verlangt wird. Dadurch wird dir z. B. klar, ob eine stichwortartige Darstellung, eine ausführliche Textvariante oder ein schlichter Antwortsatz erwartet wird. Folgende Operatoren solltest du z. B. kennen:

- **nennen:** Du sollst z. B. Begriffe, Gegenstände oder Sachverhalte aufzählen oder zuordnen.
- **beschreiben:** Du sollst Personen, Situationen oder Zusammenhänge mit eigenen Worten darstellen. Die Darstellung soll geordnet und neutral (ohne eigene Wertung) sein.
- **zeigen/aufzeigen:** Von dir wird erwartet, dass du z. B. Zusammenhänge, Entwicklungen oder Probleme unter einer bestimmten Fragestellung wiedergibst.
- **erklären:** Hier musst du Sachverhalte in einen Zusammenhang stellen und begründen oder zu Schlussfolgerungen kommen.
- **begründen:** Hier musst du Gründe vortragen, um zu zeigen, dass eine Behauptung stimmt. In der Regel musst du dann Argumente dazu ausführen.

Übung 17

1. *„Es war, als ob Bogis Leben durch die verschissene Scheißkrankheit stehen geblieben war, während es für mich weiterraste. Und wenn das noch länger so blieb, würde er mich nie wieder einholen. Dann wäre er nicht nur krank, sondern wir uns auch endgültig fremd geworden und könnten nichts dagegen tun."* (S. 102)

   Nenne zwei Situationen, in denen Motte bemerkt, dass sein Leben weitergeht bzw. dass er Bogi in manchen Situationen nicht vermisst.

   a) Überfliege die Inhalte der Kapitel und halte nach Textstellen Ausschau, in denen Motte klar zum Ausdruck bringt, dass ihm Bogi nicht fehlt bzw. dass er auch ohne ihn zurechtkommt.

   b) Ergänze die Liste der Situationen, die gemeint sein könnten.

   - „Ich dachte dann lieber wieder an Jacqueline. *Dabei* fehlte mir Bogi nicht. Du lieber Himmel, sein Gequatsche hätte eher alles kaputtgemacht." (S. 56)
   - ______________________________

- ______________________________
____
____
____
____
____
____

c) Formuliere nun einen vollständigen Antworttext zu Aufgabe 1. (→ Heft)

2. *„Ich nahm Jacqueline aus dem Augenwinkel sofort wahr, als auf der Rolltreppe der U-Bahn-Station zuerst nur ihr strohblondes Haar zu sehen war.“* (S. 113)

   Motte hat sich mit Jacqueline fürs Kino verabredet. Anders als erwartet, kommt sie aber nicht allein, sondern in Begleitung von Callum, einem englischen Austauschschüler, der zurzeit bei der Familie wohnt. Während der Kinovorstellung bemerkt Motte, dass Callum und Jacqueline sich küssen.
   Beschreibe Mottes Gedanken und Gefühle vor dem Treffen und nachdem er gesehen hat, dass Jacqueline und Callum sich geküsst haben.

   a) Notiere dir Textstellen und/oder Stichpunkte, die Aufschluss über Mottes Gefühlszustand vor und nach dem Kinobesuch geben.

   - ______________________________
   ____
   - ______________________________
   ____
   - ______________________________
   ____
   - ______________________________
   ____
   - ______________________________
   ____
   - ______________________________
   ____

   b) Beschreibe nun die Gedanken und Gefühle, die Motte vor bzw. nach dem Treffen bewegen. (→Heft)

3. **Zeige** anhand von zwei Beispielen, welches Verhältnis Motte und sein Vater zueinander haben.

   a) Überlege dir zuerst, in welchem Zusammenhang der Vater erwähnt wird (oder vielleicht auch nicht). Denke auch an Situationen, in denen Motte sich über seinen Vater äußert, und lies diese Textstellen noch einmal nach.

   b) Finde die Seitenangaben zu den hier vorgeschlagenen Textstellen. Ergänze die Angaben in Klammern hinter dem jeweiligen Zitat, sofern dies möglich ist.

      - „Ich weiß gar nicht, ob wir uns überhaupt schon mal anders über den Weg gelaufen waren als zufällig.
        An der Stelle, wo wir uns getroffen hatten, waren wir erstarrt, als ob wir in diesem Moment am Boden festgetackert worden wären.“ ____________

      - „Ich fands dann aber doch komisch, ihm nicht wenigstens Hallo zu sagen. Es schien, als ob er sich darüber erschreckte, dass ich hinter ihm stand. Wahnsinn. Immerhin wohnte ich ja hier.“ ____________

      - „Schließlich hatte er das Schweigen gebrochen: ‚Deine Mutter hat dir das ja alles erklärt –‘
        Erklärt? Was jetzt genau? Hörte ich da einen Punkt oder ein Fragezeichen?“ ____________

      - „Na gut, dann standen wir eben weiter wortlos hier herum.“ ____________

      - „Dann war Stille. Wahrscheinlich hatte sich mein Vater auf den Schreck, dass er seinem Sohn im Wohnzimmer begegnet war, erst mal eine angesteckt. Alles klar. Das war die Aussprache zu der bevorstehenden Lebensveränderung gewesen.“ ____________

      - An keiner Stelle im Buch wird erwähnt, dass Motte von seinem Vater auf Bogis Krankheit oder dessen Tod angesprochen wird. Herr Schumacher war offenbar nicht einmal bei Bogis Beerdigung. ____________________

   c) Formuliere nun einen Antworttext zu Aufgabe 3, der sich auf mindestens zwei der Textstellen bezieht oder diese sogar zitiert.

____

____

____

____

____

____

____

____

____

4. *„Meine Firma, Familie Schumacher, löste sich jedenfalls gerade in ihre Bestandteile auf, so viel stand fest.“* (S. 100)

Erkläre, was Motte meint, als er das sagt.

a) Lies die Textstelle(n), auf die sich die Aufgabe bezieht, nochmals durch. Achte beim Lesen auf folgende Fragestellungen:

- Wo erfährt man etwas über die Situation in Mottes Elternhaus (Umzug, Trennung, Wohnungssuche)?
- Wo werden anstehende Veränderungen in Mottes Familie benannt?
- Wo in Kapitel 4 nennt Mottes Vater seinen Arbeitsplatz „seine Firma“?

b) Vervollständige die Sätze der folgenden Erklärung.

Motte verwendet die Bezeichnung „____________________“ für seine ____________________, weil sein Vater das Unternehmen, in dem er bisher gearbeitet hat, immer als „____________________“ (S. 50) bezeichnet hat. Allerdings wurde Mottes Vater ____________________, wodurch feststeht, dass er wohl nicht der Chef gewesen sein kann. Warum Herr Schumacher angeblich trotzdem noch morgens zur Arbeit fährt, weiß ____________________ nicht. Das, was für seinen Vater diese Firma war, ist für Motte seine ____________________. Diese ist im Begriff, sich aufzulösen, weil sein Vater eine neue ____________________ hat und gerade dabei ist, aus dem Haus der Familie ____________________. Auch Motte und seine Mutter müssen deshalb ____________________. Für Motte ändert sich also alles, „seine Firma“ fällt auseinander.

5. **Begründe**, weshalb Motte, Walki, Jan und auch Bogi Herrn Kragler für einen Nazi halten. Belege deine Aussagen mithilfe von zwei Zitaten.

   a) Zitiere Textstellen, …

   - in denen Herr Kragler Formulierungen verwendet, die mit dem Krieg und dem Militär in Zusammenhang stehen, und
   - die einen Hinweis darauf geben, dass Herr Kragler der nationalsozialistischen Vergangenheit nachtrauert.

   Trage sie in die Sprechblasen ein.

„‚So, Freunde, Körperschule!', brüllte er, und wir mussten uns dann erst mal in einer Reihe nebeneinander aufstellen und diesen ganzen Militärscheiß machen." (S. 18)

   b) Formuliere nun mithilfe der gesammelten Zitate einen Antworttext zu Aufgabe 4, der mindestens zwei Zitate enthält. (→ Heft)

5.2 Mirjam Pressler: Nathan und seine Kinder

Eine der beiden vorgegebenen Ganzschriften heißt „Nathan und seine Kinder" und stammt von der Autorin Mirjam Pressler.

Buchbesprechung

Mirjam Pressler: Nathan und seine Kinder
Kinder- und Jugendbuchpreis Luchs 264[1]

Zum Inhalt: Jerusalem um 1192: Die Christen haben die Heilige Stadt an den mächtigen Sultan Saladin verloren. Von den gefangenen Kreuzrittern begnadigt der Herrscher nur einen einzigen, den jungen Tempelritter Curd von Stauffen.
Diese gute Tat zieht eine weitere nach sich – der junge Mann rettet das Mädchen Recha aus den Flammen ihres Hauses. Sie ist die schöne Adoptivtochter des reichen jüdischen Kaufmanns Nathan, den man den Weisen nennt.
Doch über Nathans Kopf braut sich Unheil zusammen. Sultan Saladin, der in Geldnot ist, stellt ihm die schwierigste aller Fragen: Welche Religion ist die einzig wahre? Nathan antwortet mit dem berühmten Gleichnis von den drei Ringen und gewinnt den mächtigen Sultan zum Freund. Nathan ahnt aber nicht, dass ihm inzwischen der christliche Patriarch von Jerusalem und der muslimische Hauptmann Abu Hassan nach dem Leben trachten.

Mirjam Pressler erzählt die dramatischen Ereignisse um Nathan den Weisen nach, vieles variiert sie. In den Mittelpunkt stellt sie Nathans Liebe zum Leben, seine Besonnenheit und seinen Traum vom Sieg der Vernunft über den religiösen Fanatismus. Auch Recha, einer emanzipierten jungen Frau, wird in dieser Darstellung mehr Platz eingeräumt.
Mirjam Pressler: „Die Koexistenz[2] der Religionen, die bis heute nicht gelingt, ist kein häufiges Thema in der Literatur, und wenn man sich damit beschäftigt, stößt man selbstverständlich auf Gotthold Ephraim Lessings *Nathan der Weise*. Nach Goethes *Faust* gehört *Nathan der Weise* zu den meistgespielten Stücken auf deutschen Bühnen und sein Einfluss auf die Aufklärung ist wohl nicht zu überschätzen …
Ich habe mich so weit wie möglich an Lessings Vorgabe gehalten, schon um ihm meine Reverenz[3] zu erweisen. Nur wo mir die Handlung zu fantastisch und nicht mehr logisch erschien, habe ich mir erlaubt, sie zu verändern und so weiterzutreiben, wie sie meines Erachtens eher hätte ablaufen können. Dennoch soll mein Buch keineswegs ein Gegentext zu Lessing sein. Nur eine Variation."

Quelle: Radio Bremen, http://www.radiobremen.de/funkhauseuropa/serien/luchs/pressler100.html (erschienen: 12. 2. 2009)

1 Radio Bremen und DIE ZEIT prämieren seit 1986 jeden Monat ein besonders gelungenes Kinder- oder Jugendbuch.
2 Koexistenz: Ko (= neben, nebeneinander); Existenz (= das Bestehen): *hier:* das Nebeneinanderbestehen der verschiedenen Religionen
3 jem. seine Reverenz erweisen: jem. Respekt und Hochachtung entgegenbringen

Übung 18

Lies die Buchbesprechung gründlich und beantworte die folgenden Fragen, indem du die jeweils zutreffende Antworte ankreuzt.

a) An welchem Ort spielt die Handlung?

Die Handlung spielt in …

☐ Judäa.
☐ Stauffen.
☐ einer Ritterburg.
☐ Jerusalem.

b) In welcher Zeit spielt die Handlung?

Die Handlung spielt …

☐ 264 vor Christus.
☐ um das Jahr 1192.
☐ im Jahr 1911.
☐ in der Antike.

c) Welches geschichtliche Ereignis ist Ausgangssituation für den Roman?

☐ Sultan Saladin nimmt im Kampf gegen die Kreuzritter Juden gefangen und lässt sie töten.
☐ Christen kämpfen mit Sultan Saladin um die Heilige Stadt Jerusalem und verlieren diesen Kampf.
☐ Die christlichen Kreuzritter erobern die muslimische Stadt Jerusalem.
☐ Ein Tempelritter legt sich mit dem mächtigen Sultan Saladin an und tötet diesen.

d) Welche gute Tat bringt den jüdischen Kaufmann Nathan und den christlichen Tempelritter zusammen?

☐ Nathan rettet den Tempelritter vor dem sicheren Tod im Sultanspalast.
☐ Der Tempelritter rettet Nathans Adoptivtochter aus den Flammen.
☐ Nathan leiht dem Tempelritter Geld.
☐ Der Tempelritter leiht Sultan Saladin Geld.

e) Welches berühmte Theaterstück (= Drama) diente Mirjam Pressler als Vorlage für ihr Jugendbuch?

☐ „Nathan und seine Kinder“ von Gotthold Ephraim Lessing
☐ „Nathan der Weise“ von Gotthold Ephraim Lessing
☐ „Faust“ von Johann Wolfgang von Goethe
☐ „Gotthold Ephraim Lessing“ von Johann Wolfgang von Goethe

f) Das Thema des Theaterstücks und des Romans ist „die Koexistenz der Religionen“. Was ist damit gemeint?

Es geht darum, …

- ☐ dass alle Religionen glauben, auch nebeneinander bestehen zu können.
- ☐ welche der großen Religionen sicher nicht die einzig wahre ist.
- ☐ dass der Krieg zwischen den großen Weltreligionen notwendig ist.
- ☐ wie und ob die großen Weltreligionen nebeneinander bestehen können.

g) Welche Ideale oder Vorstellungen hat Nathan, die Hauptfigur des Romans?

- ☐ Nathan ist vernünftig und umsichtig. Er träumt davon, dass der religiöse Fanatismus überwunden werden kann.
- ☐ Nathan ist so religiös, dass man fast von religiösem Fanatismus sprechen könnte.
- ☐ Tief im Herzen lehnt Nathan ein friedliches Nebeneinander der Religionen ab.
- ☐ Nathan ist verständnisvoll und tolerant. Er hat nichts gegen religiösen Fanatismus.

Zusammenfassung der Handlung

Im Folgenden findest du Zusammenfassungen der einzelnen Romankapitel. Lies die Zusammenfassungen und bearbeite danach die Aufgaben.

Die Seitenzahlen beziehen sich auf diese Textausgabe:
Mirjam Pressler: Nathan und seine Kinder. Verlagsgruppe Beltz. Gulliver 2011, Weinheim Basel.

Kap. 1: Seite 9–23 **erzählt aus der Sicht von:** Geschem

Das Feuer, die Rettung durch den Tempelritter und ein Name für Geschem

Geschem wird Zeuge, wie Nathans Haus brennt, kann aber wegen seiner Behinderung dessen Tochter Recha nicht helfen. Ein Tempelritter rettet sie. Nathan befragt Geschem zu seiner Vergangenheit; er gibt dem bisher Namenlosen den Namen Geschem, nachdem sich der Junge diesen Namen selbst ausgesucht hat – Geschem Ben Abraham bzw. Geschem Ibn Ibrahim.

Kap. 2: Seite **erzählt aus der Sicht von:**

Daja berichtet von ihrer strengen Großmutter sowie den Kreuzfahrern, die durch ihren Wohnort gekommen waren und denen sie sich aus Abenteuerlust angeschlossen hatte. Sie heiratete den Kreuzfahrer Gisbert und erlebte auf der Reise viele Grausamkeiten. Bei der Ankunft in Jerusalem wurde Gisbert getötet. Verzweifelt und auf sich allein gestellt suchte sie vor einer Kirche Schutz. Dort fand Nathan sie und schlug ihr vor, die Erzieherin seiner Tochter zu werden. So kam sie in Nathans Haus.

Kap. 3: Seite **erzählt aus der Sicht von:**

Elijahu berichtet von der Handelsreise und davon, wie er und Nathan die Rückkehr und die Angst um Recha erlebt haben. Er erinnert sich an Nathans Vergangenheit: Seine Frau und seine sieben Söhne kamen vor fast 18 Jahren bei einem Hausbrand, den Kreuzfahrer gelegt hatten, ums Leben. Wenige Tage darauf brachte ein Mönch Recha als Säugling zu Nathan, der dadurch wieder Lebensmut fand. Kurz darauf zog Nathan nach Jerusalem.
Nathan bedankt sich bei Elijahu dafür, dass er Geschem von der Straße geholt hat und schlägt vor, den Jungen besser ausbilden zu lassen. Elijahu soll sich wie ein Vater um ihn kümmern.

Kap. 4: Seite **erzählt aus der Sicht von:**

Recha glaubt zunächst, ein Engel habe sie aus den Flammen gerettet. Schließlich lässt sie sich überzeugen, dass ihr Retter doch ein Mensch und kein Engel war. Bei einem Spaziergang sieht sie den Tempelritter und ist von ihm hingerissen.

Kap. 5: Seite **erzählt aus der Sicht von:**

Der Tempelritter, Curd von Stauffen, erinnert sich bei einem Spaziergang daran, wie er mit seinen Gefährten nach einem Angriff auf Saladins Armee gefangen genommen wurde. Alle Tempelritter außer ihm wurden hingerichtet, auch sein väterlicher Freund Helmfried. Er selbst aber wurde unter den persönlichen Schutz des Sultans gestellt. Den Grund für diese Begnadigung kennt er nicht. Am nächsten Morgen spricht er mit dem Patriarchen, dem Bischof von Jerusalem. Dieser fordert ihn dazu auf, Sultan Saladin auszuspionieren oder sogar zu töten.

Kap. 6: Seite **erzählt aus der Sicht von:**

Al-Hafi beschreibt Nathans Reaktion auf die Nachricht, dass er, al-Hafi, von Sultan Saladin zu dessen Schatzmeister ernannt worden ist. Nathan wusste bislang nicht, dass al-Hafi ein Vetter des Sultans ist. Al-Hafi erinnert sich an seine Kindheit und daran, wie es dazu gekommen ist, dass er nun in den Diensten des Sultans steht. Durch ihn erfährt man auch, aus welchem Grund der Tempelherr von Saladin begnadigt worden ist, nämlich weil dieser Saladins geliebtem, verschollenen Bruder Assad so ähnlich sieht. Al-Hafi beobachtet im Palastgarten ein verdächtiges Treffen zwischen Saladins Bruder Melek und dem nach Ruhm strebenden Hauptmann Abu Hassan. Er beschließt aber, dem Sultan nichts davon zu erzählen.

Da der Sultan Freunden gegenüber zu großzügig ist, sind die Staatskassen leer. Als al-Hafi dies Saladins Schwester Sittah erzählt, fordert diese, dass Nathan dem Sultan Geld leihen soll.

Kap. 7: Seite **erzählt aus der Sicht von:**

Nathan, Daja und andere Angehörige des Haushalts begegnen zufällig dem Tempelritter. Als Nathan sich überschwänglich bei ihm für die Rettung seiner Tochter bedankt, weist der Tempelritter ihn schroff zurück. Er verachtet Juden und möchte nichts mit ihnen zu tun haben. Daja ist über die Selbstgerechtigkeit und den Hochmut des Tempelritters sehr erzürnt und erinnert ihn an die christliche Nächstenliebe. Nathan greift beschwichtigend ein und verweist darauf, dass alle Menschen Gottes Geschöpfe sind. Beschämt nimmt der Tempelritter Nathans Einladung in dessen Haus an. Am Abend schließen die beiden unerwartet Freundschaft.

Kap. 8: Seite **erzählt aus der Sicht von:**

Recha ist aufgrund der Gefühle, die sie für den Tempelritter empfindet, verwirrt. Plötzlich betrachtet sie sich im Spiegel mit anderen Augen und putzt sich für den Fall, ihn zu treffen, heraus. Sie besucht ihre Freundin Lea und möchte sich ihr gerne anvertrauen. Recha erkennt aber, dass Lea mit ihren eigenen Sorgen beschäftigt ist, weshalb sie das Thema doch nicht anspricht.

Kap. 9: Seite **erzählt aus der Sicht von:**

Sittah, die Schwester des Sultans, denkt an den Friedensvorschlag des englischen Königs: Ihr Bruder Melek soll die Schwester des Königs und sie selbst einen seiner Vetter heiraten und damit dem Krieg ein Ende setzen. Der König nimmt das Angebot jedoch zurück, da sich seine Verwandten weigern, Muslime zu heiraten. Saladin und al-Hafi fühlen sich in ihrer Annahme, dass das Angebot nur eine List war, bestätigt.

Dem Sultan fehlen die finanziellen Mittel, um seine Feinde anzugreifen. Sittah plant, Nathan an den Hof zu bestellen und einzufordern, dass er Saladin Geld leiht. Sie ist indessen erleichtert, keinen Engländer heiraten zu müssen, auch wegen ihres heimlichen Geliebten Machmud.

Kap. 10: Seite **erzählt aus der Sicht von:**

Abu Hassan, ein Hauptmann Saladins, plant mit Verbündeten den Sturz des Sultans und hofft, dessen jüngeren Bruder Melek an die Macht zu bringen. Er ist unzufrieden mit Saladins zu freundschaftlichem Umgang mit Juden und Christen. Er verurteilt Saladins Bestrebungen nach einem friedlichen Nebeneinander der Religionen in Jerusalem. Abu Hassan erinnert sich daran, wie die Muslime im Jahr 1187 die Stadt Jerusalem von den Christen zurückerobert haben.

Kap. 11: Seite **erzählt aus der Sicht von:**

Der Tempelritter hat sich in Recha verliebt, glaubt aber, dass er sie wegen ihrer scheinbar unterschiedlichen Religionszugehörigkeit und seines Keuschheitsgelübdes nicht heiraten kann. Er erinnert sich an seine schwere Kindheit als ausgegrenztes Familienmitglied auf Burg Stauffen und an seine umfassende Ausbildung zum Ritter auf Burg Tannenberg. Erst nach seiner Ausbildung hat er erfahren, dass Konrad von Stauffen nicht sein Vater, sondern sein Onkel ist, und dass seine Mutter ihn bei diesem zurückließ, um seinem Vater ins Heilige Land zu folgen. Sein eigentlicher Name lautet Leu von Filnek. Schließlich hatte er sich den Kreuzzügen angeschlossen, um Burg Stauffen verlassen zu können. Am Ende des Kapitels bittet Daja ihn um ein Treffen.

Kap. 12: Seite **erzählt aus der Sicht von:**

Sittah hat al-Hafi befohlen, Nathan in den Palast zu bringen. Dieser warnt Nathan vor, dass es um Geld gehen wird. Bei dem Gespräch geht der Sultan jedoch zunächst nicht darauf ein. Stattdessen fragt er Nathan, welche der drei Religionen die wahre sei. Nathan antwortet mit dem Gleichnis von den drei Ringen und erklärt die drei Religionen für gleichberechtigt. Er macht deutlich, dass sie ihr wichtigstes Element gemeinsam haben: den Glauben an Gott und sein Gebot, die Menschen zu lieben und Gutes zu tun. Saladin ist von Nathans Weisheit beeindruckt und bietet ihm die Freundschaft an. Nathan bittet von sich aus noch darum, dem Sultan Geld leihen zu dürfen, teilt aber nicht al-Hafis Freude über den guten Ausgang des Gesprächs. Nathan weiß, dass sein Traum von einem friedlichen Miteinander aller Religionen bislang nur ein Traum und keine Wirklichkeit ist.

Kap. 13: Seite **erzählt aus der Sicht von:**

Daja denkt über ihr Leben nach, das jetzt in Jerusalem so viel besser ist als während ihrer Kindheit in Deutschland. Dennoch fühlt sie plötzlich starkes Heimweh in sich aufsteigen. Sie möchte zurück nach Deutschland, jedoch nicht als arme Frau. Deshalb verrät sie dem Tempelritter, dass Recha gar nicht Nathans leibliche Tochter und auch nicht Jüdin, sondern Christin ist. Einer Heirat der beiden stünde demnach aus ihrer Sicht nichts im Wege und sie könnte mit dem jungen Paar in die Heimat zurückkehren. Zu spät bereut sie ihre Tat, sie hat Nathan bereits verraten.

Kap. 14: Seite **erzählt aus der Sicht von:**

Der Tempelritter sucht den Patriarchen auf, damit dieser ihn von seinem Keuschheitsgelübde entbindet. Er stellt ihm die Frage, ob eine Christin, die im jüdischen Glauben erzogen wurde, dennoch eine Christin sei. Der Patriarch, bereits erzürnt, weil der Tempelritter nicht für ihn spionieren wollte, glaubt nicht, dass dieser die Frage aus reiner Neugier stellt, und fordert ihn auf, den Namen des Juden zu nennen, der die Christin aufgezogen hat. Dieser müsse, so der Patriarch, für das Verbrechen mit dem Tod bestraft werden. Der Tempelritter nennt den Namen nicht, erkennt aber, dass er Nathan in Gefahr gebracht hat, und beschließt, den Sultan um Hilfe für Nathan zu bitten.

Kap. 15: Seite **erzählt aus der Sicht von:**

Nathan, Elijahu und Jakob reisen nach Jericho und nehmen Recha und Geschem mit. Geschem denkt zu Beginn der Reise darüber nach, dass er immer noch nicht weiß, wer er ist, und dass zwei Namen zu haben nicht viel besser sei, als keinen zu haben. Der Muslim Mussa zeigt ihm seine Stadt und Geschem zweifelt wieder an seiner Identität. Doch wegen seiner großen Zuneigung und Dankbarkeit gegenüber Elijahu entscheidet er sich schließlich für das Judentum und für den hebräischen Namen „Geschem Ben Abraham“.

Kap. 16: Seite **erzählt aus der Sicht von:**

Recha erfährt von Daja, dass Nathan nicht ihr leiblicher Vater ist, sondern dass ihre im Sterben liegende Mutter einen Mönch gebeten hatte, sie zu Nathan zu bringen. Verwirrt und unglücklich läuft sie ziellos durch die Straßen der Stadt. Bei einem Gespräch mit Geschem wird ihr schlließlich klar, dass sie großes Glück hatte, als Nathans Tochter aufwachsen zu dürfen, und sie beschließt, mit ihm über ihre Herkunft zu sprechen.

Kap. 17: Seite **erzählt aus der Sicht von:**

Der Sultan hat seine dringend benötigten Steuereinnahmen endlich erhalten und Nathan und Elijahu sind im Palast, um Sittah Stoffe für neue Kleider zu zeigen. Elijahu bemerkt, dass Abu Hassan, der Juden hasst, Nathan missgünstig beobachtet und sich flüsternd mit einem Krieger über Nathan unterhält, der daraufhin nickt und den Palast verlässt. Nathan, der in gelöster Stimmung ist, und Elijahu, der schon dunkle Vorahnungen hat, verlassen in der Nacht den Palast. Auf dem Heimweg werden sie von maskierten Männern überfallen, die Elijahu schwer verletzen und Nathan töten. Bevor Elijahu bewusstlos zusammenbricht, gelingt es ihm noch, Nathan nach Hause zu tragen.

Kap. 18: Seite **erzählt aus der Sicht von:**

Recha trauert um Nathan und erinnert sich an das Gespräch über ihre Herkunft, das sie mit ihm noch geführt hat, und daran, dass er dadurch wieder „zu ihrem Vater wurde". Viele Menschen zeigen Anteilnahme und helfen Recha. Der Tempelritter gesteht ihr seine Schuldgefühle und dass er denke, dass der Patriarch für den Mord an Nathan verantwortlich sei. Elijahu, der erst einige Tage nach dem Anschlag wieder ansprechbar ist, beschuldigt stattdessen Abu Hassan. Recha sinnt jedoch nicht auf Rache, sondern geht Nathans Weg der Liebe und Toleranz.

Übung 19

1. Bearbeite die folgenden Aufgaben.
   a) Ordne die Vorschläge für **Kapitelüberschriften** (siehe unten) den einzelnen **Kapitelzusammenfassungen** (S. 70–74) zu und notiere sie jeweils auf der Linie am Anfang jeder Kapitelzusammenfassung. Vergleiche deine Zuordnung anschließend mit den Lösungen. Ein Beispiel ist bereits eingetragen.
   b) Schreibe diese Kapitelüberschriften auch zu Beginn der entsprechenden Kapitel in deine Buchausgabe.
   c) Notiere in den Kapitelzusammenfassungen zudem jeweils ...
      - die **Seiten**, auf denen das Kapitel im Roman zu finden ist, und
      - aus wessen **Sicht** (Perspektive) die Handlung des Kapitels erzählt wird, d. h., welche Figur in diesem Kapitel der Ich-Erzähler bzw. die Ich-Erzählerin ist. Ein Beispiel ist bereits eingetragen (vgl. S. 70).
   d) Unterstreiche in den einzelnen Kapitelzusammenfassungen schließlich die jeweils handelnden Figuren.

Nathans und Dajas Zusammentreffen mit dem Tempelritter	Die freudlose Kindheit des Tempelritters	Nathan wird von Unbekannten ermordet	Nathans Vergangenheit und der Verlust, den er durch das Feuer erfahren hat
Reise nach Jericho und Geschems Identitätsfrage	Rechas Besuch bei ihrer Freundin Lea	Al-Hafis neues Amt und die Geldsorgen des Sultans	
Daja verrät dem Tempelritter Nathans Geheimnis über Rechas Herkunft	Dajas Leben vor sowie während des Kreuzzugs und ihre Verbindung zu Nathan		
Abu Hassans und Meleks Verschwörung gegen Saladin	Recha erfährt die Wahrheit über ihre Herkunft	~~Das Feuer, die Rettung durch den Tempelritter und ein Name für Geschem~~	
Die Begnadigung des Tempelritters durch Sultan Saladin	Rechas Wiedersehen mit ihrem Retter, dem Tempelritter	Das gescheiterte Friedensabkommen mit dem englischen König	
Gespräch des Tempelritters mit dem Patriarchen	Nathan erzählt Saladin das Gleichnis von den drei Ringen	Recha tritt Nathans Erbe an und entscheidet sich für den Weg der Liebe und Toleranz	

2. Überprüfe, wie gut du dich im Roman „Nathan und seine Kinder“ auskennst. In jeder Zeile ist nur eine der Aussagen zum Buchinhalt richtig. Notiere jeweils den Buchstaben der korrekten Antwort in der rechten Spalte.

	A	B	C	richtige Aussage
1	*Nathan und seine Kinder* spielt in Jerusalem kurz vor Beginn der Kreuzzüge um 1192.	*Nathan und seine Kinder* spielt in Jerusalem zur Zeit der Kreuzzüge um 1192.	*Nathan und seine Kinder* spielt in Jerusalem nach den Kreuzzügen um 1192.	
2	Daja ist Rechas Patentante und Erzieherin.	Daja ist Rechas beste Freundin und Cousine.	Daja ist Rechas Gesellschafterin und Erzieherin.	
3	Nathan hat Geschem gerettet und in sein Haus aufgenommen.	Daja hat Geschem gerettet und in Nathans Haus aufgenommen.	Elijahu hat Geschem gerettet und in Nathans Haus aufgenommen.	
4	Daja, die eigentlich aus Deutschland stammt, denkt mit Stolz an den Kreuzzug zurück.	Daja, die eigentlich aus Deutschland stammt, denkt mit Trauer an den Kreuzzug zurück.	Daja, die eigentlich aus Bulgarien stammt, denkt mit Entsetzen an den Kreuzzug zurück.	
5	Elijahu ist seit 18 Jahren Nathans Freund und Verwalter.	Elijahu ist seit 8 Jahren Nathans Freund und Verwalter.	Elijahu ist seit 28 Jahren Nathans Freund und Verwalter.	
6	Nathan war einmal verheiratet, doch seine Frau und seine Töchter starben auf dem Kreuzzug.	Nathan war verheiratet, doch seine Frau und seine Söhne wurden von Kreuzfahrern ermordet.	Nathan war einmal verheiratet, doch seine Frau und seine sieben Söhne starben bei einem Unfall.	
7	Für Nathan ist es die Nächstenliebe, die Gott den Menschen nahebringt.	Für Nathan ist es die strikte Einhaltung von Geboten, die den Menschen Gott nahebringt.	Für Nathan ist es die jüdische Religion, die Gott den Menschen nahebringt.	
8	Nathan wird von vielen Menschen um Rat gefragt, es sind nur Juden, die ihn aufsuchen.	Nathan wird von vielen Menschen um Rat gefragt, es sind nicht nur Juden, die ihn aufsuchen.	Nathan wird von vielen Menschen um Rat gefragt, es sind allerdings nie Juden, die ihn aufsuchen.	
9	Recha hält ihren Retter zunächst für einen Engel.	Recha hält ihren Retter zunächst für einen Tempelritter.	Recha hält ihren Retter zunächst für einen Sultan.	
10	Der Tempelritter wurde vom Sultan verschont, weil er ihm verblüffend ähnlich sieht und sein Sohn sein könnte.	Der Tempelritter wurde vom Sultan verschont, weil er dessen Schwester so ähnlich sieht.	Der Tempelritter wurde vom Sultan verschont, weil er dessen verschollenem Bruder ähnlich sieht.	

	A	B	C	richtige Aussage
11	Der Tempelritter ist unter dem Namen Konrad von Stauffen bei seinem Onkel in Schwaben aufgewachsen.	Der Tempelritter, ein Deutscher, ist unter dem Namen Leu von Filnek bei seinem Onkel aufgewachsen.	Der Tempelritter ist unter dem Namen Curd von Stauffen bei seinem Onkel in Deutschland aufgewachsen.	
12	Al-Hafi, Nathans Freund, ist ein Derwisch, der gar nicht Schatzmeister werden wollte.	Al-Hafi, Nathans Freund, war eigentlich ein Derwisch, wollte aber Schatzmeister werden.	Abu Hassan, Nathans Freund, ist ein Derwisch, inzwischen aber Schatzmeister des Sultans.	
13	Der Tempelritter verhält sich Nathan gegenüber zunächst abweisend, weil dieser ein Jude ist und er Juden verachtet.	Der Tempelritter verhält sich Nathan gegenüber zunächst abweisend, weil Nathan ihm einmal gegen hohe Zinsen Geld geliehen hat.	Der Tempelritter verhält sich Nathan gegenüber zunächst abweisend, weil er sich bei Rechas Rettung den Mantel ruiniert hat.	
14	Sultan Saladin wünscht sich Frieden und toleriert die Juden in Jerusalem.	Sultan Saladin wünscht sich, dass Jerusalem endlich frei von Juden ist.	Sultan Saladin möchte, dass die Juden in Jerusalem zum muslimischen Glauben wechseln.	
15	In dem Gleichnis von den drei Ringen geht es darum, dass eine der drei Religionen die wahre ist, jedoch nicht klar ist, welche.	In dem Gleichnis von den drei Ringen geht es darum, dass die drei Religionen gleichberechtigt und miteinander verbunden sind.	In dem Gleichnis von den drei Ringen geht es darum, dass es schon immer einen Streit darum gab, welche der drei Religionen die wahre ist.	
16	Nathan träumt davon, dass die drei Religionen eines Tages in Frieden miteinander leben, er glaubt aber nicht an die Erfüllung dieses Traums.	Nathan glaubt fest daran, dass die drei Religionen eines Tages in Frieden miteinander und nicht im gegenseitigen Hass leben.	Nathan träumt davon, dass eines Tages alle Menschen das jüdische Glaubensbekenntnis ablegen.	
17	Auf dem Heimweg von Saladins Palast wird Nathan von Männern des Patriarchen ermordet.	Auf dem Heimweg von Saladins Palast wird Nathan von den Männern Abu Hassans ermordet.	Auf dem Heimweg von Saladins Palast wird Nathan ermordet. Es ist unklar, wer hinter der Tat steckt.	
18	Recha ist nicht Nathans leibliche Tochter, doch das spielt für sie am Ende keine Rolle mehr.	Recha ist nicht Nathans leibliche Tochter, deshalb verlässt sie am Ende des Romans Nathans Haus.	Recha ist doch Nathans leibliche Tochter, deshalb tritt sie am Ende des Romans Nathans Erbe an.	

Figuren und Figurenkonstellation

Übung 20

1. Die Abbildung zeigt dir noch einmal auf einen Blick, welche Figuren im Roman „Nathan und seine Kinder" eine Rolle spielen und in welcher Beziehung sie zueinander stehen.
   a) Sieh dir aufmerksam an, welche Informationen vorgegeben sind, und trage dann die Namen der Figuren in die passenden Kästchen ein.
   b) Notiere bei allen Figuren, deren Religionszugehörigkeit bekannt ist, ein entsprechendes Symbol.

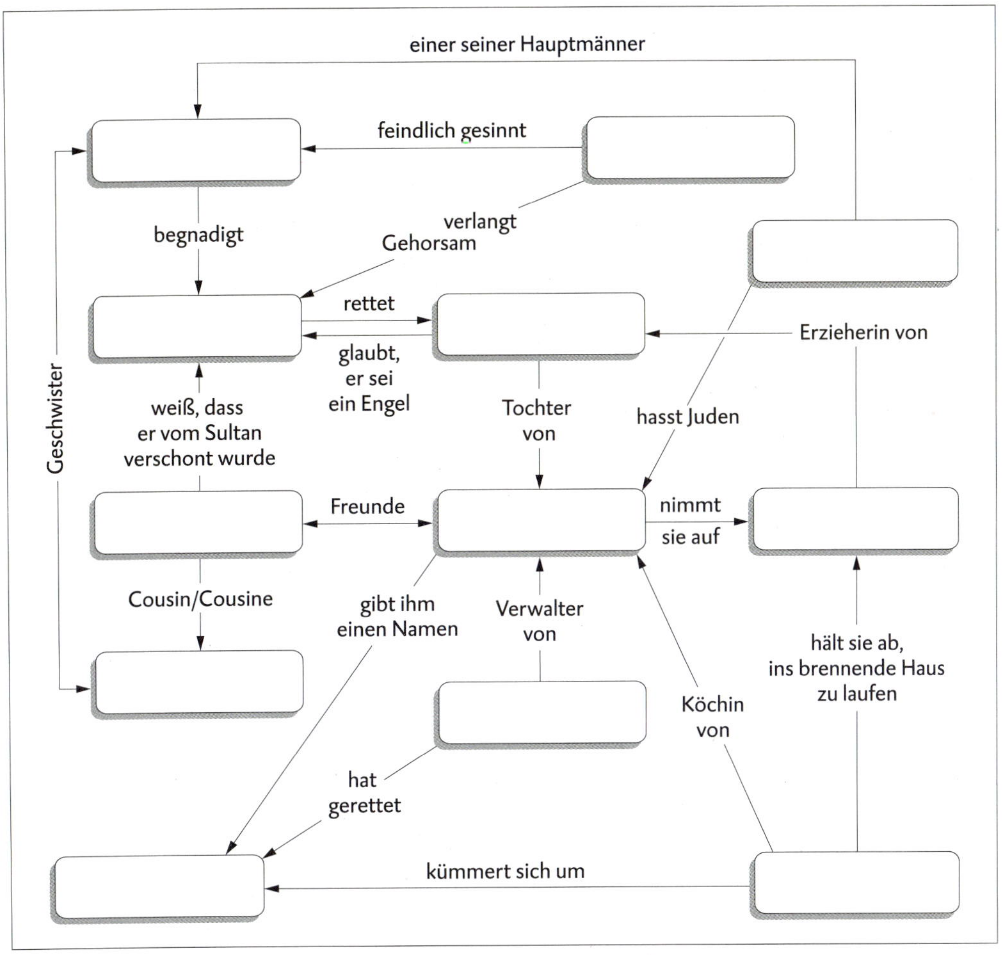

2. Trage ein, auf welche **männliche** Figur des Romans die jeweilige Aussage zutrifft.

Figur	Aussage
	Er sieht Saladins geliebtem, verschollenen Bruder Assad sehr ähnlich.
	Im betrunkenen Zustand verrät er Daja, dass Recha nicht Nathans leibliche Tochter und eine Christin ist.
	Er wird von maskierten Männern überfallen und getötet.
	Er wird von Sittah und Saladin dazu missbraucht, einen möglichen Geldgeber in den Palast zu bringen.
	Er plant mit Verbündeten den Sturz des Sultans und hofft, dessen Bruder Melek an die Macht bringen zu können. Daher trifft er sich auch heimlich mit Melek im Palastgaraten.
	Er könnte theoretisch der leibliche Vater des Tempelritters sein.
	Statt Nathan direkt nach Geld zu fragen, stellt er ihm die Frage nach der wahren Religion.
	Als Tempelritter kümmert er sich um christliche Pilger.
	Er will, dass der Tempelritter den Sultan ausspioniert und sogar tötet.
	Er ist Jude und ein Gehilfe Nathans.
	Sein eigentlicher Name lautet Leu von Filnek.
	Ein Mönch brachte Recha als Säugling zu ihm. Dadurch fand er wieder Lebensmut und zog nach Jerusalem.
	Er ist ein zunächst ein namenloser, behinderter Waisenjunge, den Elijahu gerettet und den Nathan in seinem Haus aufgenommen hat.
	Er ist Saladins Vetter und Schatzmeister.
	Bevor er Nathan kennenlernt, möchte er mit Juden nichts zu tun haben.
	Seine Frau und seine sieben Söhne kamen vor fast 18 Jahren bei einem Hausbrand, den Kreuzfahrer gelegt hatten, ums Leben.
	Er stammt aus Schwaben und kam nach Jerusalem, um gegen Sultan Saladin zu kämpfen. Er schloss sich den Kreuzzügen an, um Burg Stauffen verlassen zu können.
	Er ist von Nathans Weisheit beeindruckt, nachdem dieser das Gleichnis von den drei Ringen erzählt hat, und bietet ihm seine Freundschaft an.
	Er strebt nach Ruhm und trifft sich heimlich mit Saladins Bruder Melek.
	Er wird vom Patriarchen dazu aufgefordert, Saladin auszuspionieren oder sogar zu töten.

Figur	Aussage
	Er ist der verschollene Bruder des Sultans.
	Er hat von seinen Mitmenschen den Beinamen „der Weise“ erhalten.
	Er hatte eine schwere Kindheit und Jugend, wurde von der Familie ausgegrenzt, erhielt aber eine Ausbildung zum Ritter.
	Er weiß nichts über seine Herkunft, also auch nicht, ob er Muslim oder Jude ist.
	Nach einem Angriff auf Saladin wurde er gefangen genommen. Alle Tempelritter außer ihm wurden hingerichtet, er selbst wurde aber unter den persönlichen Schutz des Sultans gestellt.
	Er ist ein Hauptmann des Sultans Saladin und ein Muslim.
	Er hat Geschem von der Straße weggeholt.
	Er ist Nathans Freund und Schachpartner.
	Erst nach seiner Ausbildung erfuhr er, dass Konrad von Stauffen nicht sein Vater, sondern sein Onkel ist, und dass seine Mutter ihn bei diesem zurückließ, um seinem Vater ins Heilige Land zu folgen.
	Er beantwortet die Frage nach der wahren Religion mit dem Gleichnis von den drei Ringen.
	Ihm fehlen die finanziellen Mittel, um seine Feinde anzugreifen.
	Er ist Muslim und zeigt Geschem Jericho.
	Er ist Muslim und könnte für den Mord an Nathan verantwortlich sein, weil er Juden hasst.
	Er ist das christliche Oberhaupt der katholischen Kirche in Jerusalem.
	Er sieht wegen ihrer unterschiedlichen Religionszugehörigkeit und seines Keuschheitsgelübdes keine Chance für seine Liebe zu Recha.
	Nathan fordert ihn auf, sich einen Namen auszusuchen. Nathan nennt ihm zwei Varianten dieses Namens, wovon er sich am Ende die jüdische Version auswählt.
	Er ist Nathans Freund und Vertrauter und kennt auch seine Geheimnisse.
	Er ist unzufrieden mit dem seiner Meinung nach zu freundschaftlichen Umgang Saladins mit Juden und Christen. Er verurteilt Saladins Bestrebungen nach einem friedlichen Miteinander in Jerusalem.
	Er bittet von sich aus darum, dem Sultan Geld leihen zu dürfen.
	Er gibt zu viel Geld (für sich und Freunde) aus, weshalb die Staatskasse leer ist.

3. Prüfe nun dein Wissen zu den **weiblichen** Figuren des Romans.
   a) Decke dazu in der Tabelle zunächst die linke oder rechte Spalte ab. Weißt du genau, wer wer ist? Welche Informationen fallen dir auf Anhieb zu den Figuren ein?
   b) Finde anschließend zu jeder der aufgeführten Figuren die jeweils passenden Aussagen und verbinde sie mit dem entsprechenden Namen.

Figuren	Aussagen
	Nathan hat sie eingestellt, weil sie eine deutsche Christin ist.
Recha	Sie bezeichnet sich auch als Gefährtin, also Partnerin Nathans.
	Sie wird von einem Tempelritter aus dem brennenden Haus gerettet und verliebt sich in ihn.
	Sie ist die Köchin in Nathans Haushalt.
	Weil sie Heimweh nach Deutschland hat, aber nicht als arme Frau dorthin zurückkehren will, verrät sie dem Tempelritter, dass Recha weder Nathans leibliche Tochter noch eine Jüdin ist.
Daja	Sie erfährt erst als junge Erwachsene, dass Nathan nicht ihr leiblicher Vater ist.
	Sie ist in Elijahu verliebt und kümmert sich wie eine Mutter um Geschem.
	Sie befiehlt al-Hafi, seinen reichen jüdischen Freund Nathan in den Palast zu bringen, damit man ihn nach Geld fragen kann.
Zipora	Ihre im Sterben liegende Mutter bat einen Mönch, sie zu Nathan zu bringen.
	Auf dem Weg von Deutschland nach Jerusalem heiratet sie den Kreuzritter Gisbert, der kurz vor ihrer Ankunft in Jerusalem getötet wird.
Sittah	Sie ist Erzieherin und Gesellschafterin von Nathans Tochter Recha.
	Sie kam mit einer Gruppe von Kreuzzüglern nach Jerusalem, um ihrer unglücklichen Kindheit in Deutschland zu entfliehen.
	Sie ist die kluge und schöne Schwester des Sultans.

Textwissen überprüfen

Mithilfe dieser **Checkliste zum Buch** kannst du dir noch einmal einen Überblick über die wichtigsten Themen aus der Ganzschrift verschaffen.
Du solltest nach dem Lesen und Bearbeiten des Romans in der Lage sein, diese Fragen zum Inhalt der Lektüre zu beantworten.

- Notiere dir zu jedem Punkt, in welchem Kapitel bzw. welchen Kapiteln du Informationen dazu findest.
- Hake danach die Themen ab, zu denen du genügend Textstellen gefunden und im Buch markiert hast.

Themen	Kapitel	☑
Historischer Hintergrund		
Welche Bedeutung hatte und hat die Stadt Jerusalem für die drei Weltreligionen?		☐
Was sind Kreuzritter oder Kreuzzügler und welche Aufgabe haben sie sich gestellt?		☐
Welche Beweggründe hatten die Menschen, sich den Kreuzzügen anzuschließen?		☐
Welche politischen Verhältnisse herrschten zur Zeit der Handlung in Jerusalem, Deutschland und England?		☐
Daja und ihr Verhalten		
Welche Gründe hatte Daja, Deutschland zu verlassen und sich den Kreuzzüglern anzuschließen?		☐
In welcher Notsituation befindet sie sich, als Nathan sie entdeckt?		☐
Welche Aufgabe(n)/Rolle(n) übernimmt sie in Nathans Haushalt?		☐
Wie kommt es dazu, dass sie Nathan bzw. sein Geheimnis verrät?		☐
Recha und ihre Herkunft		
Was weiß man über Rechas wahre Herkunft, Familie und Religion?		☐
Mit welchem Wissen darüber wächst Recha auf?		☐
Wie ist Rechas Beziehung zu Nathan und zu Daja?		☐
Was verändert sich in Rechas Leben, als sie den Tempelritter trifft?		☐
Wie geht Recha mit der Tatsache um, dass Nathan nicht ihr leiblicher Vater ist?		☐
Wie geht Recha mit Nathans Tod bzw. seinem Andenken und Erbe um?		☐

Themen	Kapitel	☑
Nathan, seine Weltsicht und Weisheit		
Was weiß man über Nathans Vergangenheit (Familie usw.)?		☐
Warum wird er „Nathan der Weise“ genannt?		☐
Wodurch gelangt(e) er zu seinem Reichtum?		☐
Welche Einstellung hat er den Menschen und den Religionen gegenüber?		☐
Warum erzählt er dem Sultan das Gleichnis von den drei Ringen?		☐
Wem hat Nathan Gutes getan?		☐
Der Tempelritter und die Beweggründe für sein Handeln		
Was weiß man über die Herkunft und Kindheit des Tempelritters?		☐
Welche Gründe hatte er, sich den Kreuzzügen anzuschließen?		☐
Was weiß man über seine Haltung gegenüber Juden?		☐
Warum wird er vom Sultan begnadigt und am Leben gelassen?		☐
Weshalb wendet er sich an den Patriarchen? Was verlangt der Patriarch von ihm?		☐
Was ändert sich in seinem Leben, als er sich seiner Liebe zu Recha bewusst wird?		☐
Warum wendet er sich mit „Nathans Geheimnis“, das er von Daja kennt, an den Patriarchen?		☐
Warum bringt er Nathan damit in Lebensgefahr?		☐
Sultan Saladin und seine Macht		
Welche Rolle spielt Sultan Saladin in Jerusalem?		☐
Wer sind seine politischen Feinde, also gegen wen musste und muss er sich kämpferisch zur Wehr setzen?		☐
Wer sind seine Feinde aus den eigenen Reihen bzw. der Familie?		☐
Warum ist er in Geldnot? Wozu braucht er viel Geld?		☐
Warum bittet er Nathan nicht direkt um Geld?		☐
Was führt dazu, dass er Nathan schließlich die Freundschaft anbietet?		☐
Wie kommt es, dass der Tempelritter begnadigt wird?		☐

Themen	Kapitel	☑
Die Bedeutung von Namen und Herkunft		
Welche Figuren kennen ihre wahre Herkunft und/oder ihren echten Namen nicht bzw. zunächst nicht?		☐
Welche Figuren kennen ihre Religionszugehörigkeit nicht oder zunächst nicht?		☐
Wessen wahre Herkunft bleibt auch am Ende der Handlung noch ungeklärt?		☐
Welche Rolle spielt die Religionszugehörigkeit für die handelnden Figuren?		☐
Geheimnisse		
Wer kennt Nathans Geheimnisse in Bezug auf seine eigene und Rechas Vergangenheit?		☐
Wer verrät Nathans Geheimnis einer anderen Person und wem?		☐
Welche Folgen hat der Geheimnisverrat jeweils für den Verräter/die Verräterin und für Nathan?		☐

Aufgaben zum Textverständnis

Bearbeite folgende **Aufgaben zum Textverständnis**, wie sie dir in ähnlicher Weise auch in der Prüfung begegnen können. Hier im Training erhältst du allerdings noch Tipps und Hilfestellungen zur Umsetzung. Achte insbesondere auf die **Operatoren**, die in der Aufgabenstellung genannt werden.

Tipp

Was sind Operatoren?

Operatoren sind „handlungsleitende Verben" und sollen deutlich machen, welche konkrete Handlung bei einer Aufgabenstellung von dir verlangt wird. Dadurch wird dir z. B. klar, ob eine stichwortartige Darstellung, ein kurzer Antwortsatz oder ein ausführlicherer Text von dir erwartet wird. Folgende Operatoren solltest du z. B. kennen:

- **nennen:** Du sollst z. B. Begriffe, Gegenstände oder Sachverhalte ohne nähere Erläuterungen aufzählen.
- **erklären:** Hier musst du Sachverhalte verdeutlichen, in einen Zusammenhang einordnen und begründen.
- **beschreiben:** Du sollst Personen, Situationen oder Zusammenhänge mit eigenen Worten darstellen. Deine Darstellung soll strukturiert (=geordnet) und neutral (ohne eigene Wertung) sein.
- **vergleichen:** Du sollst zwei (oder mehr) Dinge oder Personen in Bezug auf Ähnlichkeiten und Unterschiede in den Blick nehmen.
- **skizzieren:** Du sollst einen Sachverhalt oder Gedankengang in seinen Grundzügen darstellen.
- **Stellung nehmen:** Hier geht es darum, deine Meinung zu einem Problem oder einem Sachverhalt begründet darzustellen. Das heißt, dass du deine Meinung durch überzeugende Argumente stützen musst.

Übung 21

1. **Nenne** drei Situationen, in denen sich Nathan ganz offensichtlich „weise" verhalten hat.

   a) Überfliege die Kapitelzusammenfassungen (S. 70–74) und suche nach Situationen, in denen sich Nathan (taktisch) klug verhalten hat.

   b) Ergänze die Liste der Situationen, die gemeint sein könnten.

   - Nathan gibt Geschem zwei Namen, eine muslimische und eine jüdische Variante.
   - Er sucht für seine (eigentlich deutsche und christliche) Adoptivtochter eine deutsche Christin als Erzieherin aus.
   - Er reagiert auf die Zurückweisung des Tempelritters und Dajas heftige Reaktion ______________________
     ____
     ____
     ____
     ____
   - ______________________
     ____
     ____
     ____
     ____
   - ______________________
     ____
     ____
     ____
     ____

   c) Formuliere auf der Grundlage deiner Liste aus Teilaufgabe b drei vollständige Antwortsätze. (→ Heft)

2. *„‚Du? Im Dienste des Sultans, der für seine Grausamkeit berüchtigt ist?‘ Und mit einer Stimme, die auf einmal sehr fremd und abweisend klang, fragte er: ‚Ausgerechnet du? Wie konnte das geschehen?‘“* (S. 87)

Erkläre, warum Nathan von al-Hafis neuer Aufgabe gar nicht begeistert ist und warum er glaubt, dass al-Hafi auch ihn damit in Gefahr bringen könnte.

Setze die folgenden Teilsätze (siehe nächste Seite) so zusammen, dass daraus ein passender Lösungstext zur Aufgabe entsteht. Achte auf die Beibehaltung der Satzzeichen.

Al-Hafi, der als Derwisch eigentlich freiwillig in Armut lebt,	von Nathans Wohlstand und seiner Großzügigkeit erzählt.	hatte mit den Finanzen des grausamen Sultans bisher nichts zu tun.
Allerdings hat er im Palast des Sultans	Aufgrund der aktuellen Geldsorgen des Sultans,	
kam man im Palast wohl auf die Idee,	dass man al-Hafi zum Schatzmeister gemacht hat,	sich beim reichen Kaufmann Nathan Geld zu leihen.
Der Verdacht liegt nahe,	damit dieser seinen großzügigen Freund Nathan um Geld bittet	und dieser ihm den Freundschaftsdienst nicht abschlagen kann.

3. Nathan und Elijahu sind in den Palast gekommen, um Sittah, der Schwester des Sultans, edle Stoffe für neue Kleider zu zeigen. Gegen Ende dieses Besuchs beobachtet Elijahu eine Situation, die ihn beunruhigt.
   Beschreibe, was Elijahu beobachtet hat.
   a) Lies die entsprechende Textstelle noch einmal nach. Notiere stichpunktartig, wie die genannte Situation abläuft.
      - ______________________________
      - ______________________________
      - ______________________________
      - ______________________________
   b) Beschreibe die Situation nun in vollständigen Sätzen.

4. **Vergleiche** anhand von drei Gemeinsamkeiten die Kindheit des Tempelritters mit der von Daja.

   a) Verbinde jeweils die Informationen über Daja und den Tempelritter, die thematisch miteinander vergleichbar sind, mit einer Linie.

Daja	**Tempelritter**
Sie wächst ohne Eltern bei ihrer Großmutter auf.	Er wird von der Familie ausgegrenzt und wie ein lästiger Hund behandelt.
Ihre Großmutter ist ihr gegenüber hart und herzlos.	Er schließt sich den Kreuzzügen an, um von Burg Stauffen wegzukommen.
Sie schließt sich den Kreuzzüglern aus Abenteuerlust an und um ihrer strengen Großmutter zu entkommen.	Er wächst in dem Glauben auf, dass sein Onkel sein Vater ist. Er kennt aber weder Vater noch Mutter.

   b) Formuliere nun aus den Gemeinsamkeiten vollständige Antwortsätze.

   Sowohl Daja als auch der Tempelritter haben sich den Kreuzüglern angeschlossen, um ihrem lieblosen Zuhause zu entfliehen.

5. *„Nathan nickte nur schweigend, und ich schwieg auch, bedrückt, weil ich es war, der ihn in eine solche Situation gebracht hatte."* (S. 155).

   Durch diese Aussage al-Hafis zeichnet sich für die Leser*innen langsam ein Bild davon ab, was der Sultan von Nathan will und warum al-Hafi sich dafür die Schuld gibt. **Skizziere** die Lage, in die al-Hafi sich und Nathan gebracht hat.

   a) Erstelle zunächst eine Liste der Dinge, die man als Leser*in über die Geldnot des Sultans und seine Pläne mit al-Hafi und Nathan weiß.

   - Der Sultan gibt zu viel Geld (für sich und seine Freunde) aus, deshalb ist die Staatskasse leer.
   - Dem Sultan fehlen die finanziellen Mittel, um seine Feinde (englischer König und dessen Verbündete) anzugreifen.
   - ______________________________
   - ______________________________
   - ______________________________
   - ______________________________
   - ______________________________

   b) Verfasse nun einen Antworttext. Skizziere darin den Eindruck, den man durch diese Kenntnisse von Nathans Lage bekommt. Führe den vorgegebenen Textanfang fort.

   Sowohl Nathan als auch al-Hafi sind in einer schwierigen Lage. Der Sultan gibt zu viel Geld aus (für sich und seine Freunde), deshalb ist die Staatskasse leer und dem Sultan fehlen die finanziellen Mittel, um seine Feinde (englischer König und dessen Verbündete) anzugreifen … (→ Heft)

6. Im Roman spielt es für die handelnden Figuren eine große Rolle, zu welcher Religion sie selbst gehören und ob ihr gewünschter Partner bzw. die Partnerin ebenfalls dieser Religion angehört.

   Nimm Stellung dazu, ob die Religionszugehörigkeit auch in der heutigen Zeit noch eine Rolle spielt und ob Menschen unterschiedlicher Religionszugehörigkeiten heute problemlos heiraten können.

   a) Mache dir beispielsweise zu folgenden Fragestellungen Gedanken.

Bist du selbst religiös? Gehören deine Eltern einer Religionsgemeinschaft an?

Kennst du Paare, in denen die Partner unterschiedlichen Religionsgemeinschaften angehören?

Kannst du dir vorstellen, mit einem sehr gläubigen Menschen einer anderen Religionsgemeinschaft eine Beziehung zu führen?

Wie würden deine Eltern eine solche Verbindung bewerten?

Welche Probleme könnten auftreten, wenn zwei Glaubensrichtungen aufeinandertreffen?

   b) Formuliere nun deine Meinung zum Thema und begründe sie. (→ Heft)

Wie du die **produktive Lektüre-Aufgabe** löst, kannst du im Kapitel 7.3 „Produktiv auf einen Text reagieren“ ab S. 107 nachlesen und üben.

Schreibkompetenz

Beim Schreiben eines Textes musst du zeigen, dass du einen Sachverhalt **angemessen**, **klar** und **verständlich** ausdrücken kannst. Ein gelungener Text überzeugt sowohl **inhaltlich** als auch **sprachlich**. Das leuchtet ein: Wer nichts Vernünftiges zu sagen hat, der kann den Leser auch dann nicht überzeugen, wenn er sich gut ausdrückt. Und wer gute Ideen hat, aber nicht in der Lage ist, seine Gedanken verständlich auszudrücken, der wird beim Leser höchstens ein Stirnrunzeln hervorrufen.

In der Prüfung musst du zeigen, dass du Folgendes leisten kannst:

- Du hast etwas zu sagen, d. h., du verfügst über genügend **Kenntnisse** zu dem **Thema**, um das es geht. Diese Kenntnisse vermitteln dir in erster Linie die Texte, die dir vorgelegt werden.
- Du kannst die **wesentlichen Gedanken** zum Thema **auswählen**. (Nicht alles ist gleichermaßen wichtig!)
- Du kannst deine Gedanken in eine sinnvolle **Reihenfolge** bringen.
- Du kennst die Merkmale der jeweiligen **Textsorte**, die du verfassen sollst (z. B. eines Zeitungsartikels, eines Referats …), und berücksichtigst sie.
- Du kannst dich in den möglichen **Leser** hineinversetzen. Dein Text sollte nämlich den Wissensstand des Lesers berücksichtigen. (Was weiß er über das Thema? Was weiß er noch nicht?) Außerdem sollte dein Text in einer Sprache verfasst sein, die zum Leser passt. In einem Brief an den Schulleiter musst du dich z. B. anders ausdrücken, als wenn du an einen Freund schreibst.
- Du kannst dich in den **Schreiber** hineinversetzen. In der Regel sollst du aus deiner eigenen Sicht schreiben. Es kann aber vorkommen, dass du einen Text aus der Perspektive einer anderen Person schreiben musst, und auch dann soll dein Text glaubwürdig wirken. Und glaubwürdig kann dein Text nur dann sein, wenn er sowohl inhaltlich als auch sprachlich zum Schreiber passt.
- Darüber hinaus solltest du natürlich auch möglichst **fehlerfrei schreiben**. Das heißt, du solltest dich korrekt ausdrücken, (möglichst) alle Wörter richtig schreiben und auch die Satzzeichen korrekt setzen.

Tipp

Dein Text sollte eine **angemessene Länge** haben. In der Prüfung ist eine Mindestanzahl von 150 Wörtern gefordert. Wenn du allerdings einen ausführlichen, informativen und ansprechenden Aufsatz schreiben willst, solltest du ungefähr die doppelte Anzahl von Wörtern einplanen.

6 Den Schreibprozess steuern

Um einen guten Text zu schreiben, darfst du nicht einfach drauflosschreiben. Du solltest dir angewöhnen, den Schreibprozess richtig zu steuern.
Grundsätzlich gilt: **Erst denken – dann schreiben!**
Ein gelungener Schreibprozess besteht aus drei Phasen:

- Planen
- Schreiben
- Überarbeiten

Planungsphase

Bereite das Schreiben deines Textes Schritt für Schritt vor:

Schritt für Schritt

Den Schreibprozess planen

Arbeitsschritt **1** **Die Aufgabenstellung verstehen:** Lies dir die Aufgabenstellung genau durch und mache dir stichpunktartig Notizen zu folgenden Gesichtspunkten:
- Wie lautet das **Thema**? Versuche, es möglichst knapp und prägnant zu formulieren.
- Welche **Textsorte** ist verlangt? Welche Merkmale hat diese Textsorte?
- Wer ist der **Schreiber**? Welches **Ziel** verfolgt er?
- Wer ist der **Leser**? Welches Vorwissen hat er? Und was weiß er nicht?

Arbeitsschritt **2** **Ideen sammeln:** Was weißt du über das Thema? Notiere sie so, wie sie dir in den Sinn kommen: entweder in Form einer **Liste**, also untereinander, oder in Form eines **Clusters**. Erste wichtige Ideen findest du in den vorgegebenen Texten. Daneben solltest du aber noch weitere Einfälle aus deinem Erfahrungswissen ergänzen. Wähle diejenigen Informationen aus, die zu deinem Schreibziel passen.

Arbeitsschritt **3** **Ideen bündeln:** Bei deinen Einfällen wird es stets einige geben, die bei genauer Betrachtung inhaltlich zusammengehören. Kennzeichne Notizen, die **gedanklich eine Gruppe** bilden, jeweils mit demselben Buchstaben.
Hinweis: Um festzustellen, welche Ideen inhaltlich zusammengehören, kannst du dir die typischen W-Fragen stellen: *Wer oder wen? Was? Wann? Wie oft? Wo? Warum?* Auch diese Frage kann von Bedeutung sein: *Welche Folgen?*

Arbeitsschritt **4** **Ideen-Gruppen benennen:** Finde für die einzelnen Ideen-Gruppen eine Art Überschrift, um sie zu bezeichnen.
Hinweis: Mögliche Benennungen betreffen bestimmte Gesichtspunkte des Themas, z. B.: *Situation, Gründe, Folgen, Unterschiede, Gefühle, Verhalten* (das eigene – und das anderer).

Arbeitsschritt **5** **Die Reihenfolge festlegen:** Ordne deine Ideen-Gruppen nach dem Prinzip der ansteigenden Wichtigkeit an: Beginne mit einem eher unwichtigen Gesichtspunkt und steigere dich dann. Am Schluss kommt der Gesichtspunkt, der dir am wichtigsten erscheint.

Arbeitsschritt **6** **Einen Schreibplan erstellen:** Halte zunächst fest, was du im Hauptteil schreiben willst. Notiere jeweils die Benennungen der einzelnen Ideen-Gruppen und die zugehörigen Ideen, und zwar in der Reihenfolge, die du dafür festgelegt hast. Schreibe sie untereinander; so behältst du gut die Übersicht. Anschließend ergänzt du, was du in der Einleitung und im Schlussabsatz schreiben willst.

Tipp

> Wenn du deine Ideen in ein **Cluster** einträgst, wirken die Stichworte wie zufällig zusammengetragen. Das ist von Vorteil, denn dann bist du **nicht voreingenommen**, wenn es darum geht, die Notizen zu bündeln und die Reihenfolge festzulegen.

Übung 22

Stelle dir Folgendes vor:

In der letzten Zeit hast du von einigen Schülern immer wieder Aussprüche wie diese gehört: „Ein Glück, dass die Schule bald vorbei ist! Dann rühre ich keine Texte mehr an. Lesen ist uncool!"
Nachdem du die Reportage „Ein Leben ohne Buchstaben" (S. 12/13) gelesen hast, hältst du eine solche Einstellung für gefährlich. Deshalb möchtest du einen Artikel für die Schülerzeitung schreiben, um deine Mitschüler über Analphabeten zu informieren.

Hinweis: Ein informierender Text für die Schülerzeitung hat die gleichen Merkmale wie ein Bericht (vgl. S. 19). Es gibt nur einen Unterschied: Berichte werden im Präteritum verfasst, informative Texte in der Regel im Präsens.

Bereite das Schreiben dieses Artikels vor, indem du die einzelnen Schritte der Planungsphase durchführst.

1. **Aufgabenstellung verstehen**
   a) Um welches **Thema** geht es? Trage den Kernbegriff in die Mitte des Clusters (siehe nächste Seite) ein.

   b) Welche **Textsorte** ist verlangt? Welche Merkmale hat diese Textsorte?

   Textsorte: ____________________

   Merkmale: ____________________

   ____

   ____

   c) Wer ist der **Schreiber**? Was für ein Ziel verfolgt er?

   Schreiber: ____________________

   Ziel: ____________________

   ____

   ____

   ____

   d) Wer ist der **Leser**? Was weißt du über dessen Vorwissen?

   Leser: ____________________

   Vorwissen: ____________________

   ____

   ____

2. **Ideen sammeln**
   Was weißt du über das Thema? Vervollständige das angefangene Cluster. Du kannst natürlich noch weitere eigene Ideen hinzufügen.

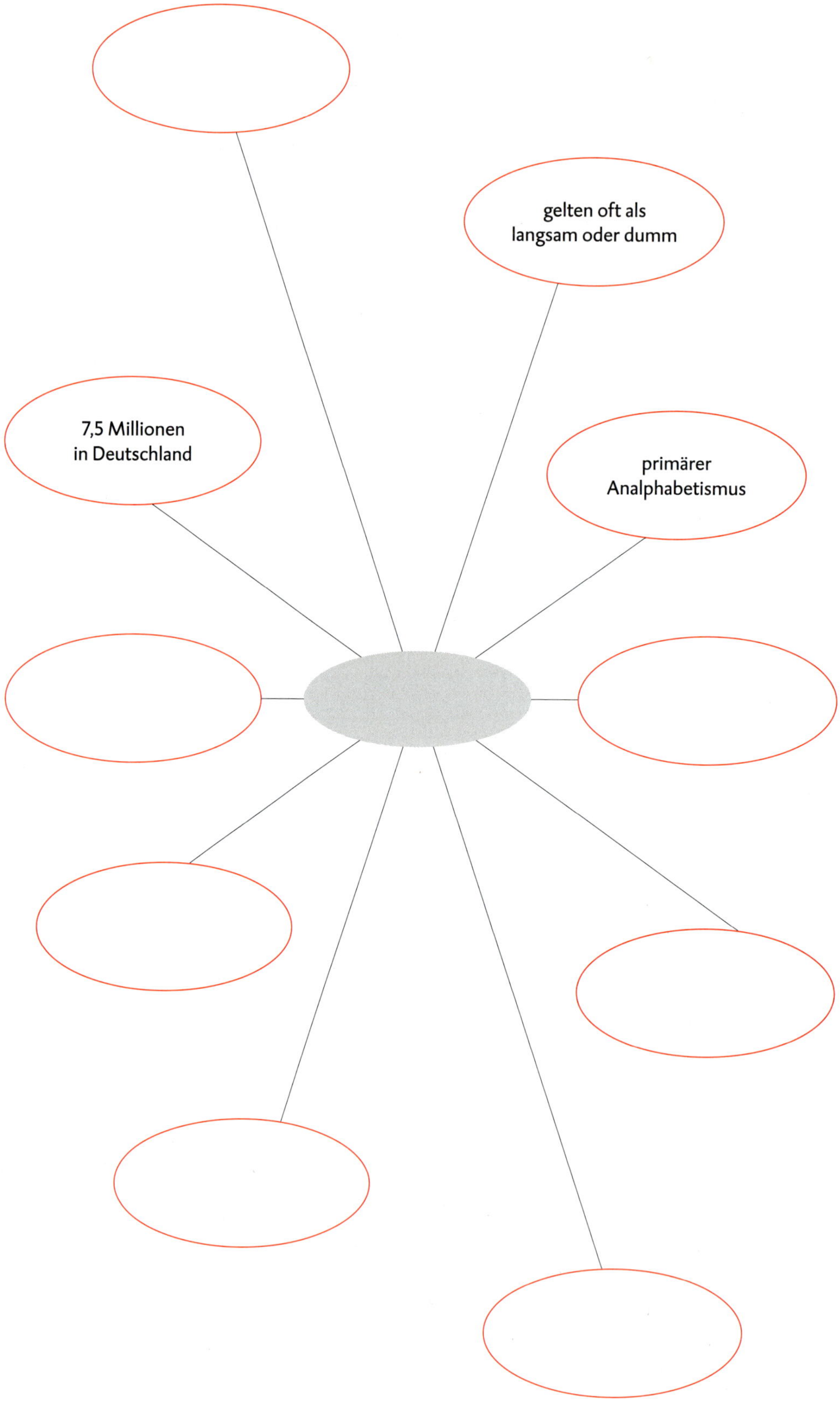

3. **Ideen bündeln**
   Überlege, welche Einfälle inhaltlich zusammengehören, und kennzeichne sie jeweils mit dem gleichen Buchstaben.

4. **Ideen-Gruppen benennen**
   Finde Benennungen für die einzelnen Ideen-Gruppen und trage sie neben den Stichworten ein.
   Hinweis: Es genügt, wenn du die Benennung nur bei einem Stichwort aus jeder Ideen-Gruppe einträgst. Anhand der Buchstaben, die du bei Schritt 3 zugeordnet hast, weißt du ohnehin, welche Eintragung noch dazugehört.

5. **Die Reihenfolge festlegen**
   Nummeriere deine Stichwort-Gruppen in der Reihenfolge, wie du sie in deinem Text verwenden willst. Beginne mit einem eher unwichtigen Punkt und steigere dich dann.

6. **Einen Schreibplan erstellen**
   Trage zunächst alle Stichworte ein, die in den Hauptteil gehören, und zwar in der Reihenfolge, wie du sie festgelegt hast. Danach ergänzt du deine Ideen für die Einleitung und den Schluss (→ Heft).

Schreibphase

Wenn du alle vorbereitenden Schritte sorgfältig durchgeführt hast, wird dir das eigentliche Schreiben leichtfallen. Eine gründliche Planungsphase macht sich also bezahlt. Orientiere dich beim Schreiben an den Eintragungen in deinem Schreibplan.

Schreibe den Artikel für die Schülerzeitung (→ Heft). Überlege dir auch eine passende Überschrift. **Übung 23**

Überarbeitungsphase

Lies deinen Text noch einmal sorgfältig durch und korrigiere Schwachstellen. Dabei geht es nicht nur um das Beseitigen möglicher **Fehler**, sondern auch um das Verbessern **ungeschickter Formulierungen**. Unterscheide zwischen kleineren und größeren Korrekturen.

Auf einen Blick

Korrekturen am Text	
Kleinere Korrekturen	Wenn du nur wenige Wörter ändern willst, streichst du diese sauber durch und schreibst die **verbesserte Version darüber**.
Größere Korrekturen	Wenn du längere Textabschnitte ändern musst, streichst du sie mit **Lineal** durch und versiehst sie mit einer **Nummer**. Die verbesserte Version schreibst du unter Angabe der Nummer auf ein **Extrablatt**.

Übung 24

Ein Schüler hat mit einem Leserbrief auf den Artikel über Analphabeten reagiert. Die Redaktion möchte diesen Text gern abdrucken. Allerdings sollen vorher noch einige Mängel, z. B. Rechtschreibfehler und Formulierungsschwächen, korrigiert werden.

Hinweis: Wenn es zweimal die gleiche Nummer gibt, liegt eine Wiederholung vor. Dann musst du das Wort einmal streichen oder durch einen anderen Ausdruck ersetzen.

Hi[1],

den Artikel über Analfabeten[2] von Chris Biedermann, den ihr in eurer letzten Ausgabe abgedruckt habt, fand ich richtig cool[3]. Ist ja krass[4], dass es in Deutschland so viele Analphabeten gibt. Wusste ich gar nicht.[5]

Mir war gar nicht klar, wie schwierig es im Alltag ist[6], wenn man nicht richtig lesen und schreiben kann. Ein selbstständiges leben[7] ist für Analphabeten eigentlich nicht möglich; sie brauchen ständig Hilfe, z. B. bei einer Bestellung im Restorang[8] oder beim ausfüllen[9] eines Vertrags.

Ich frage mich, wie es überhaupt dazu kommen kann[10], dass jemand nicht richtig lesen und schreiben kann[10]. Bei uns gibt es doch die Schulpflicht.

Es ist sicher wichtig, dass die Schüler die Lust am lesen[11] nicht schon in der Schule verliehren[12]. Und das kann durchaus passieren, weil, im Unterricht kriegen wir manchmal Texte[13], die uns überhaupt nicht interessieren. Außerdem müssen wir manchmal im Unterricht vorlesen[14], und ein Schüler, der nicht so gut vorlesen[14] kann, wird oft von anderen ausgelacht. Das ist echt[15]mies[16]. Da braucht man sich echt[15] nicht zu wundern, wenn son Typ[17] irgendwann kein Bock mehr auf Lesen hat[18]. Wie schlimm die Folgen aber sein können, wenn man nicht richtig lesen und schreiben kann, hat euer Artikel echt voll gut deutlich gemacht[19].

Paul Ehrlich

1. ______________________
2. ______________________
3. ______________________
4. ______________________
   ____
   ____
5. ______________________
   ____
6. ______________________
7. ______________________
8. ______________________
9. ______________________
10. ______________________
11. ______________________
12. ______________________
13. ______________________
    ____
    ____
14. ______________________
    ____
    ____
15. ______________________
16. ______________________
17. ______________________
18. ______________________
    ____
19. ______________________

7 Schreibaufgaben lösen

In der Prüfung sollst du in der Regel eine ganz **bestimmte Textsorte** schreiben. Im Folgenden erfährst du, welche **Merkmale** die einzelnen Textsorten auszeichnen und wie du vorgehen kannst, um einen entsprechenden Text zu schreiben.

7.1 Den Inhalt eines Sachtextes zusammenfassen

Eine Inhaltsangabe dient dazu, die Leser*innen **in Kürze** darüber zu informieren, worum es in einem Text geht.

Schritt für Schritt

Eine Inhaltsangabe schreiben

Arbeitsschritt **1** Lies den Text genau durch. **Markiere** beim Lesen alle Textstellen, die dir wesentlich erscheinen, und mache dir kommentierende Notizen am Rand.

Arbeitsschritt **2** **Schreibplan erstellen:** Gliedere ihn folgendermaßen:

- **Einleitung:** In einem typischen Einleitungssatz informierst du zunächst über **Textsorte**, **Titel** und **Verfasser** sowie über das **Erscheinungsdatum** und die **Quelle** des Textes, sofern sie dir bekannt sind. Nenne das **Thema** des Textes. Es folgen grundlegende Informationen. Gib Antworten auf diese W-Fragen:
  Wer ist beteiligt?
  Wo findet das Geschehen statt?
  Wann findet es statt?
  Was geschieht? – Gib einen kurzen **Überblick über das Geschehen**.
- **Hauptteil:** Beachte nun auch **Einzelheiten**. Wähle von den **Informationen**, die der Verfasser zum Thema vermittelt, die wichtigsten aus und zeige **Zusammenhänge** zwischen ihnen auf.
- **Schluss:** Abschließend kannst du noch einmal auf das **Anliegen des Verfassers** zu sprechen kommen oder die entscheidenden Aussagen hervorheben.

Arbeitsschritt **3** **Inhaltsangabe schreiben:** Achte darauf, dass du durchgängig im **Präsens** formulierst, und verzichte auf wörtliche Rede.

Arbeitsschritt **4** **Text überarbeiten:** Lies den Text noch einmal sorgfältig durch. Korrigiere Fehler und Formulierungsschwächen.

Achte bei der Darstellung deiner Inhaltsangabe auf folgende Gesichtspunkte:

Auf einen Blick

Inhaltsangaben richtig gestalten	
Sprachstil	Die Sprache sollte **sachlich** sein. Verwende ausschließlich **Standarddeutsch**.
Präsens	Schreibe im **Präsens**. Bei Vorzeitigkeit verwendest du das Perfekt.
Eigene Worte	Benutze **eigene Worte**. „Klebe" nicht an Formulierungen aus dem Text.
Zusammenhänge	Zeige **Zusammenhänge** zwischen den einzelnen Informationen auf, indem du Konjunktionen oder Adverbien einfügst.
Indirekte Rede	Verwende **indirekte Rede**, wenn du ausdrücken willst, was eine Person sagt oder denkt.
Absätze	Unterteile deinen Text in **Absätze**. Grenze Einleitung und Schluss immer vom Hauptteil ab.

Hinweis: Wenn du einen Meinungstext, also einen **Kommentar** oder eine **Glosse**, zusammenfasst, solltest du bedenken, dass der Verfasser die Leser mit dem Text von seiner Meinung überzeugen will. Verwende deshalb **indirekte Rede**, um Aussagen des Verfassers darzustellen. Dadurch drückst du aus, dass du nur die **Meinung des Verfassers** wiedergibst, keine Tatsachen.

Tipp

Die meisten Sachtexte enthalten allgemeine Aussagen, die in anschließenden Erläuterungen genauer erklärt und durch Beispiele veranschaulicht werden. Für deine Zusammenfassung brauchst du **nur** die **allgemeinen Aussagen** und **Erläuterungen** zu berücksichtigen.

Allgemeine Aussagen, Erläuterungen und Beispiele kannst du so unterscheiden:

- **Allgemeine Aussagen** sind grundlegende Aussagen über etwas, wie z. B.: *Die meisten Menschen lieben Geschenke.*
- **Erläuterungen** erklären die allgemeinen Aussagen genauer. Sie können auch eine Begründung dafür angeben, warum die allgemeine Aussage zutrifft, wie z. B.: *Das ist nur verständlich, denn Geschenke machen den, der sie bekommt, glücklich.*
- **Beispiele** beziehen sich immer auf Einzelfälle, wie: *Fritz möchte gern einen ganzen Berg Geschenke auf einmal.*

Übung 25 Kreuze an, ob es sich bei den folgenden Aussagen um allgemeine Aussagen (AA), Erläuterungen (E) oder Beispiele (B) handelt.

	AA	E	B
a) Vielen ist die Bedeutung des Klimawandels noch nicht bewusst genug.	☐	☐	☐
b) Die Prognosen der Klimaforscher überzeugen sie nicht.	☐	☐	☐
c) Ein verregneter Sommer oder kalter Winter genügt, …	☐	☐	☐
d) … und sie glauben nicht mehr an den Klimawandel.	☐	☐	☐
e) Jugendliche orientieren sich an ihren Eltern.	☐	☐	☐
f) Wenn die Eltern den Klimawandel nicht ernst nehmen, glauben sie auch nicht daran.	☐	☐	☐

Fasse den folgenden Sachtext zusammen (→ Heft).
Unterstreiche zur Vorbereitung alle allgemeinen Aussagen im Text.

Übung 26

Hier werden Sie geortet

Manchmal ist es verlockender, nach der Pausenklingel einfach auf dem Schulhof zu bleiben. Lieber noch etwas in der Sonne liegen als zurück in den dunklen Klassenraum. In Texas können sich Schulschwänzer bald nicht mehr vor ihren Lehrern verstecken: Denn durch eine Art Peilsender können die künftig prinzipiell[1] jeden Schüler aufspüren – vorausgesetzt, er befindet sich auf dem Schulgelände.

Mit diesem Pilotprojekt[2] sorgt ein Schulbezirk in San Antonio[3] derzeit für Aufruhr: Rund 6 290 Schüler von zwei verschiedenen Schulen sollen im nächsten Jahr einen neuen Schulausweis bekommen. Umgerechnet rund zwölf Euro müssen die Schüler dafür zahlen; wer seinen Ausweis verliert, muss einen neuen kaufen. Das Besondere daran: In ihm ist ein Chip verborgen, durch elektromagnetische Wellen lassen sich Schüler dann orten, und es lässt sich so feststellen, wenn sich Schüler in einen Schulbus setzen. „Wir wollen die Möglichkeiten der Technik nutzen, um Schulen sicherer zu machen", sagte der Sprecher des Bezirks, Pascual Gonzalez, der örtlichen Zeitung San Antonio Express-News. „Eltern erwarten von uns, dass wir immer wissen, wo ihre Kinder sind, und diese Technik wird uns dabei helfen."

Aber das ist nicht die alleinige Motivation[4] für die Peilsender: Denn der Bezirk möchte so Geld verdienen. Zwar wird er zunächst rund 420 000 Euro in die neue Technik investieren[5] müssen, danach rechnet er jährlich mit laufenden Kosten von rund 110 000 Euro. Auf der anderen Seite hofft der Bezirk auf etwa 1,4 Millionen Euro Einnahmen. Denn die Finanzierung der Schule ist zum Teil an die Anwesenheit der Schüler gekoppelt: Je weniger Schulschwänzer, desto mehr Geld vom Staat. Durch den Chip will die Schule auch besser kontrollieren, wer tatsächlich den ganzen Tag fehlt oder wer sich nur verspätet hat. Und manch einer sitzt zwar nicht im Klassenraum – aber nicht, weil er schwänzt, sondern weil der Direktor ihn zu sich zitiert hat oder weil er sich gerade von der Krankenschwester behandeln lässt. Auch das ließe sich herausfinden. Die Anwesenheitsliste wäre so weniger lückenhaft – hofft der Bezirk.

Datenschützer zeigen sich wenig begeistert von diesem Plan: Die amerikanische Bürgerrechtsunion (ACLU) hat schon vor einigen Jahren an einer anderen Schule in Kalifornien erfolgreich gegen derartige Pläne gekämpft, berichtet San Antonio Express-News. Kirsten Bokenkamp, ACLU-Sprecherin in Texas, sorgt sich um die Privatsphäre der Schüler. Auch könnten Kinder leichter gekidnappt werden, wenn sich jemand ins System einhackt.

Mitglieder der Schulbehörde zeigen sich ebenfalls skeptisch[6]: „Ich denke, wir überschreiten unsere Grenze, und es ist unangemessen", sagte M'Lissa M. Chumbley. „Ehrlich gesagt behagt mir das nicht." Zwar begrüßen einige Eltern durchaus die Pläne, sie hoffen, dass sie sich so weniger um die Sicherheit ihrer Kinder sorgen müssen. Eine andere Mutter sagte allerdings: „Ich würde mir wünschen, dass Lehrer Schüler motivieren, auf ihren Plätzen zu sitzen, und dass nicht der Bezirk so etwas tun muss."

Quelle: http://www.spiegel.de/schulspiegel/ausland/schulen-in-texas-usa-wollen-schueler-mit-mikrochips-ueberwachen-a-836250.html, 31. 05. 2012, aus didaktischen Gründen stellenweise gekürzt und leicht geändert.

1 *prinzipiell: grundsätzlich*

2 *Pilotprojekt: ein Projekt, das in dieser Form das erste Mal durchgeführt wird*

3 *San Antonio: Ort in Texas, USA*

4 *Motivation: hier: Begründung*

6 *skeptisch: kritisch*

5 *investieren: Geld für etwas ausgeben*

7.2 Eine Erörterung schreiben: begründet argumentieren

Interaktive Aufgaben: Erörterung

Ziel eines argumentierenden Textes ist es, die Leserinnen und Leser von der **eigenen Meinung** zu einem Thema zu überzeugen. Um dieses Ziel zu erreichen, muss man **überzeugende Argumente** anführen.
Einige Schreibaufgaben verlangen von dir, dass du dich auf **dein Erfahrungswissen** beziehst, um einen argumentierenden Text zu verfassen. Es gibt aber auch Schreibaufgaben auf der **Grundlage eines oder mehrerer Texte**. Dann musst du die Textinformationen berücksichtigen, um deine Argumentation zu entwickeln.

Beispiel

Bietet das Betriebspraktikum eine sinnvolle Vorbereitung auf das Berufsleben?
→ Argumentieren auf Grundlage deines Wissens

Argumente formulieren

Gute Argumente sind das Herzstück einer jeden Erörterung. Man unterscheidet zwischen **Pro- und Kontra-Argumenten**. Pro-Argumente unterstützen eine Meinung, während Kontra-Argumente ihr widersprechen.
Jedes Argument besteht aus einer **Behauptung (These)** und einer **Begründung**. Die Begründung ist immer dann überzeugend, wenn sie ausführlich ist und keine Fragen offen lässt. Du solltest auch versuchen, ein passendes **Beispiel** anzuführen, um deine Aussagen zu veranschaulichen. Drücke dich **sachlich** aus, sonst wird der Leser dich nicht ernst nehmen.

Tipp

Bekräftige am Ende eines Arguments die **These**, die du anfangs aufgestellt hast, noch einmal mit anderen Worten. Das wirkt wie ein **Fazit** und rundet das Argument ab.

Beispiel

Die Erfahrungen, die man im Betriebspraktikum macht, können das Selbstbewusstsein stärken.	→ **Behauptung (These)**
Das kommt daher, weil man in dieser Zeit eine richtige Arbeit erledigt. Während man in der Schule hauptsächlich Übungsaufgaben bearbeitet, bekommt man in einem Betrieb eine echte Aufgabe.	→ Begründung (Teil 1)
Wenn man sein Praktikum z. B. in einem Supermarkt ableistet, kann es sein, dass man aufgefordert wird, Regale aufzufüllen oder Kunden zu zeigen, wo sie bestimmte Produkte finden.	→ *Beispiel*
Dadurch fühlt man sich ernst genommen, und man merkt, dass man für den Betrieb wichtig ist. Wer die Aufgaben, die ihm aufgetragen werden, gut erledigt, bekommt außerdem Anerkennung durch Kollegen und Vorgesetzte.	→ Begründung (Teil 2)
All das stärkt das Selbstbewusstsein.	→ **Fazit: Bekräftigung der These**

Übung 27

Formuliere ein Gegenargument zum Thema „Erfahrungen im Betriebspraktikum“. Halte dich dabei an den oben beschriebenen Aufbau (→ Heft).

Die lineare Erörterung

Mit der **linearen Erörterung** verfolgst du von Anfang an eine „Linie“: Du legst dich auf die **Meinung** fest, die du vertreten willst, und führst nur **Argumente** aus, die **dazu passen**.

Auf einen Blick

Aufbau einer linearen Erörterung	
Einleitung	In der Einleitung bereitest du den Leser/die Leserin auf das Thema vor, mit dem du dich befassen willst. Führe ihn/sie mit zwei oder drei Sätzen **zur Fragestellung hin**, die du erörtern sollst.
Hauptteil	Im Hauptteil formulierst du **drei oder vier überzeugende Argumente** aus. Lege die Reihenfolge deiner Argumente so an, dass du dich inhaltlich **steigerst:** Beginne mit einem eher schwachen Argument, gehe dann zu einem etwas wichtigeren Argument über und wende dich abschließend dem Argument zu, das du für das überzeugendste hältst.
Schluss	Am Schluss gelangst du zu einem **Ergebnis:** Du erklärst ausdrücklich, welche Meinung du zu dem Thema vertrittst, und verweist noch einmal kurz auf deinen entscheidenden Gedanken.

Tipp

Bei einer linearen Erörterung solltest du natürlich **von Anfang an wissen**, zu welchem **Ergebnis** du am Ende gelangen willst. Andernfalls kannst du keine passenden Argumente finden. Deine Meinung solltest du aber nicht gleich am Anfang verraten. Erwecke den Eindruck, dass du erst auf der Grundlage deiner Argumente zu deinem Ergebnis gelangt bist. Das wirkt überzeugender.

Schritt für Schritt

Vor dem Schreiben einer linearen Erörterung

Arbeitsschritt 1 **Thema durchdenken:** Überlege, worum es geht. Frage dich, weshalb man zu diesem Thema überhaupt unterschiedlicher Meinung sein kann. Lege an dieser Stelle noch nicht fest, welche Meinung du vertreten willst.

Arbeitsschritt 2 **Argumente sammeln:** Denke darüber nach, welche Argumente dir zu dem Thema in den Sinn kommen. Nimm ein extra Blatt und lege darauf eine Tabelle an: Pro/Kontra. Halte deine Einfälle stichwortartig darin fest. Achte darauf, dass du deine Ideen gleich richtig zuordnest.

Arbeitsschritt 3 **Argumente sichten:** Sieh dir deine Tabelle mit den Pro- und Kontra-Argumenten an. Frage dich: Welche Meinung willst du in deiner Erörterung vertreten: Pro oder Kontra? Lege dich jetzt fest. (Wenn dir in der Prüfung vorgegeben wird, in welche Richtung du argumentieren sollst, dann musst du dich natürlich daran halten.)

Arbeitsschritt 4 **Argumente auswählen:** Wähle nun in der entsprechenden Spalte (Pro oder Kontra) drei oder vier Argumente aus, die du in deiner Erörterung verwenden willst. Kennzeichne sie, z. B. mit ! oder *.

Arbeitsschritt 5 **Die Reihenfolge festlegen:** Überlege nun, in welcher Reihenfolge du deine Argumente vortragen willst. Bedenke, dass du mit deinem schwächsten Argument beginnen solltest und dich dann langsam steigerst. Am Schluss greifst du das Argument auf, das du für das überzeugendste hältst. Nummeriere deine Argumente entsprechend (1, 2, 3 …).

Arbeitsschritt 6 **Einen Schreibplan erstellen:** Nimm noch einmal ein extra Blatt und erstelle dort deinen Schreibplan. Wie du ihn am besten anlegst, siehst du auf der nächsten Seite.

Einen Schreibplan erstellen

Lege deinen Schreibplan so an:

- Notiere auf deinem Blatt als Erstes die **Überschrift des Themas**, mit dem du dich befassen willst.
- Teile das Blatt dann in **drei Abschnitte** ein: Einleitung – Hauptteil – Schluss. Notiere die Abschnitte untereinander. Lass dazwischen genügend Platz für deine Notizen.
- Notiere im Abschnitt für die **Einleitung** die Gedanken, mit denen du zur **Fragestellung hinführen** willst.
- Trage im Abschnitt für den **Hauptteil** deine Argumente ein. Es genügt, wenn du hier nacheinander die Nummern der **Argumente** einträgst, die du ausgewählt hast. Wenn du willst, kannst du bei jedem Argument noch ein paar Stichworte ergänzen, z. B. zu Beispielen, die dir dazu eingefallen sind.
- Im Abschnitt für den **Schluss** trägst du kurz dein **Ergebnis** ein: Schreibe auf, zu welcher Meinung du gelangt bist, und halte deine **entscheidende Begründung** fest.

Übung 28

Eure Klasse hat im Ethikunterricht das Thema „Armut in der Dritten Welt" behandelt. Daraufhin ist bei euch der Wunsch entstanden, am Aktionstag für Afrika teilzunehmen. Das würde bedeuten, dass alle Schüler*innen eurer Schule einen Tag lang nicht zum Unterricht gehen, sondern stattdessen in einem Betrieb arbeiten oder Schulaktionen veranstalten. Das Geld, das ihr dabei verdient, geht dann als Spende nach Afrika. Eure Schulleiterin hat allerdings noch Bedenken. Als Klassensprecher*in hast du die Aufgabe übernommen, deine Schulleiterin umzustimmen. Du schreibst ihr einen Brief, in dem du sie davon überzeugen willst, dass es gut wäre, wenn sich eure Schule an dem Aktionstag beteiligen würde. Bei dieser Aufgabenstellung ist von vornherein klar, welche Meinung du vertreten sollst: Du willst deine Schulleiterin davon überzeugen, dass es gut wäre, einen solchen Aktionstag an eurer Schule durchzuführen.

Für deinen Brief habt ihr schon vorgearbeitet und gemeinsam Ideen gesammelt. Überlege, welche Stichworte **nicht** eurem Schreibziel entsprechen würden, und klammere sie ein.

Hinweis: Klammere auch diejenigen Stichpunkte (siehe auch nächste Seite) ein, die sich nicht zu tragfähigen Argumenten ausformulieren lassen.

1. Einsatz für die Ärmsten der Welt: sinnvolle Tätigkeit
2. Unterrichtsausfall bei Lehrern eher unerwünscht
3. Verknüpfung von Unterrichtsinhalten mit einer praktischen Tätigkeit
4. Problembewusstsein wecken, auch bei den beteiligten Firmen
5. Mögliches Organisationsproblem
6. Teilnahmebereitschaft aller Schüler eventuell nicht gesichert
7. Gut für das Image der Schule
8. Eventuell schwierig, genügend Jobs zu finden

9. Unterstützung der Eltern erforderlich
10. Erfahrungen in Form einer Ausstellung dokumentieren
11. Hilfsbereitschaft der Schüler*innen aufgreifen und stärken
12. Schüler*innen werden stolz auf ihre Leistung sein

Aufgaben

1. Wähle aus der obigen Liste drei der verbliebenen Stichpunkte aus, die du als Grundlage für deine Argumentation verwenden möchtest. Trage die Nummern in die linke Spalte ein und begründe daneben deine Auswahl.

Stichpunkt	Begründung für deine Auswahl
Nr.	
Nr.	
Nr.	

2. Verfasse nun auf Grundlage deiner Vorarbeiten den **Brief**. Gehe dabei so vor:
   - Formuliere eine **Einleitung**, in der du den Grund für deinen Brief nennst und die Meinung der Klasse deutlich machst.
   - Begründe diese Meinung, indem du die Stichpunkte, die du aus der Liste ausgewählt hast, zu **Argumenten** ausformulierst. Stelle dazu aussagekräftige Thesen (Behauptungen) auf, die du näher erläuterst und durch Beispiele veranschaulichst.
   - Formuliere einen **Schluss**, in dem du noch einmal bei der Schulleiterin für den Aktionstag für Afrika wirbst und sie um Unterstützung bittest.

Zweigliedrige Erörterung

In einer zweigliedrigen Erörterung zeigst du den Leser*innen, wie du zu deiner Ansicht gelangt bist. Das bedeutet: Du formulierst zu der Fragestellung, die du erörtern willst, **sowohl Pro- als auch Kontra-Argumente**, **wägst** sie gegeneinander **ab** und gelangst am Ende zu einem **überzeugenden Ergebnis**.

Auf einen Blick

Aufbau einer zweigliedrigen Erörterung	
Einleitung	Versuche **geschickt zum Thema hinzuführen**, damit klar wird, warum es sich lohnt, sich mit dieser Frage zu befassen und deinen Text zu lesen.
Hauptteil	Im **Hauptteil** führst du deine Argumente aus. Am besten gestaltest du deinen Hauptteil zweiteilig nach dem Schema einer **Sanduhr:** • Im ersten Teil führst du zwei bis drei **Argumente der Gegenseite** aus, indem du als Erstes deren wichtigstes Argument anführst, dann ein unwichtigeres und schließlich das unwichtigste. Achte auf treffende Überleitungen zwischen den Argumenten, z. B.: *Hinzu kommt, dass …* *Außerdem sollte man berücksichtigen, dass …* • Im zweiten Teil trägst du zwei bis drei **Argumente deiner Seite** vor, also der Seite, die du vertreten willst. Beginne mit einem relativ unwichtigen Argument und steigere dich dann bis zum wichtigsten. Das erste Argument deiner Seite kannst du z. B. so einleiten: *Aber … Allerdings … Andererseits …*
Schluss	Am **Schluss** formulierst du dein **Ergebnis**. Es ist gut, wenn du an dieser Stelle noch einmal auf das entscheidende Argument verweist, das dich dazu gebracht hat, deinen Standpunkt einzunehmen, z. B.: *Ich bin vor allem deshalb zu dieser Auffassung gelangt, weil …* *Besonders überzeugend finde ich, dass …* Achte aber darauf, dass du wortwörtliche Wiederholungen vermeidest. Schreibe nicht einfach eine Textstelle aus dem Hauptteil noch einmal ab, sondern greife den entscheidenden Gedanken heraus und führe ihn weiter.

Sanduhr-Schema

Argumente der Gegenseite
wichtigstes Argument
weniger wichtiges
unwichtigstes
Wende
unwichtigstes
etwas wichtigeres
wichtigstes Argument
Argumente deiner Seite

Tipp

Gegenargumente zu finden ist gar nicht so einfach, wenn du zu einem Thema schon eine **feste Meinung** hast. Frage dich dann einfach: *Was würde eine Person sagen, die eine andere Meinung hat, um mich zu überzeugen?*

Schritt für Schritt

Vor dem Schreiben einer zweigliedrigen Erörterung

Arbeitsschritt **1** **Thema verstehen:** Überlege dir Antworten zu folgenden Fragen:
Was genau ist das Thema deiner Erörterung? Welche Meinungen könnte es dazu geben?

Arbeitsschritt **2** **Argumente sammeln:** Denke darüber nach, was für Argumente dir dazu in den Sinn kommen, und notiere sie, **wie sie dir gerade einfallen**, auf einem Extrablatt.

Arbeitsschritt **3** **Argumente ordnen:** Markiere Pro-Argumente mit einem **+** und Kontra-Argumente mit einem **–**. Ordne dann deine Argumente, indem du sie in eine Tabelle, ein Cluster oder eine Mindmap einträgst.

Arbeitsschritt **4** **Schreibplan erstellen:** Überlege, **welche Position** du einnehmen willst, und erstelle deinen Schreibplan entsprechend.

Tipp

Eine **Mindmap** ist besonders gut geeignet, um **Ordnung in deine Argumente** zu bringen. Schreibe in die Mitte das Thema. Trage dann auf der einen Seite die Pro-Argumente und auf der anderen die Kontra-Argumente ein. Im nächsten Schritt vervollständigst du deine Notizen zu den Argumenten, d. h., du ergänzt jeweils These, Begründung oder Beispiel – je nachdem, was fehlt.

Übung 29

In den USA können Jugendliche schon mit 16 Jahren den Führerschein erwerben. Überlege, ob die Regelung in den USA ein Vorbild für Deutschland sein könnte. Führe alle vorbereitenden Arbeiten aus, um später eine Erörterung zum Thema *Führerschein mit 16 – eine gute Idee?* zu schreiben:

1. **Argumente sammeln:** Was fällt dir zum Thema ein? (→ Heft)
2. **Argumente ordnen**
   a) Kennzeichne deine Einfälle mit **+**, wenn sie für die Einführung des Führerscheins mit 16 sprechen, und mit –, wenn sie dagegen sprechen. Ideen, die du bei genauerer Betrachtung wenig überzeugend findest, klammerst du ein.
   b) Vervollständige die angefangene Mindmap auf einem Extrablatt.

PRO

Argument 1	Argument 2	Argument 3
These: *früher Erwerb des Führerscheins – auf dem Land – notwendig* **Begründung:** *keine anderen Transportmittel verfügbar* **Beispiel:**	**These:** **Begründung:** **Beispiel:**	**These:** **Begründung:** **Beispiel:**

Führerschein mit 16 – eine gute Idee?

Argument 1	Argument 2	Argument 3
These: *Führerschein teuer* **Begründung:** *viele Fahrstunden, ca. 2 000 Euro* **Beispiel:** *teure Fahrstunden, Sonderfahrten*	**These:** *Schulleistungen evtl. gefährdet* **Begründung:** **Beispiel:**	**These:** **Begründung:** **Beispiel:**

KONTRA

3. **Schreibplan erstellen:** Entscheide dich für eine Position und ordne deine Argumente im Hauptteil entsprechend dem Sanduhrschema an.

Einleitung	Hinführung zum Thema:
Hauptteil – Gegenseite	wichtigstes Argument: weniger wichtiges Argument: unwichtigstes Argument:
Hauptteil – eigene Seite	unwichtigstes Argument: etwas wichtigeres Argument: wichtigstes Argument:
Schluss	Fazit – deine Meinung als Ergebnis der Argumentation:

4. Schreibe eine zweigliedrige Erörterung zum Thema *Führerschein mit 16 – eine gute Idee?* (→ Heft). Orientiere dich beim Schreiben an deinem Schreibplan.

7.3 Produktiv auf einen Text reagieren

Manchmal wirst du aufgefordert, die **Perspektive einer literarischen Figur** einzunehmen und aus ihrer Sicht einen Text zu schreiben. Gehe davon aus, dass du in der Prüfung zu der Ganzschrift, die ihr in diesem Schuljahr gelesen habt (also entweder „**Blackbird**“ von Matthias Brandt oder „**Nathan und seine Kinder**“ von Mirjam Pressler, eine produktive Aufgabe bearbeiten musst. Infrage kommen dafür verschiedene Textsorten, z. B. ein persönlicher Brief, ein Tagebucheintrag, ein innerer Monolog oder ein Dialog.

Dialog

Ein Dialog ist ein Gespräch. Wenn du einen Dialog verfassen sollst, musst du also überlegen, wer mit wem spricht – und was die Beteiligten einander sagen wollen. Du schreibst nur auf, was sie sagen. Vor jeder Äußerung notierst du als Erstes den Namen des Sprechers, danach folgt ein Doppelpunkt, und anschließend folgt das, was er (oder sie) sagt. Anführungszeichen sind nicht nötig.

Schritt für Schritt

Einen Dialog strukturierst du am besten so:

Arbeitsschritt **1** **Eine Person eröffnet das Gespräch.** In der Regel wird es so sein, dass sie ein Anliegen hat: Es kann z. B. sein, dass es zwischen ihr und dem Gesprächspartner einen **Konflikt** gegeben hat, der geklärt werden muss. Oder die Person, die das Gespräch eröffnet, möchte ihrem Gegenüber einen **Vorschlag** machen und hofft darauf, sein Einverständnis zu erzielen. Die Person, die als Erste spricht, sollte zunächst äußern, **worum es ihr geht**.

Arbeitsschritt **2** Danach **reagiert die andere Person** auf diese erste Äußerung. Entweder signalisiert sie ihr Wohlwollen und ihre Bereitschaft, dem anderen entgegenzukommen, oder sie widerspricht ihm. Vielleicht will sie sich auch für etwas rechtfertigen, das sie getan hat.

Arbeitsschritt **3** Nun geht es **hin und her:** Jede Person reagiert auf die Äußerung der anderen Person: Daraufhin kommt wieder eine Gegenrede: Die eine Person kann der anderen entgegenkommen oder auf ihrer Position beharren.

Arbeitsschritt **4** **Am Ende** gelangen sie mit ihrem Gespräch zu einem **Ergebnis:** Entweder einigen sie sich – oder sie stellen fest, dass sie nach wie vor unterschiedlicher Meinung sind.

Lass die Personen so sprechen, dass ihre **Ausdrucksweise natürlich** wirkt. Denk daran, dass du wiedergibst, was sie mündlich zueinander sagen. Eine gehobene Schriftsprache wäre also fehl am Platz. Es ist sogar möglich, dass sie einander ins Wort fallen; dann unterbricht der eine den anderen, weil er ihn korrigieren will oder weil er nicht warten will, um seine Meinung zu äußern. Hin und wieder empfiehlt es sich auch, eine **Regieanweisung** einzufügen. So kannst du Hinweise dafür geben, wie diese Person ihre Worte spricht. Eine Regieanweisung setzt du unmittelbar hinter dem Namen in Klammern. Das sieht dann so aus:

DAJA *(bekümmert)*: …

RECHA *(entschlossen)*: …

Persönlicher Brief

Mit einem persönlichen Brief wendet sich der Schreiber an eine Person, die er kennt. Entweder will er dem Empfänger etwas erzählen, das er erlebt hat. Oder er hat gehört, dass der Empfänger ein Problem hat, und will ihm Mut zusprechen. – Vielleicht hat er auch selbst ein Problem und will den Empfänger um Rat fragen.

Schritt für Schritt

Einen persönlichen Brief strukturierst du am besten so:

Arbeitsschritt 1 Nach der Anrede (*Liebe/r ... oder Sehr geehrte/r ...*) sucht die Person, in die du dich hineinversetzen sollst, als Erstes nach einem Einstieg. Nenne den **Anlass**, der sie dazu bewegt, den Brief zu schreiben.

Arbeitsschritt 2 Anschließend kommt sie auf ihr **Anliegen** zu sprechen. Sie erklärt dem Empfänger, weshalb sie sich an ihn wendest.

Arbeitsschritt 3 Sie erläutert ihr Anliegen dann **genauer:** Sie schreibt auf, was sie bewegt, was ihr wichtig ist und welche Erwartungen sie an den Empfänger hat.

Arbeitsschritt 4 Vor dem abschließenden Gruß (*Liebe Grüße oder Mit freundlichen Grüßen*) **bekräftigt** sie ihr Anliegen noch einmal, um klarzustellen, worum es ihr geht.

Achte darauf, dass du die Sprache des Briefs sowohl an die Figur, in die du dich hineinversetzen sollst, als auch an die Erwartungen des Empfängers anpasst. (Seinen Freund wird der Schreiber anders ansprechen als seine Großmutter!)

Innerer Monolog

Ein innerer Monolog ist ein Selbstgespräch, das nur im Kopf einer Person abläuft. Versetze dich in die Person und die Situation, in der sie sich gerade befindet, hinein. Überlege, was sie in diesem Moment denken und fühlen könnte – nur das kommt zur Sprache.

Schritt für Schritt

Einen inneren Monolog strukturierst du am besten so:

Arbeitsschritt 1 Lass die Person die **Situation**, die sie erlebt und die sie bewegt, kurz **beschreiben**. Sie kann zu dem, was sie beobachtet, auch Fragen stellen.

Arbeitsschritt 2 Die Person macht sich **Gedanken**. Sie überlegt, wie sie auf das, was geschieht, **reagieren** soll. Es gibt diese beiden Möglichkeiten: Entweder sie mischt sich ein – oder sie hält sich heraus und zieht sich zurück.

Arbeitsschritt 3 Am Ende fasst sie einen **Entschluss**. Sie entschließt sich für ihr weiteres Verhalten.

Die Gedanken, die der Person durch den Kopf gehen, kannst du auch **sprunghaft** darstellen – genauso, wie einem einzelne Gedanken kommen und plötzlich durch andere Gedanken abgelöst werden. Du kannst also hin und wieder auch Sätze unvollendet lassen, z. B. so: „Ach, wenn ich doch nur wüsste, ob ... Oder sollte ich ihn einfach anrufen?“

Tagebucheintrag

Einen Tagebucheintrag verfasst jemand, der etwas erlebt hat, das er für sich persönlich schriftlich festhalten möchte. Entweder will er das Erlebte nicht vergessen, oder er will Ordnung in seine Gedanken bringen, indem er sie aufschreibt.

Schritt für Schritt

Einen Tagebucheintrag strukturierst du am besten so:

Arbeitsschritt 1	Am Anfang beschreibt die Person, in die du dich hineinversetzen sollst, das **Erlebnis**, das sie an diesem Tag bewegt hat. Das ist der **Anlass** für sie, ihre **Gedanken** in ihr Tagebuch einzutragen.
Arbeitsschritt 2	Anschließend **hält sie die Gedanken fest**, die sie bewegen. Sie kann sich zu dem, was sie erlebt hat, auch Fragen stellen.
Arbeitsschritt 3	Die Person überlegt, welche **Schlussfolgerungen** sie aus dem Erlebten ziehen kann. Soll sie ihr Verhalten gegenüber einem anderen Menschen künftig ändern? Soll sie jemanden um Verzeihung bitten? Oder will sie die Erfahrungen, die sie an diesem Tag gemacht hat, nicht weiter beachten, um zur Ruhe zu kommen?
Arbeitsschritt 4	Am Ende fasst die Person einen **Entschluss:** Sie kommt zu dem **Ergebnis**, mit dem, was sie erlebt hat, auf eine bestimmte Weise umzugehen.

Hinweis: Die Arbeitsschritte sind sehr allgemein gehalten. In der Regel bietet sich dieses Vorgehen auch meistens an. Solltest du in der Prüfung allerdings andere Teilaufgaben bekommen, musst du dich natürlich danach richten.

Da ein Tagebucheintrag nur für den Schreiber bzw. die Schreiberin bestimmt ist, brauchst du bezüglich der Sprache auf niemanden Rücksicht zu nehmen. (Verfalle aber nicht zu oft in Umgangssprache!) Du kannst eine Anrede („Liebes Tagebuch“) und Schlussworte („Dein/e …“) einfügen sowie ein passendes Datum, das du dir auch ausdenken kannst.

Übung 30

1. Am Beispiel der Ganzschrift „**Blackbird**" sind die folgenden vier Texte als Lösungen zu produktiven Schreibaufgaben entstanden.
   Untersuche die Texte und beantworte zu jedem einzelnen die Fragen. (→ Heft)
   a) Welche Textsorte wurde hier umgesetzt? Woran kannst du das erkennen?
   b) Aus der Sicht welcher Figur wurde der Text verfasst bzw. wer äußert sich hier?
   c) An welcher Stelle der Handlung setzt die Schreibaufgabe vermutlich ein? Nenne die entsprechende Situation und gib, wenn möglich, auch die Seitenzahl an.

Text 1

Ich werde mich zum Vollhorst machen, vor der ganzen Schule, vor der ganzen Welt! Was in drei Teufels Namen hat mich nur auf diese beschissene Idee gebracht? Warum sollte sie sich denn ausgerechnet mit mir treffen? Sie wird drei Freundinnen mitbringen und die werden sich ausschütten vor Lachen. So würden wir es wahrscheinlich auch machen, wenn einer von uns so einen Liebesbrief mit Ortsangabe für ein Treffen bekommen hätte …
Vielleicht hat sie den Brief auch schon überall rumgezeigt? Kann ich mich überhaupt noch irgendwo blicken lassen? Vielleicht war der Brief voller Fehler? Vielleicht fühlt sie sich jetzt von mir verfolgt? Oder hat sie sich gefreut? Könnte ja schließlich auch sein … Ich hätte mich auf jeden Fall über so einen Brief gefreut! … Einen solchen Brief von ihr natürlich, nicht von irgendwem sonst. Ich muss jetzt echt schlafen, sonst sehe ich morgen fürchterlich gerädert aus …

Text 2

Sehr geehrte Frau Schnellstieg,
mein Name ist Stefanie Fuchs und ich bin die Freundin von Motte. Ich habe erfahren, dass Sie sich wünschen, dass jemand von Bogis Freunden etwas auf der Trauerfeier sagt. Natürlich sollte Motte das machen, weil er Bogis allerbester Freund war, aber er kann leider nicht. Seit Bogi tot ist, spricht er nicht mehr, kein einziges Wort. Er kann und will es nicht. Er redet auch nicht mit mir, mit niemandem. Daran hat nicht einmal die sein Aufenthalt in der Psychiatrie etwas ändern können. Das ist seine Art zu trauern. Er ist so unfassbar traurig, dass es ihm die Sprache verschlagen hat. Bogi fehlt ihm so sehr! Bitte seien Sie nicht böse auf Motte. Das wollte ich Ihnen nur sagen.
Mein herzliches Beileid. (Das klingt so abgedroschen, aber ich weiß nicht, was man da sonst schreiben könnte.)
Steffi

Text 3

PETRA SCHNELLSTIEG: Ach Mensch, Motte, warte doch mal. Wie gut, dass du hier bist. Wie schön, dass du den Bogi besucht hast. Das ist so wichtig für ihn, dass du kommst. Du bist so wichtig für den Bogi. Das weißt du doch, oder?
MOTTE: Äh, ja, na klar. Der Bogi …
PETRA SCHNELLSTIEG: Einen Freund zu haben ist jetzt so wichtig, Motte. Nicht nur für den Bogi, sondern auch für uns, für die ganze Familie. Du bist doch Bogis bester Freund und deshalb eigentlich fast so was wie ein Mitglied der Familie. Ach, Mensch Motte … Wir müssen doch jetzt zusammenhalten. Hilfst du uns, Motte? Lass uns das gemeinsam für den Manfred tun, für den Bogi.
MOTTE: Ich … Na klar, ich will auch alles für Bogi tun. Aber ich weiß ja auch nicht …
PETRA SCHNELLSTIEG: Wir müssen jetzt alle noch fester zusammenhalten, weil Bogi die Krankheit nur besiegen kann, wenn wir ihm alle gemeinsam ganz viel Kraft schicken und Hoffnung geben. …
MOTTE: Natürlich, aber wie? Wie genau … also, ich weiß halt auch nicht so genau … Aber klar, auf mich können Sie zählen …

Text 4

26. September
Vielleicht war heute so was wie mein Glückstag. Schließlich kann sich eine Schornsteinfegerin doch auch mal selbst Glück bringen. Ich habe heute bei der Arbeit den Morten Schumacher wiedergetroffen, den Motte. Wir haben bei denen im Haus gearbeitet. Süß sah er aus, echt süß. Ich hab' ihn gleich erkannt, er mich aber nicht. Aber an die Geschichte mit der Heugabel hat er sich wohl noch erinnert. Er konnte sich gar nicht vorstellen, dass ich schon arbeite, wo er doch noch zur Schule geht. Tja, die Gymnasiasten eben, die haben keine Ahnung von der Arbeitswelt. Aber gefallen hat er mir schon. So richtig viel geredet hat er zwar nicht, aber bei denen zu Hause sah es auch so aus, als ob da gerade jemand auszieht. Alles wirkte irgendwie trostlos. Ich würde ihn schon gerne mal treffen und mit ihm reden oder so. Das hat sich da in dem Moment leider nicht ergeben.

2. Gestalte den Textinhalt aus **Text 4** so um, dass daraus ein Brief entsteht, den Steffi noch am selben Abend an eine gute Freundin schreibt. Schreibe mindestens 80 Wörter. Schreibe auf einem separaten Blatt weiter, wenn die hier angebotenen Zeilen nicht ausreichen.

   Die entsprechende **Aufgabenstellung** könnte so lauten:

Brief

„Kennst du mich nicht mehr? Ich bin die Steffi. […]
Wir waren in einer Klasse in der Grundschule. Steffi Fuchs […].“ (S. 64)

Nachdem Steffi Motte zufällig bei ihrer Arbeit als Schornsteinfegerin getroffen hat, hat sie am Abend das Bedürfnis, ihrer Brieffreundin Sandra von dem Vorfall zu erzählen. Sandra ist auch mit Steffi und Motte in der Grundschule gewesen, wohnt mittlerweile aber in einer anderen Stadt.

- Steffi erzählt von ihrem zufälligen Zusammentreffen mit Motte.
- Sie berichtet darüber, wie Motte auf sie reagiert hat.
- Sie spricht über ihre Gefühle und Gedanken in Bezug auf Motte.
- Sie erzählt davon, welchen Eindruck Mottes Zuhause auf sie gemacht hat.

Schreibe diesen Brief (mindestens 80 Wörter). Gehe auf alle oben genannten Punkte ein. Achte auch auf die Rechtschreibung.

Übung 31

1. Am Beispiel der Ganzschrift „**Nathan und seine Kinder**“ sind die folgenden vier Texte als Lösungen zu produktiven Schreibaufgaben entstanden. Untersuche die Texte und beantworte zu jedem einzelnen die nachfolgenden Fragen. (→ Heft)
   a) Welche Textsorte wurde hier umgesetzt? Woran kannst du das erkennen?
   b) Aus der Sicht welcher Figur wurde der Text verfasst bzw. wer äußert sich hier?
   c) An welcher Stelle der Handlung setzt die Schreibaufgabe vermutlich ein? Nenne die entsprechende Situation und gib, wenn möglich, auch die Seitenzahl an.

Text 1

Liebe Daja,
es ist schon spät und ich möchte dich nicht mehr wecken. Aber ich bin so aufgewühlt und muss meine Gedanken ganz frisch und sofort festhalten, obwohl ich so voller Trauer bin. Wundere dich also nicht, dass ich dir diesen Brief vor die Tür lege. Gerade erst habe ich mich von al-Hafi verabschiedet. Er lässt dich grüßen. Vater und er waren viel mehr als nur Schachpartner und es tut mir gut, dass er da ist, dass ich mit ihm sprechen kann. Er ist nun auch mir ein treuer Freund. Stell dir vor, er kam heute mit Geschenken des Sultans, mit Salben, Ölen und mit einer Perlenschnur. Er sagte, der Sultan habe Vater sehr geschätzt und sogar geweint, als er von seinem Tod erfahren hat. Er sagte, ich könne mich an ihn wenden, und an seine Schwester, wenn ich Hilfe brauche oder Schutz. Hält man das für möglich, ein ansonsten so mächtiger und grausamer Mann erkennt die Größe Nathans? Auch ihm hat er geholfen wie so vielen anderen. Es war ihm egal, ob sie jüdisch, christlich oder muslimisch waren, wenn Menschen Hilfe brauchten, dann war Vater für sie da. Er hatte so ein großes Herz … Al-Hafi hat es auf den Punkt gebracht, indem er sagte: „Das ist wahrlich ein großer Mensch, der Verzweiflung und Rachsucht überwindet und sie in Liebe zu den Menschen verwandelt.“ Wir wollen sein Erbe fortführen. Liebe Daja, lass uns immer daran denken.
In Liebe
deine Recha

Text 2

23. September
Heute wurde ich mit den Waffen der Weisheit geschlagen. Mein eigentlicher Plan ging nicht auf und dennoch habe ich gewonnen, viel mehr gewonnen, als es zunächst zu gewinnen gab. Allah hat mir die Augen geöffnet und mir einen Freund geschenkt.
Noch immer spüre ich in mir das Gefühl, das der Jude Nathan, den sie zu Recht „den Weisen“ nennen, mit seinen Worten ausgelöst hat. Fast erscheint es mir unwirklich und doch hat sich heute mein Blick auf die Welt verändert. Al-Hafi brachte mir den Juden Nathan, der uns mit seinem Reichtum die finanziellen Mittel für den Angriff gegen den Engländer beschaffen sollte. Ihn jedoch direkt um das Geld zu bitten, lag mir fern. Er war mir als Weiser angekündigt worden, so wollte ich ihn mit einer Frage in die Enge treiben, um zu sehen, wie es tatsächlich um seine Weisheit bestellt ist. Schließlich bin ich Saladin, der Sultan, und gewöhnlich ist es meine Weisheit, nach der sich die anderen richten müssen. Ich fragte ihn also nach der seiner Meinung nach „wahren Religion“. Eine hinterlistige Frage fürwahr! Was sollte ein Jude einem mächtigen Muslim darauf schon antworten? Seine eigene Religion verleugnen, mir die meine absprechen? Dass er aus dieser Falle nicht herauskommt, davon war ich felsenfest überzeugt. …

Text 3

Ach, könnte dein Großvater dich nur sehen! Auch seine Freude wäre übergroß. Das Versprechen, das ich nach seinem Tod gegeben habe, habe ich eingelöst … ich gab dir den Namen Nathan. „Nathan der Weise", so wurde er von allen genannt. Ich vermisse ihn … warum musste das damals nur geschehen? … Nathan war klug, tolerant und barmherzig … er liebte die Menschen, ganz gleich ob Juden, Christen oder Muslime – so wie es dem Gott aller Menschen gefällt! Wenn du größer bist, werde ich dir von deinem Großvater berichten … Ja, er hatte einen großen Traum, den er im Kleinen bereits lebte. Er wünschte sich, dass eines Tages die Söhne von Juden, Muslimen und Christen miteinander am Tisch der Brüderlichkeit sitzen können, dass sich selbst unsere Stadt Jerusalem eines Tages in eine Oase der Freiheit verwandeln wird …

Text 4

DAJA *(streicht Recha über das Haar)*: Wie geht es dir, Recha?
RECHA: Es wird gehen. Ich bin stark, Daja. Ich bin kein Kind mehr.
Daja: Das weiß ich, Recha, das weiß ich schon lange. Du hast mit Elijahu gesprochen?
RECHA: Ja. Wir haben über Vater gesprochen. Er fühlt sich schuldig, weil er ihm nicht geholfen hat. Aber was hätte er tun sollen, gegen vier oder fünf Männer? Sie hätten ihn nur auch noch umgebracht. So bleibt wenigstens er mir …
DAJA: Elijahu und Nathan waren enge Freunde. Seit 18 Jahren. Es wird schwer für ihn werden, so wie für uns alle. Elijahu hat ihn am längsten gekannt.
RECHA: Ja. Vater hat es mir erzählt. Er hat gesagt, dass Elijahu ihm immer ein treuer Freund gewesen ist, ein Bruder sogar, und dass er den Verlust seiner Frau und seiner Söhne ohne Elijahus Hilfe nicht überstanden hätte. Das habe ich ihm gesagt.
DAJA *(lächelt Recha an)*: Du bist wirklich die Tochter deines Vaters, Recha. Auch wenn euch nicht das Blut verbunden hat. Dein eigener Kummer hindert dich nicht daran, für andere zu sorgen und ihnen Gutes zu tun. „Nathan den Weisen" hat man deinen Vater genannt. Vielleicht wird man dir diesen Beinamen auch einmal geben. …

2. Gestalte den Textinhalt aus **Text 1** so um, dass ein Gespräch zwischen Recha und Daja entsteht.

   Die entsprechende **Aufgabenstellung** könnte wie folgt lauten:

Dialog

„Erst als die Mondsichel über dem Feigenbaum stand, verabschiedete er sich" (S. 243)

Nach dem Besuch von al-Hafi geht Recha zu Daja. Sie erzählt ihr von al-Hafis Besuch und die beiden sprechen über seine Beziehung zu Nathan und Saladins Reaktion auf Nathans Tod.

- Recha erwähnt die enge Freundschaft zwischen al-Hafi und Nathan und erzählt, wie froh sie darüber ist, dass al-Hafi nach Nathans Tod nun auch ihr ein treuer Freund ist.
- Sie führt auf, welche Geschenke al-Hafi im Auftrag des Sultans mitgebracht hat.
- Sie spricht darüber, wie der Sultan auf Nathans Tod reagiert hat.
- Sie stellt dar, was für ein Mensch ihr Vater gewesen ist; dass er allen, die seiner Hilfe bedurften, geholfen hat – unabhängig von ihrer Religionszugehörigkeit.

Stell dir vor, wie der Dialog verlaufen sein könnte.

Recha geht zu Dajas Zimmer und klopft leise an die Tür, tritt aber gleich darauf in das Zimmer ein.

RECHA: Daja? Bist du noch wach?
DAJA *(setzt sich auf)*: Ja, Recha, ich bin wach. Kannst du nicht schlafen?
RECHA: …

Schreibe einen Dialog im Umfang von mindestens 80 Wörtern. Gehe auf alle oben genannten Punkte ein. Achte auch auf die Rechtschreibung.

Interaktive Aufgaben: Textbeschreibung Prosa

7.4 Einen Text beschreiben (Prosa/Lyrik)

Mit einer Textbeschreibung sollst du die **Besonderheiten eines Textes** schriftlich **darstellen**. Grundlage dafür ist das Textverständnis, das du vorher erworben hast (vgl. ab S. 31) Der Aufbau einer Textbeschreibung ist im Prinzip immer gleich, unabhängig davon, ob du einen Prosatext oder ein Gedicht beschreiben sollst:

Schritt für Schritt

Arbeitsschritt 1 Als Erstes schreibst du eine Einleitung, in der du die Hauptinformationen über den Text gibst: Nenne die **Textsorte** (Kurzgeschichte? Roman? Gedicht? …), die **Überschrift**, den **Namen des Verfassers/der Verfasserin** und das **Thema**.

Arbeitsschritt 2 Dann **fasst** du **den Inhalt zusammen**. Das ist ein Entgegenkommen an den Leser bzw. die Leserin: Er bzw. sie soll schließlich verstehen, worum es in dem Text geht. Wie du beim Schreiben einer Zusammenfassung (auch: Inhaltsangabe) vorgehst, kannst du auf S. 97 nachlesen.

Arbeitsschritt 3 Anschließend äußerst du dich zum **Sinn des Textes**. Überlege, welche Botschaft der Autor damit vermittelt.

Arbeitsschritt 4 Gehe nun genauer auf wichtige **Einzelheiten** ein und erläutere, was mit ihnen zum Ausdruck kommt. Beziehe dich dabei auf Textstellen.

Arbeitsschritt 5 Äußere dich danach zu **Besonderheiten der Darstellung**, also dazu, wie der Autor den Text geschrieben hat. Verweise auf **sprachliche Auffälligkeiten**, z. B. auf besondere Wörter, die der Autor gewählt hat, oder auf den Satzbau und äußere dich zu deren Wirkung.

Arbeitsschritt 6 Im Schlussabsatz formulierst du ein **Ergebnis**. Du kannst z. B. sagen, wie dir der Text gefällt. Oder du überlegst, ob der Text heute noch aktuell ist oder nicht. Deine Meinung solltest du kurz begründen.

Hinweis: In der Regel erhältst du zu allen Absätzen, die du **in der Prüfung** schreiben sollst, **Teilaufgaben**. Wenn du diese der Reihe nach sorgfältig bearbeitest, kannst du nichts falsch machen.

Das Thema eines Textes bestimmen

Das **Thema** bezieht sich immer auf den **ganzen Inhalt** des Textes. Du darfst also nicht den Fehler machen, nur einen einzelnen Gesichtspunkt herauszugreifen und ihn als Thema zu bezeichnen. Frage dich also stets: *Worum geht es im ganzen Text?* Berücksichtige dabei Folgendes:

- Beim Bestimmen des Themas musst du natürlich die **ganze Handlung** zugrunde legen und nicht nur einen einzelnen Handlungsschritt. Suche nach einer Art **Überschrift**, die sich auf die gesamte Handlung bezieht.
- Überlege, welche **Personen** im Verlauf der Handlung eine wichtige Rolle spielen. Hat die Hauptperson einen **Konflikt** mit jemandem? Dann musst du diesen Konflikt benennen. Oder will sie sich mit jemandem versöhnen? Dann geht es genau darum.
- Auch **Ort und Zeit** können von Bedeutung sein. Erwähne sie beim Bestimmen des Themas, wenn sie für die Handlung bedeutsam sind.

Beispiel

In der Kurzgeschichte „Die Kirschen" von Wolfgang Borchert geht es um das Misstrauen, das ein kranker Sohn gegenüber seinem Vater empfindet.

Hinweis: Verwechsle nicht die Überschrift mit dem Thema! Vergiss nicht: Es kann sein, dass der Autor nur bestimmte Wörter für seine Überschrift ausgewählt hat. Diese müssen aber nicht unbedingt das Thema benennen.

Übung 32

Aufgaben

1. Bestimme das Thema der Kurzgeschichte „Streuselschnecke" von Julia Franck (S. 33). Schreibe dazu einen vollständigen Satz.

2. Fasse die Kurzgeschichte mit wenigen Sätzen zusammen.

3. Verfasse nun eine vollständige Textbeschreibung zu Julia Francks Kurzgeschichte „Streuselschnecke". Orientiere dich an den Hinweisen zum Aufbau in der Schritt-für-Schritt-Anleitung auf der linken Seite. Schreibe deinen Text auf ein extra Blatt.

   Hinweis: Die Grundlage für deine Textbeschreibung bilden deine Erkenntnisse zum Textverständnis der Kurzgeschichte aus den Übungen 9 und 10 im Kapitel „Literarische Texte verstehen" (ab S. 31).

Interaktive Aufgaben: Textbeschreibung Lyrik

Eine Textbeschreibung zu einem Gedicht verfassen

Bei der Textbeschreibung zu einem Gedicht gehst du genauso vor wie bei einer Textbeschreibung zu einem Prosatext. Der einzige Unterschied besteht darin, dass du auch auf die **Form** eines Gedichts eingehen musst.

- In der **Einleitung** nennst du zunächst die grundlegenden Informationen zum Text: die **Textsorte** (hier: Gedicht), den **Titel** des Textes, also die Überschrift, und den **Namen des Verfassers**. Danach bestimmst du das **Thema** (vgl. S. 114) des Gedichts. In der Regel wird von dir auch erwartet, dass du schon in der Einleitung die wesentlichen **Formmerkmale** angibst (Anzahl und Länge der Strophen). Auch das Reimschema kannst du gleich in der Einleitung erwähnen.
- Im **ersten Teil des Hauptteils** widmest du dich dem **Inhalt**. Grundlage ist wieder das Textverständnis, das du vorher erworben hast (vgl. ab S. 37). In der Prüfung werden dir in der Regel gezielt einige Fragen gestellt, zu denen du dich jeweils ausführlich äußern musst. Beziehe dich zum Beleg ab und zu auf wichtige Textstellen.
- Danach gehst du auf die **sprachliche Gestaltung** des Gedichts ein. Meist wird dir in der Prüfung ausdrücklich gesagt, worauf du achten sollst. Gehe auch auf die **Wirkung** der Sprache ein. Frage dich, welche Stimmung durch die Wörter und Sätze erzeugt wird: Ist sie eher fröhlich oder eher traurig?
- Am **Schluss** musst du deine Textbeschreibung sinnvoll **abrunden**, z. B., indem du deine Meinung zu dem Gedicht äußerst.

Übung 33

Aufgaben

Verfasse eine Textbeschreibung zu Erich Kästners Gedicht „Sachliche Romanze" (vgl. S. 38). Gehe so vor:

- Nenne in der **Einleitung** die **Textsorte**, den **Titel** und den **Namen des Verfassers**. Bestimme dann das **Thema**. Äußere dich außerdem zu den **Formmerkmalen** des Gedichts (Anzahl und Länge der Strophen, Reimschema). Verwende die Fachbegriffe Reim, Vers, Strophe.
- Fasse zu Beginn des **Hauptteils** den **Inhalt** des Textes zusammen.
- Gehe danach auf **Einzelheiten** ein:
  - Nenne den Ort, an dem sich das Ehepaar am Anfang aufhält.
  - Beschreibe dann zunächst das Verhalten der Frau.
  - Beschreibe danach das Verhalten des Mannes.
  - Äußere dich anschließend zum Ortswechsel, den die beiden vornehmen; erkläre, warum das Paar ins „kleinste Café am Ort" (V. 13) geht.
- Untersuche den Text in Bezug auf die **Sprache**. Achte vor allem auf besondere Wörter (Nomen, Verben, Adjektive) und auf **Sprachbilder**.
- Stelle am **Schluss** dar, welche Gemeinsamkeit es zwischen der **Überschrift**, dem **Inhalt** und der **Sprache** gibt.

  Hinweis: Die Grundlage bilden deine Erkenntnisse zum Textverständnis aus den Übungen 11 bis 13 im Kapitel „4.2 Gedichte untersuchen" (ab S. 37).

8 Einen Text überzeugend gestalten

8.1 Geschickt formulieren

Um einen guten Text zu schreiben, genügt es nicht, dass du etwas Interessantes zu sagen hast. Du musst deine Informationen auch abwechslungsreich und interessant „verpacken“, sodass der **Leser** sich **durch die Darstellung angesprochen** fühlt.

Auf einen Blick

Texte gut formulieren	
Treffende Wörter	**Vermeide allgemeine Wörter** wie *machen, sagen* oder *tun.* Schreibe z. B. nicht: *Er sagte: „Lauf schnell weg!“* Besser ist: *Er rief/schrie/brüllte/flüsterte/raunte* etc.: *„Lauf schnell weg!“*
Übersichtliche Satzkonstruktionen	Schreibe keine unübersichtlichen „Bandwurmsätze“, sondern benutze eine verständliche Sprache. Schreibe also **nicht so:** *Theo, der, bevor er sich auf den Weg zum Bahnhof machte, um seinen Bruder Otto, den er jahrelang nicht gesehen hatte, seit dieser in Australien lebte, abzuholen …* Zerschlage den unübersichtlichen „Bandwurmsatz“ lieber in einzelne Sätze oder kürzere Satzgefüge, z. B. **so:** *Theo hatte seinen Bruder Otto jahrelang nicht gesehen, seit dieser in Australien lebte. Bevor er sich auf den Weg zum Bahnhof machte, um ihn abzuholen …*
Informationen richtig platzieren	Platziere wichtige Informationen an einer herausragenden Stelle, z. B. am **Anfang oder Ende eines Absatzes**.
Abwechslungsreiche Satzanfänge	Versuche, **unterschiedliche Satzanfänge** zu formulieren. Beginne z. B. nicht immer mit dem Subjekt; vermeide Formulierungen wie *Und dann … Und dann …*
Passende Konjunktionen	Wähle zum Verknüpfen von Sätzen treffende Konjunktionen und Adverbien, die die **Zusammenhänge verdeutlichen**. Hier einige Beispiele: • Begründung: *weil, da, denn* • Bedingung: *wenn, falls* • Gegensatz: *aber, doch, obwohl*
Angemessener Sprachstil	**Vermeide umgangssprachliche Ausdrücke** in Textsorten, die man in der Standardsprache schreibt. Schreibe also z. B. nicht *Hallo Herr Meier*, wenn es sich um deinen Schuldirektor handelt, sondern *Sehr geehrter Herr Meier.*
Wiederholungen vermeiden	Achte darauf, einzelne Wörter nicht unnötig zu wiederholen. Ersetze sie durch **passende Pronomen** oder **andere Wörter mit gleicher Bedeutung (Synonyme)**, z. B. so: *Anna und Georgia haben Kuchen gebacken. Sie/die beiden Mädchen wollen damit ihre Klasse überraschen.*
Anschauliche Beispiele	**Veranschauliche deine Aussagen** durch Beispiele, z. B.: *Pia ist die Sportlichste in der Klasse. Sie läuft nicht nur schneller als alle anderen Mädchen, sondern schlägt auch die meisten Jungen im Wettrennen.*

Hinweis: Verleihe deinem Text **auch äußerlich eine ansprechende Form**, indem du darauf achtest, dass deine **Schrift** sauber und gut zu lesen ist.

Übung 34

Der folgende Text ist ein Brief, den ein Schüler an seinen Schulleiter geschrieben hat. Wie du schnell merken wirst, hat er des Öfteren gegen die Tipps zum geschickten Formulieren verstoßen. Überarbeite den Brief. Gehe dabei so vor:

- Unterstreiche zunächst alle Textstellen, die ungeschickt formuliert sind.
- Schreibe den Text ab und korrigiere dabei die Formulierungsschwächen (→ Heft).

Hinweis: Du kannst einige Sätze auch ganz neu bilden. Fehler in der Rechtschreibung und Zeichensetzung sind bereits korrigiert.

Hallo Herr Wolf,
Sie haben bestimmt schon gepeilt, dass wir Schüler das Mensaessen zum Kotzen finden. Das Mensaessen ist zwar billig, aber der Geschmack ist unter aller Sau. Wahrscheinlich will der Lieferant richtig Kohle mit uns machen, indem er uns irgendeinen schrecklichen Fraß vorsetzt, der ihn nicht viel kostet. Ehrlich gesagt: Wir haben die Nase gestrichen voll von diesem Essen, das offenbar in erster Linie den Interessen des Unternehmers dient, weil er denkt, dass er durch die Einnahmen, die er durch uns macht, richtig Knete macht. Wir haben deshalb einen Vorschlag, wie man die Verpflegung der Schüler verbessern kann: Sie sollten den Caterer rausschmeißen, und wir kochen künftig selbst. Die Eltern haben uns schon ihre Unterstützung zugesagt.

8.2 Sich auf Textstellen beziehen

Bei der Arbeit mit Texten musst du deine Aussagen immer wieder anhand von **aussagekräftigen Textstellen** belegen.

Auf einen Blick

Aussagen anhand von Textstellen belegen	
Zitate richtig kennzeichnen	Es gibt zwei Möglichkeiten, wie du dich auf Textstellen beziehen kannst: • Entweder gibst du die Textstelle **mit eigenen Worten** wieder. Dann fügst du anschließend die Zeilenangabe „**(vgl. Z. xy)**“ hinzu, damit der Leser diese Textstelle schnell findet. • Oder du schreibst die passende Textstelle **wortwörtlich** aus dem Text heraus. Setze dein Zitat in **Anführungszeichen** und füge die jeweilige Zeilenangabe „**(Z. xy)**“ hinzu.
Sinn erläutern	Eine Textstelle nur zu zitieren genügt nicht. Du musst auch deutlich machen, … • **was** man an der Textstelle **erkennen** kann, z. B. über einen bestimmten Sachverhalt. • **warum** die zitierte Textstelle **eine Aussage**, die du zum Text gemacht hast, **unterstützt**.
Zitat mit eigenem Text verknüpfen	**Verknüpfe** das Zitat mit deinem Text. Führe mit eigenen Worten zum Zitat hin, z. B. durch eine deutende Aussage: *Dass der Autor in Wirklichkeit etwas ganz anderes meint, als der Leser zunächst annimmt, wird an folgender Stelle deutlich: „xxx …“ (Z. …).* Mit diesen Worten kannst du die Erläuterung nach dem Zitat beginnen: • *Das zeigt, dass …* • *Daran kann man erkennen, dass …* • *Wenn …, dann …* • *Hier wird deutlich, dass …*

9 Richtig schreiben

Wenn du einen Text schreibst, darfst du nicht nur darauf achten, **was** du schreibst, sondern auch darauf, **wie** du es schreibst. Denn die korrekte **Rechtschreibung** und **Zeichensetzung** spielen eine wichtige Rolle. Ein Text, der richtig geschrieben ist, macht nicht nur einen **besseren Eindruck**, sondern **erleichtert** auch das **Lesen**. Denke also daran, deine Texte abschließend noch einmal auf **Fehler** zu untersuchen und diese zu berichtigen.

Tipp

Lies den Text **in Gedanken laut**. Sprich die Wörter dabei möglichst **deutlich** aus. So fallen dir Fehler in der Rechtschreibung eher auf und du vermeidest unnötige Flüchtigkeitsfehler.

9.1 Groß- und Kleinschreibung

Grundsätzlich schreibt man die **meisten Wörter klein**.
Folgendes schreibt man jedoch **groß:**

- **Satzanfänge**

  Beispiel: *Lachend lief sie davon.*

- **Eigennamen**

  Beispiele: *Sanna, Dresden, Frankreich, Rhein*

- **Höfliche Anredepronomen**

  Beispiel: *Ich freue mich, Ihnen heute mitteilen zu dürfen …*

- **Das erste Wort einer Überschrift**

  Das gilt auch dann, wenn du die Überschrift eines Textes zitierst.

  Beispiel: *In dem Roman „Kein Ort. Nirgends" geht es um …*

- **Nomen**

  Beispiele: *Tuch, Busbahnhof, Fahrrad*

- **Nominalisierte Wörter**

  Das sind „unechte" Nomen. Verben und Adjektive können beispielsweise zu Nomen werden, wenn sie **in einem Satz** als Nomen verwendet werden. Nominalisierungen erkennst du daran, dass sie von einem typischen **Signalwort** für Nomen begleitet werden oder begleitet werden können.

  Beispiele:
  Ohne dein Lachen hätte der Lehrer uns gar nicht bemerkt.
  Im Märchen siegt immer das Gute über das Böse.

Nomen und nominalisierte Wörter sind nicht immer leicht zu erkennen. Es gibt aber bestimmte Merkmale, an denen du sie erkennen kannst:

- **Typische Endungen für Nomen**
  Ein Wort, das z. B. eine der folgenden Endungen hat, ist immer ein Nomen:
  -heit, -keit, -nis, -ung, -schaft, -tum, -ion, -ling

Beispiele *Schönheit, Übelkeit, Wagnis, Haltung, Gesellschaft, Brauchtum, Stadion, Lehrling*

Übung 35 Kreise in der folgenden Liste alle Wörter ein, bei denen aufgrund der Endung sofort klar ist, dass es sich um ein Nomen handelt.

FEIGLING, NOTWENDIG, BEDENKLICH, EIGENSCHAFT, KENNTNIS, MÖGLICH, VERWANDLUNG, BEKANNTSCHAFT, VERHÄLTNIS, SELTSAM, HALTUNG, NEUHEIT, STÜRMISCH, HARTNÄCKIG, FEIGHEIT, EREIGNIS, HALTBAR, AKTION, KLARHEIT, SORGLOS, HEITERKEIT, RECHTHABERISCH, EIGENTUM, UNGENAU, REINHEIT, ALTERTUM, SPANNEND

- **Signalwörter für Nomen und nominalisierte Wörter**
  Nicht jedes Nomen hat eine typische Nomenendung. Solche Nomen kannst du, genauso wie nominalisierte Wörter, an vorangestellten Signalwörtern erkennen:

Auf einen Blick

Signalwörter für Nomen und nominalisierte Wörter	
Artikel	der, die, das, ein, eine
Pronomen	dieser, diese, dieses, jener, jene, jenes, mein, dein, sein, ihr, euer …
Mengenangaben	viel, wenig, etwas, alles, kein …
beschreibende Adjektive	Diese Adjektive beschreiben ein Nomen genauer. Sie sind gebeugt. Er hörte laut<u>es</u> <u>W</u>einen. (Aber: Er hörte sie laut <u>w</u>einen.)
Präpositionen	bei, ohne, mit, auf, in, an, über …

Hinweis: Adjektive können einerseits Signalwörter sein, andererseits können sie auch als nominalisierte Wörter verwendet werden. Halte deshalb immer in erster Linie nach einem **Artikel** Ausschau und streiche in Gedanken alle Wörter durch, die danach folgen und auf die man verzichten könnte.

Beispiel *Sie hatte <u>ein</u> ~~auffallend helles, fröhliches und vor allem herzliches~~ <u>Lachen</u>.*

- **Artikelprobe**
  Nicht immer ist einem Nomen/nominalisierten Wort ein typisches Signalwort vorangestellt. Dann kannst du die Artikelprobe machen: Stelle probeweise einen **passenden Artikel oder ein anderes Signalwort** vor das Wort, das ein Nomen/nominalisiertes Wort sein könnte. Klingt der Satz dann noch sinnvoll, lagst du mit deiner Vermutung richtig und du musst das Wort großschreiben.

Beispiel *Luise liebt t/Tanzen.*
Artikelprobe: *Luise liebt <u>das</u> <u>Tanzen</u>.*
→ *Tanzen* wird hier als Nomen verwendet.

Um zu überprüfen, ob du ein Wort groß- oder kleinschreiben musst, kannst du folgende Rechtschreibstrategien anwenden:

Auf einen Blick

Groß- und Kleinschreibung – Rechtschreibstrategien	
Prüfe die Wortart	**Nomen** und **Eigennamen** schreibst du groß.
Achte auf Signalwörter	Signalwörter wie **das, zum, dein, dieses, viel, etwas** weisen auf Nomen und nominalisierte Wörter hin, die du großschreiben musst.
Führe die Artikelprobe durch	Lässt sich ein **Artikel vor das Wort** setzen, handelt es sich um ein Nomen oder ein nominalisiertes Wort. Dann musst du es großschreiben.
Achte auf typische Wortendungen	Endungen wie **-heit, -keit, -nis, -ung, -schaft, -tum, -ion, -ling** weisen auf Nomen hin. Wörter mit diesen Endungen werden deshalb großgeschrieben.

Übung 36

Groß oder klein? Bearbeite die folgenden Aufgaben.

1. Unterstreiche in den folgenden Sätzen die „unechten" Nomen und die Begleiter, die sie zu Nomen gemacht haben. Wenn es zwei Begleitwörter gibt, unterstreichst du beide.
   a) Nächsten Mittwoch muss ich das Turnen ausfallen lassen.
   b) Das Kleid steht dir wirklich gut! Vor allem das Grün passt zu dir.
   c) Beim Rechnen stellt sie sich sehr geschickt an.
   d) Nach langem Hin und Her ging sie endlich mit.

2. Schreibe folgenden Text in der richtigen Groß- und Kleinschreibung ab (→ Heft).

Berliner Zeitung **WIE MAN DATEIEN RICHTIG LÖSCHT**

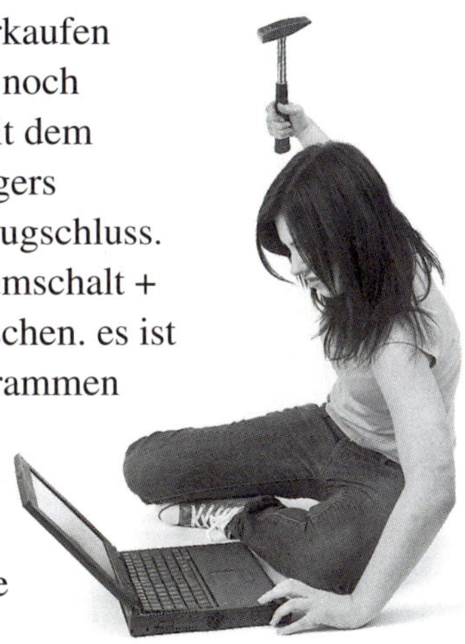

wenn anwender ihren rechner oder eine festplatte verkaufen oder entsorgen wollen, befinden sich in vielen fällen noch sensible daten auf dem gerät. viele nutzer denken, mit dem löschen der daten oder dem formatieren des datenträgers lassen sich alle persönlichen daten beseitigen – ein trugschluss. zwar können anwender mit der tastenkombination „umschalt + entf" daten ohne den umweg über den papierkorb löschen. es ist allerdings kein problem, diese daten mit spezialprogrammen wiederherzustellen. das liegt vor allem daran, dass windows beim normalen löschen nur das inhaltsverzeichnis entfernt, die daten aber erhalten bleiben. oder das betriebssystem löscht die einzelnen bereiche auf der festplatte, überschreibt diese aber nicht.
falls es kein zurück für die dateien geben soll, müssen anwender schwerere geschütze auffahren – entweder etwas umständlichere windows-bordmittel oder löschtools, die meist einfacher zu handhaben und kostenlos sind.

Quelle: dpa: Wie man Dateien richtig löscht, 10.01.2012. Im Internet unter: http://www.berliner-zeitung.de/digital/auf-nimmerwiedersehen-wie-man-dateien-richtig-loescht,10808718,11415320.html, aus didaktischen Gründen stellenweise gekürzt und geändert.

9.2 Getrennt- und Zusammenschreibung

Es ist nicht immer leicht zu entscheiden, ob zwei Wörter, die in einem Satz nebeneinanderstehen, getrennt oder zusammengeschrieben werden.

Zusammenschreibung

Merke dir diese Grundregel: **ein Ding = ein Wort**.
Wenn zwei Wörter zusammen ein und dieselbe Sache bezeichnen, müssen sie zusammengeschrieben werden. Sie bilden dann gemeinsam ein **zusammengesetztes Wort**.

Beispiele *Er besorgte sich vor der Reise Geld.*
→ Hier bezeichnen die Wörter *Reise* und *Geld* zwei verschiedene Dinge.
Vor der Abfahrt besorgte er sich noch Reisegeld.
→ Hier bezeichnen die Wörter *Reise* und *Geld* zusammen nur ein Ding.

Treffen diese Wortarten aufeinander, musst du sie meist **zusammenschreiben:**

Beispiele

- **Nomen + Nomen** *Stuhlbein, Arztpraxis, Haustür ...*
- **Nomen + Adjektiv** *stockdunkel, abbruchreif, rabenschwarz ...*
- **Nomen + Adverb** *landeinwärts, bergauf, flussabwärts ...*
- **Verb + Nomen** *Messbecher, Singspiel, Schneidbrett ...*
- **Adverb + Verb** *auseinanderbrechen, übereinanderstellen, darüberfahren ...*
- **Präposition + Verb** *aufspringen, mitmachen, nachlesen ...*

Tipp

Verben mit *zu* richtig schreiben
Das Wörtchen **zu**, das manchmal vor der Grundform von Verben steht, wird **in der Regel getrennt** vom Verb geschrieben. Manchmal **schiebt** sich das **zu** aber auch in die Grundform eines Verbs **hinein**; dann verschmilzt es mit dem Verb zu einem Wort.

Beispiele *Hast du etwas zu essen eingepackt?* Aber: *Ich versuche, die Tür aufzuschließen.*

Getrenntschreibung

Für die Getrenntschreibung kannst du dir folgende Regeln merken:

- **Verb + Verb**
  Beispiel *Tim und Tom wollen schreiben lernen.*
  Ausnahme: Wenn die beiden Verben zusammen **als Nomen verwendet** werden, musst du sie zusammenschreiben.
  Beispiel *Die zwei helfen sich beim (bei + dem) Schreibenlernen gegenseitig.*
- **Nomen + Verb**
  Beispiel *Sarah und Bert gehen Tischtennis spielen.*
  Ausnahme: Wenn die beiden Wörter zusammen **als Nomen verwendet** werden, musst du sie zusammenschreiben.
  Beispiel *Das Tischtennisspielen ist ihr größtes Hobby.*
  → *Tischtennis* und *spielen* werden zusammen als Nomen verwendet.

▸ Adjektiv + Verb

Steht nach einem Adjektiv ein Verb und **lässt sich** das **Adjektiv erweitern**, musst du die beiden Wörter in der Regel getrennt schreiben.

Beispiele

laut singen → lauter singen, schnell sprechen → schneller sprechen

Ausnahme: Wenn Adjektiv und Verb zusammen eine **besondere (übertragene) Bedeutung** haben, musst du sie zusammenschreiben.

Beispiele

schwarzfahren, krankschreiben

Tipp

Übertragene Bedeutung bei Adjektiven

Wenn du die **Adjektive erweitern** kannst, haben sie in der Regel ihre **wörtliche Bedeutung**. Dann schreibt man sie meist **getrennt**.

Lassen sie sich dagegen **nicht** mehr **erweitern**, ohne dass der Satz merkwürdig klingt, haben die Adjektive oft eine **übertragene Bedeutung**. Dann musst du sie mit dem nachfolgenden Wort **zusammenschreiben**.

Beispiel

Der Arzt möchte den Patienten krankschreiben.
→ Der Arzt kann den Patienten nicht „kränker schreiben".

Mit folgenden Proben kannst du feststellen, ob du etwas getrennt oder zusammenschreiben musst:

Auf einen Blick

Getrennt- und Zusammenschreibung – Rechtschreibstrategien	
Betonungsprobe	Achte auf die **Aussprache:** Gibt es bei zwei benachbarten Wörtern nur **eine Hauptbetonung**, handelt es sich um ein **zusammgesetztes Wort**, das du **zusammenschreiben** musst. Sind dagegen **zwei Betonungen** erkennbar – eine in jedem Wort –, musst du die Wörter **getrennt** schreiben.
Bedeutungsprobe	Durch die Zusammenschreibung kann auch ein **Bedeutungsunterschied** entstehen. Dann verlieren die Wörter ihre ursprüngliche Bedeutung und erhalten eine **neue, übertragene Bedeutung**.

Hinweis: Im Zweifelsfall orientierst du dich an der **Betonung**. Achte darauf, dass du die Wörter in ihrem **Satzzusammenhang** aussprichst.

Beispiele

Den Freistoß muss man wirklich kürzer treten.
→ **zwei** Hauptbetonungen → **wörtliche** Bedeutung

Du wirkst gestresst, du solltest wirklich kürzertreten.
→ **eine** Hauptbetonung → **übertragene** Bedeutung (= weniger arbeiten)

Der Sturz war nicht schlimm, ich bin nur leicht gefallen.
→ **zwei** Hauptbetonungen → **wörtliche** Bedeutung

Thea ist die Mathearbeit leichtgefallen.
→ **eine** Hauptbetonung → **übertragene** Bedeutung (= hat keine Mühe bereitet)

Übung 37

Getrennt oder zusammen? Bearbeite die folgenden Aufgaben.

1. Begründe die Schreibweise der kursiv gedruckten Wörter, indem du jeweils die Hauptbetonungen unterstreichst.
   a) Wenn du gut lernst, wird dir der Test *leichtfallen*.
   b) Ich denke, wir werden miteinander *zurechtkommen*.
   c) Wo ist hier der *Notausgang*?
   d) Er war von der Sonne *braun gebrannt*.
   e) Auf der Bühne musst du *deutlich sprechen*.

2. Prüfe, ob die folgenden Aussagen eine wörtliche oder eine übertragene Bedeutung haben. Streiche jeweils die falsche Schreibweise durch.
   a) Thomas will immer alles *schön reden / schönreden*.
   b) Maria kann *schnell laufen / schnelllaufen*.
   c) Costa lässt sich für morgen *krank schreiben / krankschreiben*.
   d) Ich möchte nicht *schwarz fahren / schwarzfahren*.

3. Streiche im folgenden Text jeweils die falsche Schreibweise durch.

Falscher Alarm

Ein starkbetrunkener / stark betrunkener Mann legte sich vergangenes Wochenende / Wochen Ende mit der Feuerwehr / Feuer Wehr an. Er hatte die Einsatzleitung / Einsatz Leitung wegen eines Brandes in seiner Wohnung alarmiert. Als sich die Beamten dem Haus näherten, konnten sie schon von Weitem Rauch aus der Wohnung quellensehen / quellen sehen. Doch der Mann hatte es mit den Löscharbeiten / Lösch Arbeiten nicht eilig. Amüsiert beobachtete er die Mieter, die in Panik aus dem Haus rannten, um sich über sie lustigzumachen / lustig zu machen. Den Beamten verweigerte er den Zutritt zu seiner Wohnung. Weil diese der Ansicht waren, dass sie ein Feuer löschenmüssten / löschen müssten, versuchten sie ihn zur Seite zuschieben / zu schieben. Erst mithilfe mehrerer Polizisten, die gerufenwurden / gerufen wurden, konnte der Betrunkene schließlich überwältigtwerden / überwältigt werden.

Am Ende stellte sich heraus, dass es sich bei dem Mann um einen Diskothekenbesitzer / Diskotheken Besitzer handelte. Dieser hatte es den Mietern heimzahlen / Heim zahlen wollen, indem er ihnen einen Schreck einjagte. Zu diesem Zweck hatte er die neue Nebelmaschine / Nebel Maschine seines Klubs in der Wohnung aufgebaut und sie auf höchster Stufe laufen lassen.

Als Motiv gab der Mann an, sich über die zahllosen / Zahl losen Beschwerden der Mieter über laute Musik aus seiner Diskothek geärgertzuhaben / geärgert zu haben.

9.3 Auslautverhärtung (b/p, d/t, g/k)

Wenn du unsicher bist, ob du ein Wort am Ende mit **b** oder **p**, **d** oder **t**, **g** oder **k** schreiben musst, **verlängerst** du es zur Probe. Dann steht der betreffende Konsonant nicht mehr am Wortende und du kannst hören, wie er geschrieben wird.
Je nach Wortart gibt es unterschiedliche Möglichkeiten zur Wortverlängerung:

- Bei **Adjektiven** bildest du die **Steigerungsform**.
  plump – plumper, traurig – trauriger — Beispiele
- Bei **Nomen** bildest du die **Mehrzahl**.
  Geld – Gelder, Macht – Mächte, Sieb – Siebe — Beispiele
- Bei **Verben** bildest du die **Grundform**.
  er grub – graben, sie log – lügen, er lud … auf – aufladen — Beispiele

Manchmal ist es **nicht möglich** ein Wort zu **verlängern**. Dann leitest du die Schreibung von anderen Wörtern der gleichen **Wortfamilie** ab, in denen der Konsonant in der Wortmitte steht.

Lob – loben, Gold – golden, Gestank – stinken — Beispiele

Auf einen Blick

b/p, g/k, d/t – Rechtschreibstrategien	
Verlängere das Wort	Bilde bei Adjektiven die **Steigerungsform**, bei Nomen die **Mehrzahl** und bei Verben die **Grundform**.
Suche verwandte Wörter	Bei Wörtern, die sich **nicht verlängern** lassen, leitest du die Schreibung von verwandten Wörtern ab, bei denen dieser Konsonant nicht am Ende einer Silbe steht.

Übung 38

Begründe die Schreibweise der Wörter, indem du die verschiedenen Rechtschreibstrategien anwendest.

1. Wende die Verlängerungsprobe an und trage dann den richtigen Buchstaben ein: **b** oder **p**, **d** oder **t**, **g** oder **k**.

   a) kran___ ____________ b) Ber___ ____________
   c) Her___ ____________ d) run___ ____________
   e) Wir___ ____________ f) Kor___ ____________
   g) Ty___ ____________ h) er berä___ ____________

2. Werden folgende Wörter am Ende mit **d** oder **t** geschrieben? Trage den richtigen Buchstaben ein und begründe deine Wahl, indem du ein verwandtes Wort notierst, bei dem das **d/t** nicht am Ende einer Silbe steht.

   a) Schul___ ________________________
   b) Blu___ ________________________
   c) Mu___ ________________________
   d) San___ ________________________

9.4 Gleichklingende Laute (e/ä, eu/äu)

Wenn du unsicher bist, ob du in einem Wort **e** oder **ä** beziehungsweise **eu** oder **äu** schreiben musst, bildest du zur Probe die Grundform:

- Bei **Adjektiven** bildest du die nicht **gesteigerte Form**.

Beispiele: *stärker – stark, gelber – gelb, abscheulicher – abscheulich*

- Bei **Nomen** bildest du die **Einzahl**.

Beispiele: *Gäste – Gast, Pferde – Pferd, Läuse – Laus, Dächer – Dach*

- Bei **Verben** bildest du die **Grundform**.

Beispiele: *rennt – rennen, leuchtet – leuchten, läuft – laufen*

Hinweis: Wenn du in der Grundform deutlich ein a bzw. au hörst, schreibst du ä/äu. Bleibt die Aussprache in der Grundform gleich (z. B. feuchter – feucht), dann schreibst du e bzw. eu.

Wenn dir die Grundform nicht weiterhilft, suchst du nach einem **verwandten Wort**. So kannst du trotzdem die richtige Schreibung ermitteln.

Beispiele: *Räuber – rauben, jährlich – Jahr*

Wenn du also die richtige Schreibung mit **e/ä** bzw. **eu/äu** ermitteln möchtest, kannst du folgende Rechtschreibstrategien anwenden:

Auf einen Blick

e/ä, eu/äu **– Rechtschreibstrategien**	
Bilde die Grundform	Bei gesteigerten Adjektiven bildest du die **Grundform**, bei Nomen in der Mehrzahl bildest du die **Einzahl** und bei gebeugten Verben die **Grundform**.
Suche verwandte Wörter	Wenn dir die **Grundform nicht weiterhilft**, suchst du nach einem **verwandten Wort**, dessen Schreibung du sicher kennst.

Übung 39

1. **e** oder **ä**? **eu** oder **äu**? Wende die Grundformprobe an.

a) die H____ser ______________ b) k____lter ______________

c) die D____cken ______________ d) die B____len ______________

e) er schl____ft ______________ f) die Br____che ______________

g) die R____nder ______________ h) schl____chter ______________

2. Leite die Schreibung der folgenden Wörter anhand von verwandten Wörtern ab. Schreibe die verwandten Wörter jeweils in Klammern hinter das Wort.

a) Er ist m____chtig (______________) und sehr bed____tsam (______________).

b) T____res (______________) muss nicht b____sser (______________) sein.

c) Er lag b____chlings (______________) auf dem Sofa.

d) Der pr____chtige (______________) Wolf h____lte (______________) laut.

9.5 Doppelkonsonanten

Ob du einen **einfachen** oder einen **doppelten Konsonanten** setzen musst, kannst du daraus ableiten, ob du einen **langen** oder **kurzen Vokal** hörst.

- **Langer Vokal → einzelner Konsonant**
  Wenn ein betonter Vokal lang gesprochen wird, folgt in der Regel nur ein einzelner Konsonant. Auch Diphthonge (Zweilaute) werden lang gesprochen.

  Beispiele: *Hase, Feder, beladen, kraulen, Säule*

- **Kurzer Vokal → zwei oder mehr Konsonanten**
  Wenn ein betonter Vokal kurz gesprochen wird, folgen unmittelbar danach zwei oder mehr Konsonanten.

  Beispiele: *Kerze, finster, spalten, dunkel, Wolke*

- **Kurzer Vokal + nur ein Konsonant hörbar → Doppelkonsonant**
  Hörst du nach einem betonten, kurz gesprochenen Vokal nur einen einzelnen Konsonanten, verdoppelst du ihn beim Schreiben.

  Beispiele: *schwimmen, Wasser, Welle, Sonne, Mutter*

Tipp

> **Nach Silben trennen**
> Wenn es dir schwerfällt, zu hören, ob ein Vokal lang oder kurz ist, dann kann es dir helfen, das **Wort nach Silben zu trennen**. Gehört der Konsonant **zum Ende** der vorangehenden Silbe und **zum Anfang** der nächsten Silbe, schreibt man einen **Doppelkonsonanten**.

Beispiele: *Don-ner, Wet-ter, wis-sen*

- **Einsilbige Wörter verlängern**
  Einsilbige Wörter, die auf einen Konsonanten enden, verlängerst du, um festzustellen, ob du einen Doppelkonsonanten schreiben musst.

  Beispiele: *das Schiff* – Plural: *die Schif-fe*, *knapp* – Steigerung: *knap-per*,
  er will – Grundform: *wol-len*

- **Nach verwandten Wörtern suchen**
  Manchmal hilft dir die **Wortfamilie**, den **Doppelkonsonanten** zu erkennen.

  Beispiele: *ihr wisst – wis-sen, Kennzeichen – ken-nen, gefüllt – fül-len*

Rechtschreibregeln zu tz und ck

Die Konsonanten **k** und **z** werden **nicht verdoppelt**. Hörst du nach einem kurzen, betonten Vokal die Konsonanten **k** oder **z**, schreibst du stattdessen **ck** oder **tz** (Ausnahme: Wörter, die ursprünglich aus einer anderen Sprache stammen, z. B. **Pizza** oder **Sakko**).

Beispiele: *Satz, schützen, Ticket, zucken*

Zu **ck** gibt es eine weitere Besonderheit: Anders als „normale" Doppelkonsonanten wird **ck** nicht getrennt. Es rückt bei der Silbentrennung als Buchstabenpaar vereint an den Anfang der nächsten Silbe.

Beispiele: *Ti-cket, zu-cken*

Hinweis: Für diese Konsonantenpaare gibt es noch eine Spezialregel. Sie lautet: **Nach l, n, r** – das merke ja – steht **nie tz** und **nie ck!**

Beispiele

Wolke, Enkel, Arznei, Arzt

Auf einen Blick

Doppelkonsonanten – Rechtschreibstrategien	
Untersuche die Vokallänge	Einen **Doppelkonsonanten** schreibst du, wenn du nach einem kurzen, betonten Vokal nur einen **einzelnen Konsonanten hörst**.
Trenne nach Silben	Gehört der Konsonant sowohl zur ersten als auch zur zweiten Silbe, musst du ihn **verdoppeln**.
Suche verwandte Wörter	Die Schreibung mit doppeltem oder einfachem Konsonant lässt sich auch von **verwandten Wörtern** ableiten, deren Schreibung du sicher kennst.

Übung 40

Einzel- oder Doppelkonsonant? Bearbeite die folgenden Aufgaben.

1. Trage einen Einzel- oder einen Doppelkonsonanten in die Lücken ein.
   a) An Ostern kommt der Osterha____e.
   b) Das Gegenteil von „lieben“ ist „ha____en“.
   c) Zum Schlafen legt man sich in ein Be____.
   d) Religiöse Menschen be____en, wenn sie Sorgen haben.
   e) Wenn es regnet, werden die Menschen na____.
   f) Die Na____e ist das Sinnesorgan, mit dem wir Gerüche wahrnehmen.

2. Begründe die Schreibung der fett gedruckten Wörter mit Doppelkonsonant. Suche zur Begründung nach einem zweisilbigen Wort, in dem der Konsonant genau zwischen zwei Silben steht, und schreibe es in die rechte Spalte.
   a) Der Hund **bellt** laut. ____________________
   b) Er ist nicht **dumm**. ____________________
   c) Du **musst** mir helfen. ____________________
   d) Wir brauchen ein **Brett**. ____________________
   e) So ein **Unsinn**. ____________________

3. Trage ein: **k** oder **ck**?

   Win____el, Ban____, Schre____, La____, pa____en, par____en, le____er, Le____, we____en, Ste____er, dun____el, De____e, Schrän____e, Bal____en, wa____eln

4. Trage ein: **z** oder **tz**?

   Her____, tan____en, win____ig, wi____ig, Ker____e, ran____ig, Pel____, spi____, Mü____e, Kra____er, pe____en, wür____ig, Schmu____, Verle____ung, Pil____

9.6 s-Laute (s/ss/ß)

Die Schreibweise von s-Lauten hängt von zweierlei ab: von der **Länge des vorangehenden Vokals** und von der **Aussprache des s-Lauts**.

Ein s-Laut kann stimmhaft oder stimmlos ausgesprochen werden. Wenn du einen s-Laut **stimmhaft** aussprichst, hört er sich **weich** an, so ähnlich wie das Summen einer **Biene**.

Sprichst du ihn dagegen **stimmlos** aus, dann klingt er **scharf** wie das Zischen einer **Schlange**.

Tipp

Weiche und scharfe s-Laute unterscheiden
Wenn du nicht sicher bist, ob ein s-Laut stimmhaft oder stimmlos gesprochen wird, kannst du die **Handprobe** machen: Lege die Hand vorn um deinen Hals und sprich das Wort **laut** aus.
Ist der s-Laut **stimmhaft**, vibrieren deine Stimmbänder – und das kannst du **fühlen**!
Solltest du mit der Hand **nichts fühlen**, ist der s-Laut **stimmlos**.

Hinweis: In Süddeutschland machen einige Menschen keinen Unterschied zwischen stimmhaften und stimmlosen s-Lauten, weil sie so gut wie **alle s-Laute stimmlos** aussprechen. Solltest du dazugehören, hilft nur eines: Du musst die Schreibweise der Wörter auswendig lernen.

Für die Schreibweise der s-Laute gelten folgende Regeln:

- **s:** Einfaches **s** schreibst du, wenn das **s stimmhaft** ist.

  Beispiele: *Hose, Besen, reisen, lesen*

- **ß:** Scharfes **ß** schreibst du, wenn der s-Laut **stimmlos** ist **und nach** einem **langen Vokal** steht.

  Beispiele: *Süßigkeiten, reißen, stoßen, gießen*

- **ss:** Doppel-s schreibst du, wenn der s-Laut **stimmlos** ist **und nach** einem **kurzen Vokal** steht.

  Beispiele: *Tasse, Messer, fassen, essen*

Hinweis: Eine Ausnahme bilden kleine Wörter wie **es**, **des**, **was** und Wörter mit den Endungen -**nis** (Hindernis), -**mus** (Mechanismus) und -**os** (Kosmos). Aber Achtung: Die Pluralform von Nomen, die mit -**nis** enden, bekommt doch ein Doppel-s (Hindernisse).

Tipp

Stimmhaftigkeit bei s-Lauten am Wortende erkennen
Am **Wortende** klingt **jeder s-Laut scharf**. Deshalb musst du in diesem Fall das Wort zuerst **verlängern**, bevor du den Klang prüfen kannst. Lässt sich das Wort nicht verlängern, suchst du nach einem **verwandten Wort**.

Beispiel

Bei *Laus* hört man nach einem langen Vokal ein stimmloses **s** und müsste eigentlich **ß** schreiben. Die Verlängerungsprobe zeigt aber, dass das **s** in Wahrheit **stimmhaft** ist: *Laus* → *Läuse*.

Übung 41

s, ss oder ß? Bearbeite die folgenden Aufgaben

1. Prüfe in den folgenden Wörtern zuerst die Stimmhaftigkeit. Danach bestimmst du die Vokallänge und trägst anschließend die richtige Schreibung ein.

Wie schreibt man …	s-Laut		Vokallänge		So schreibt man …
	weich	scharf	lang	kurz	
le ? en	☒	☐	☒	☐	*lesen*
fre ? en	☐	☐	☐	☐	
wi ? en	☐	☐	☐	☐	
drau ? en	☐	☐	☐	☐	
brau ? en	☐	☐	☐	☐	
Bu ? e	☐	☐	☐	☐	

2. Überprüfe zuerst die Stimmhaftigkeit, indem du die Wörter verlängerst, und entscheide dich dann für die richtige Schreibung.

   a) Fu *ß* *Füße → s-Laut bleibt scharf + Vokal ist lang*

   b) hei____ ____________________

   c) Hau____ ____________________

   d) na____ ____________________

9.7 i-Laute (i/ie)

Achte beim Schreiben eines i-Lauts auf dessen **Länge**. Grundsätzlich schreibt man den **langen** i-Laut mit **ie**, den **kurzen** mit **i**.

Beispiele *Riese, Miete, lieben, tief, Riss, Bitte, windig, sitzen*

Hinweis: Bei einigen Wörtern schreibt man den langen i-Laut nur mit **i**. Das gilt vor allem für **Wörter**, die ursprünglich aus einer **anderen Sprache** stammen, trifft aber auch für einzelne deutsche Wörter zu.

Beispiele *Maschine, Mandarine, Lawine, Biber, Igel, Brise*

Übung 42

Setze jeweils passend **i** und **ie** ein.

a) Tanja b____tet ihren Gästen selbst gebackenen Kuchen an.

b) Würdest du b____tte das Fenster schl____ßen?

c) Marcel kaut nervös auf seiner L____ppe.

d) Das prächtige Sch____ff fuhr mit geblähten Segeln auf das Meer hinaus.

e) Hätte ich keine Zahnspange gehabt, hätte ich z____mlich sch____fe Zähne.

f) Fulda l____gt m____tten in Deutschland.

9.8 Silbentrennendes h und Dehnungs-h

In manchen Wörtern wird ein **h** eingefügt. Dieses kann entweder ein **silbentrennendes h** oder ein **Dehnungs-h** sein.

Dehnungs-h

In einigen Wörtern setzt man ein Dehnungs-h, um einen **lang gesprochenen Vokal** zu kennzeichnen. Das ist allerdings nur der Fall, wenn unmittelbar danach einer dieser Konsonanten folgt: **l**, **m**, **n**, **r**. Das Dehnungs-h bleibt in allen Wörtern aus der gleichen **Wortfamilie** erhalten.

Fehler, lahm, dehnen, ehrlich Beispiele

Es gibt aber sehr **viele Ausnahmen**. Ein nachfolgendes **l**, **m**, **n** oder **r** ist keine Garantie dafür, dass ein Dehnungs-h vorausgeht. Deshalb musst du die Wörter mit Dehnungs-h als **Merkwörter** lernen.

mal, Gnom, Ton, Bär Beispiele

Tipp

Die Regel zum Dehnungs-h richtig einsetzen
Wegen der vielen Ausnahmen ist die Regel zum Dehnungs-h mit Vorsicht zu genießen. Trotzdem ist es hilfreich, zu wissen, dass das Dehnungs-h nur vor **l**, **m**, **n**, **r** stehen kann. So weiß man nämlich, dass es vor allen anderen Konsonanten **auf gar keinen Fall** stehen kann.

Rabe, Nudel, Hof, Regen, beten, ewig, lesen Beispiele

Übung 43

Mit oder ohne Dehnungs-h? Finde je ein verwandtes Wort zu folgenden Wörtern und streiche dann die jeweils falsche Schreibweise durch.

a) Lehrling / Lerling ______________________

b) Prohbe / Probe ______________________

c) Belohnung / Belonung ______________________

d) Zahltag / Zaltag ______________________

e) abfehdern / abfedern ______________________

f) Mahnung / Manung ______________________

Silbentrennendes h

Das silbentrennende h markiert den **Anfang einer neuen Silbe**, wenn direkt auf einen langen Vokal ein kurzer Vokal zu hören ist. Um zu erkennen, ob du ein silbentrennendes h einfügen musst, solltest du das Wort **nach Silben trennen**.

ge-hen, Mü-he, Tru-he, na-he Beispiele

Das silbentrennende h bleibt bei Wörtern aus derselben **Wortfamilie** erhalten. Bei einsilbigen Wörtern kannst du das Wort **verlängern** oder nach einem **verwandten zweisilbigen Wort** suchen, um das silbentrennende h zu erkennen.

Beispiele

Kuh – Plural: *Kü-he*
roh – Steigerung: *ro-her*
geht – Grundform: *ge-hen*
mühsam – verwandtes Wort: *Mü-he*

Auf einen **Zweilaut** (au, äu, eu, ei, ai) folgt **kein silbentrennendes h**.

Beispiele

Bau-er, ver-täu-en, freu-en, Fei-er

Um festzustellen, ob du in einem Wort ein **h** einfügen musst, helfen dir folgende Rechtschreibstrategien:

Auf einen Blick

Silbentrennendes h und Dehnungs-h – Rechtschreibstrategien	
Merkwörter	Wörter mit **Dehnungs-h** musst du **auswendig** lernen.
Suche verwandte Wörter	**Dehnungs-h** und **silbentrennendes h** bleiben in Wörtern der gleichen Wortfamilie erhalten. Wenn du also die Schreibung eines **verwandten Wortes** sicher weißt, kannst du die richtige Schreibweise ableiten.
Trenne nach Silben	Wenn auf einen **langen Vokal** ein **kurzer** folgt, musst du meist ein **silbentrennendes h** einfügen, um den Beginn der neuen Silbe zu kennzeichnen.
Verlängere das Wort	Wenn sich das Wort verlängern lässt, wird es **zweisilbig** und du kannst erkennen, ob es ein **silbentrennendes h** enthält.

Übung 44

Aufgaben

1. Begründe die Schreibung der folgenden Verben mit silbentrennendem h, indem du die Silbengrenze mit | markierst.

   sehen, krähen, fliehen, blühen, nähen, leihen, glühen, stehen, ruhen

2. Verlängere die folgenden Wörter, um zu zeigen, dass es sich bei dem **h** um ein silbentrennendes h handelt. Markiere in der verlängerten Form die Grenze zwischen den Silben mit |.

   a) Floh ______________ b) Zeh ______________
   c) er droht ______________ d) nah ______________
   e) Schuh ______________ f) froh ______________

3. Begründe die Schreibung der folgenden Wörter mit silbentrennendem h, indem du ein verwandtes Wort suchst und dieses dann nach Silben trennst.

   a) Dre**h**scheibe ______________________________
   b) Glü**h**birne ______________________________
   c) mü**h**sam ______________________________
   d) Wei**h**nachten ______________________________

9.9 Grundregeln der Zeichensetzung: Kommas richtig setzen

Viele Leute geben zu, dass sie Kommas meist nicht nach bestimmten Regeln setzen, sondern eher „nach Gefühl“ – und das führt dann oft dazu, dass sie die Kommas falsch setzen. Deshalb erhältst du hier eine Übersicht über die wichtigsten Kommaregeln.

Komma bei Aufzählungen

Das Komma trennt die einzelnen **Glieder von Aufzählungen**. Die Wörter *und*, *oder* und *sowie* ersetzen das **Komma**, das dann **entfällt**. Aufzählungen können bestehen aus:

- **Einzelwörtern**
  Für seine Reise zum Südpol packte Erin Pullover, Daunenjacken, Fellstiefel **und** *Handschuhe ein.*
- **Wortgruppen**
  Schon vor Tagen hatte er seine Bücher, das Smartphone, eine starke Taschenlampe **sowie** *eine Packung Batterien in den Koffer gepackt.*
- **ganzen Sätzen**
  Erin stieg in den Flughafenbus, der Fahrer nickte ihm freundlich zu **und** *sie fuhren nonstop zum Flughafen.*

Komma als Markierung von Gegensätzen

Das Komma trennt Einzelwörter, Wortgruppen oder Sätze, mit denen ein **Gegensatz** zum Ausdruck gebracht wird. Gegensätze erkennst du an **Konjunktionen** wie *aber*, *doch* und *sondern*.

Beispiele

Das Essen war lecker, **aber** *kalt.*
Tobias fährt dieses Jahr nicht nach Spanien, **sondern** *an die Algarve.*
Das Wetter ist heute zwar schön, **doch** *Annika bleibt lieber zu Hause.*

Hinweis: *Aber* und *doch* können auch **Füllwörter** sein, die keinen Gegensatz, sondern eher eine Art Erstaunen ausdrücken. Prüfe daher, ob du *aber/doch* weglassen kannst, bevor du ein Komma setzt.

Beispiele

Die Hecke ist (aber) im letzten Jahr gewachsen!
Du bist (doch) verrückt!

Komma als Kennzeichen von Satzgrenzen

- **Hauptsatz + Hauptsatz**
  Hauptsätze, die wie bei einer Aufzählung aufeinanderfolgen, werden durch **Punkt** getrennt. Wenn man die **Satzgrenze nicht** so stark **hervorheben** will, kann man auch ein Komma setzen.

Beispiele

Sven lief in den Garten hinaus, *denn dort warteten seine Freunde.*
Gestern regnete es in Strömen, *niemand badete im See.*

- **Hauptsatz + Nebensatz**

  Haupt- und Nebensätze, die zusammen ein Satzgefüge bilden, werden **grundsätzlich** durch Komma voneinander getrennt. Dabei spielt es keine Rolle, ob der Nebensatz dem Hauptsatz folgt oder umgekehrt. Ist der Nebensatz in den Hauptsatz **eingeschoben**, musst du ein Komma vor und nach dem Nebensatz setzen.

Beispiele

Tobi wollte unbedingt nach Disneyland, *als er mit seinen Eltern in Frankreich war.*
Obwohl die Eltern nicht begeistert waren, *erfüllten sie Tobis Wunsch.*
Dann genossen alle drei diesen Tag, *der leider viel zu schnell zu Ende ging*, *sehr.*

Tipp

Haupt- und Nebensätze lassen sich am besten an der **Position des gebeugten Verbs** unterscheiden. Steht das Verb am Satzanfang (als **erstes** oder **zweites Satzglied**), liegt ein **Hauptsatz** vor. Steht das gebeugte Verb **am Satzende**, handelt es sich um einen **Nebensatz**.

Übung 45

Füge im folgenden Text die fehlenden Kommas ein und notiere am Rand die passende Begründung:
Aufzählung / Gegensatz / Hauptsatz + Hauptsatz / Hauptsatz + Nebensatz
Hinweis: Berücksichtige die Reihenfolge von Hauptsatz und Nebensatz.

Was Hotelgäste auf dem Zimmer vergessen

Dass ein Hotelgast etwas im Hotelzimmer liegen lässt ist nichts Neues. Eine britische Hotelkette hat jetzt eine Liste mit den verrücktesten Fundstücken veröffentlicht.

Gäste ihrer Hotels vergaßen unter anderem eine Urne mit sterblichen Überresten einen Hamster namens Frederick die Schlüssel zu einem Ferrari 458 und einen Koffer voller pinkfarbener Büstenhalter. Den Vogel abgeschossen hat aber ein Paar das sein 18 Monate altes Baby zurückließ. Als die beiden sich auf den Weg zu einer Hochzeit machten dachte jeder von ihnen der andere hätte das Kind schon ins Auto gepackt obwohl es noch im Hotelzimmer in seinem Bettchen lag.

Die häufigsten Fundstücke in Hotelzimmern sind allerdings nicht so spannend sondern eher langweilig. Auf Platz eins stehen Ladegeräte für Handys oder Laptops Platz zwei wird von Schlafanzügen belegt die oft im Hotelbett liegen bleiben. Auf Platz drei kommen Teddybären sie werden oft von Kindern vergessen. Sehr häufig bleiben außerdem Kulturbeutel Kämme Bücher und elektrische Zahnbürsten auf den Hotelzimmern liegen.

Übung 46

Im folgenden Text hat sich der Schreiber beim Setzen von Kommas an Sprechpausen orientiert. Deshalb sind ihm zehn Kommafehler unterlaufen.
Kreise im Text alle richtig gesetzten Kommas grün ein und alle falsch gesetzten rot.

Hinweis: Du weißt, in welchen Fällen du ein Komma setzen musst. Es gibt aber auch noch eine **Anti-Komma-Regel**. Sie besagt, dass Satzglieder nicht durch Komma vom Satz abgetrennt werden dürfen. Du solltest dich deshalb nicht an Sprechpausen orientieren, sondern auf die Satzkonstruktion achten.

Im Westen sieht es schlecht aus mit der Ganztagsbetreuung

Die Ganztagsbetreuung für Grundschüler, ist in vielen Bundesländern unzureichend und weist große Qualitätsdefizite[1] auf. Wohin soll das Kind gehen, wenn die Schule aus ist? Diese Frage treibt viele Eltern um, wenn ihr Sprössling in die Grundschule kommt.

Denn während im Vorschulalter das Betreuungsangebot auch am Nachmittag heute bundesweit ausreicht, sieht es in den Lebensjahren danach vielerorts düster aus. Vor allem im Westen, fehlt es häufig an einer Ganztagsbetreuung. Inzwischen wird ein Ausbau, auch von der Wirtschaft dringend angemahnt. So soll Eltern die Vereinbarkeit von Familie und Beruf, ermöglicht werden.

Die Qualität der freiwilligen Nachmittagsangebote, ist auch oft unzureichend. Denn die Hälfte der Bundesländer, legt für die Angebote am Nachmittag keine Qualitätsstandards fest. Bei einer schlechten Betreuungssituation, hat eine Ganztagsschule sogar negative Effekte auf die Entwicklung der Kinder.

Anders ist die Lage bei den Horten, wo es im Regelfall gesetzliche Mindeststandards für die Qualifikation des Personals und die Gruppengrößen gibt. Auch ermöglichen die Öffnungszeiten, eine bessere Vereinbarkeit von Familie und Beruf.

Denn im Regelfall, sind die Horte an vier bis fünf Tagen in der Woche mindestens bis 17 Uhr geöffnet. Außerdem müssen Horte im Gegensatz zu den Ganztagsschulen, grundsätzlich eine Ferienbetreuung anbieten.

Quelle: Dorothea Siems: Westen sieht bei Ganztagsbetreuung schlecht aus, 19. 12. 11. Im Internet unter: http://www.welt.de/politik/deutschland/article13774766/Im-Sueden-sieht-es-schlecht-aus-mit-Ganztagsbetreuung.html, aus didaktischen Gründen stellenweise gekürzt und leicht geändert.

Kompetenz Sprachwissen und Sprachbewusstsein

10 Grammatisches Grundwissen

10.1 Wortarten erkennen

Wörter sind das „Rohmaterial" der Sprache. Aufgrund von Gemeinsamkeiten kann man sie verschiedenen **Gruppen** zuordnen, die man als Wortarten bezeichnet. Man unterscheidet zwischen **veränderbaren** und **unveränderbaren** Wortarten.

Veränderbare Wortarten

Fünf Wortarten können je nach Verwendung ihre Form verändern. Das heißt, ihnen wird in einem Satz z. B. eine Personalendung angehängt, sie können in die vier Fälle gesetzt werden oder sie stehen in der Einzahl oder Mehrzahl. Man nennt diese Wortarten die **veränderbaren Wortarten**.

Nomen

- Nomen (Hauptwörter) bezeichnen **Lebewesen** und **Dinge**. Einige Dinge kann man sich nur denken, denn man kann sie weder sehen noch anfassen.
  Beispiele: *Sonnenblume, Freunde, Tisch, Stuhl, Idee, Wut*
- Nomen ändern sich je nach Numerus (Anzahl) und Kasus (Fall):
  Numerus: Singular (Einzahl) – Plural (Mehrzahl):
  Beispiele: *Freund – Freunde, Stuhl – Stühle*
  Kasus: Nominativ – Genitiv – Dativ – Akkusativ
  Beispiele: *der Freund – des Freundes – dem Freund – den Freund*

Tipp

Die vier Fälle (Kasus) unterscheiden
Im Deutschen gibt es vier Fälle (Kasus). Du kannst sie anhand folgender **Fragen** ermitteln:
- Nominativ (1. Fall): Der schwarze Hund bellt. — **Wer/Was** bellt? – Der schwarze Hund
- Genitiv (2. Fall): Der Bart des Mannes ist rot. — **Wessen** Bart? – (Der) des Mannes
- Dativ (3. Fall): Linus hilft seiner Mutter. — **Wem** hilft Linus? – Seiner Mutter
- Akkusativ (4. Fall): Carlos trägt seinen Sohn. — **Wen/Was** trägt Carlos? – Seinen Sohn

Verb

- Verben (Tuwörter/Tätigkeitswörter) beschreiben **Handlungen** oder **Zustände**.
  Beispiele: *laufen, greifen, lesen, sein, liegen, bleiben*
- Verben ändern sich z. B. je nach Person, Tempus (Zeitform) oder Modus (Indikativ, Konjunktiv, Imperativ).
  Person: 1. Person – 2. Person – 3. Person
  Beispiele: *ich lache/wir lachen – du lachst/ihr lacht – er lacht/sie lachen*

Tempus: Es gibt sechs verschiedene Zeitformen:

Fachbegriff	deutscher Begriff	Beispiel
Präsens	Gegenwart	wir lachen
Präteritum	Vergangenheit	wir lachten
Perfekt	vollendete Gegenwart	wir haben gelacht
Plusquamperfekt	vollendete Vergangenheit	wir hatten gelacht
Futur I	Zukunft	wir werden lachen
Futur II	vollendete Zukunft	wir werden gelacht haben

Modus: Der Modus gibt an, für wie wahrscheinlich ein Sprecher den Inhalt einer Aussage hält.

Fachbegriff	deutscher Begriff	Beispiel
Indikativ	Tatsachenform	Sie kommt.
Konjunktiv I	Möglichkeitsform	Sie hat gesagt, sie komme.
Konjunktiv II	Unmöglichkeitsform	Sie käme, wenn sie könnte.
Imperativ	Befehlsform	Komm!

Adjektiv

- Adjektive (Wiewörter/Eigenschaftswörter) geben Auskunft über **Eigenschaften**. Sie sagen etwas darüber aus, wie jemand/etwas ist.

  Beispiele *groß, rot, müde, dünn, freundlich, bunt*

- Adjektive ändern sich je nach **Steigerung**, **Genus** (Geschlecht) und **Kasus**.
  Steigerung: Positiv (Grundform), Komparativ, Superlativ

  Beispiele *groß – größer – am größten, dünn – dünner – am dünnsten*

  Genus: Maskulinum (männlich), Femininum (weiblich), Neutrum (sächlich)

  Beispiele *ein großer Hut – eine große Frau – ein großes Haus*

Artikel

- Artikel sind **Begleiter** von Nomen. Man unterscheidet zwischen **bestimmten** (der, die, das) und **unbestimmten** (ein, eine) Artikeln.

  Beispiele *der Mann, die Katze, das Haus, ein Mann, eine Katze, ein Haus*

- Artikel verändern sich je nach **Numerus** und **Kasus**.

  Beispiele *der Mann: die Männer (Plural), des Mannes (Genitiv), dem Mann (Dativ)*

Pronomen

- Es gibt viele verschiedene Arten von Pronomen. Sie können **Stellvertreter** oder **Begleiter** eines Nomens sein.

  Beispiele *ich, ihr, mein, dein, unser, euer, jemand, dieser, keiner*
  Stellvertreter: *Ich habe ihr etwas erzählt.* (**ihr** könnte z. B. für **Sabine** stehen)
  Begleiter: *Man kann diesen Leuten nicht helfen.* (**diesen** begleitet **Leuten**)

- Pronomen verändern sich je nach **Numerus** und **Kasus**.

Unveränderbare Wortarten

Die übrigen Wortarten bleiben immer unverändert. Die drei wichtigsten sind:

Adverb

- Adverbien geben Zusatzinformationen über die **genaueren Umstände** einer Handlung, z. B. über den **Ort** (Wo? Wohin? Woher?), die **Zeit** (Wann? Seit wann? Wie lange?), die **Art und Weise** (Wie?) oder den **Grund** (Warum?).

hier, oben, jetzt, bald, gern, vergebens, ausnahmsweise, deinetwegen — Beispiele

Konjunktion

- Konjunktionen **verbinden** Wörter, Wortgruppen oder Sätze miteinander.

und, oder, aber, weil, als, wenn, falls, statt — Beispiele

Präposition

- Präpositionen zeigen, wie Dinge oder Lebewesen zueinander stehen. Manchmal ist eine Präposition mit einem Artikel verschmolzen.

in, an, bei, für, ohne, wegen, unter, über, ins (in + das), ans (an + das) — Beispiele

Hinweis: Merke dir zu jeder **Wortart** zwei **typische Beispiele**. Dann kannst du andere Wörter, die derselben Wortart angehören, leichter zuordnen.

Übung 47

Notiere die Wortart jedes Wortes auf der Linie.
Nutze dazu die Abkürzungen aus der rechten Spalte.

Neulich vergaß ein Reptilienhändler in

____

einem Hotelzimmer sein grünes Chamäleon.

____

Der Gast übersah das Tier am Morgen, als er seinen Koffer packte.

____

Das lag an der grünen Farbe der Tapete im Hotelzimmer.

____

Abends entdeckte der nächste Besucher das Tier, weil es sich bewegte.

____

Der Mann überlegte einen Augenblick, dann alarmierte er sofort die Polizei.

____

Die Polizisten fingen das kleine Reptil mit einem Kescher.

____

Bald ermittelten die Beamten den Besitzer und benachrichtigten ihn.

____

Der glückliche Reptilienhändler begab sich sogleich wieder in das Hotel.

____

Abkürzungen:
N = Nomen
V = Verb
Adj = Adjektiv
Art = Artikel
Pron = Pronomen
Adv = Adverb
Konj = Konjunktion
Präp = Präposition

10.2 Satzglieder bestimmen

So wie sich eine Kette aus einzelnen **Gliedern** zusammensetzt, besteht auch jeder Satz aus Satzgliedern. Der kürzeste mögliche Satz enthält nur zwei Satzglieder, nämlich ein **Subjekt** und ein **Prädikat**.

Beispiel

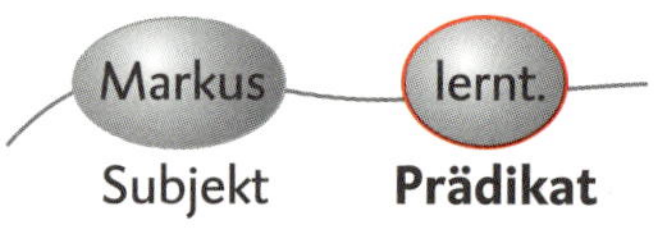

Das **Prädikat** legt fest, wie viele weitere Satzglieder erforderlich sind, um einen **sinnvollen Satz** zu bilden. Wenn du z. B. einen Satz mit **kennen** bilden willst, musst du auch noch sagen, wer wen kennt (jemand kennt jemanden/etwas), denn das Verb „kennen“ erfordert noch ein Akkusativobjekt.

Beispiel

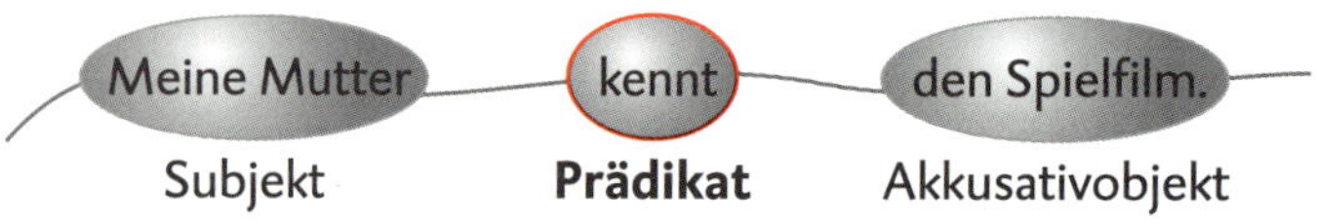

Die meisten Prädikate erfordern **zwei Satzglieder**. Es gibt aber auch Prädikate, die drei oder **mehr** Satzglieder erfordern.

Beispiel

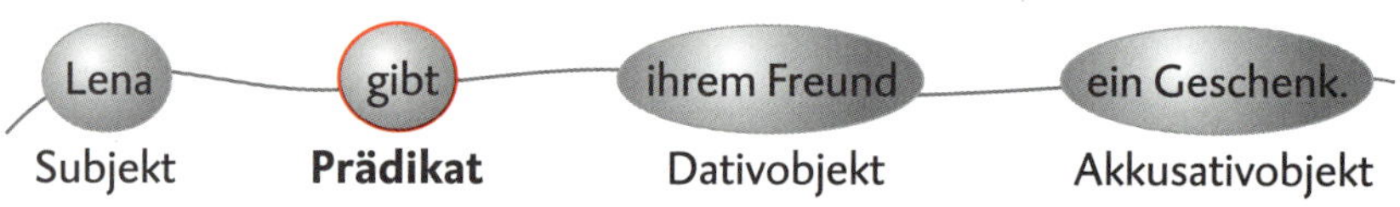

Wenn du Satzglieder bestimmen sollst, beachte die folgenden **5 Regeln:**

- Ein **Satzglied** kann aus **einem** oder **mehreren Wörtern** bestehen.

Beispiele *Max ruft. – Mein Freund Max ruft. – Mein bester Freund Max ruft.*

- Ein **Prädikat** besteht immer aus mindestens einem Verb, das Auskunft darüber gibt, was getan wird oder geschieht. Neben dem **Vollverb** (z. B. *rufen, spielen, lesen*) kann es noch ein **Hilfsverb** (*haben, sein, werden*) und/oder ein **Modalverb** (z. B. *wollen, dürfen, können*) enthalten.

Beispiele *Es regnet. – Es hat geregnet. – Es muss geregnet haben.*

- Das **Subjekt** ist (im Aktiv) immer der „Täter“ im Satz. Sowohl eine Person als auch eine Sache kann der Handelnde sein.

Beispiele *Die Polizistin jagt den Dieb. – Der Wind weht. – Die Spatzen zwitschern.*

- Das **Objekt** ist (im Aktiv) das „Opfer“ einer Handlung, also derjenige/dasjenige, mit dem etwas geschieht.
  Es gibt **Dativobjekte** (Wem?), **Akkusativobjekte** (Wen oder was?), **Genitivobjekte** (Wessen?) und **Präpositionalobjekte**. Ein Präpositionalobjekt ist ein Objekt, das mit einer Präposition (z. B. für, mit, ohne) beginnt. Nach diesen Objekten fragst du so: Für wen oder was? Mit wem? Ohne wen oder was?

Beispiele

Der Lehrer vertraut seinem Schüler.	Wem?	Dativobjekt
Theresia umarmt ihren Freund Tim.	Wen oder was?	Akkusativobjekt
Sie erfreut sich bester Gesundheit.	Wessen?	Genitivobjekt
Leo geht mit seinen Freunden aus.	Mit wem oder was?	Präpositionalobjekt

▶ **Adverbiale** geben Auskunft über die genaueren Umstände, unter denen eine Handlung stattfindet, z. B. über die Zeit, den Ort, den Grund oder die Art und Weise.

Beispiele

Wann? – im Herbst	*Seit wann? – seit gestern*	*Wie lange? – drei Tage*
Wo? – in der Schule	*Wohin? – auf den Tisch*	*Woher? – aus Wien*
Warum? – aus Gier	*Wozu? – zur Erholung*	*Wie? – ohne Angst*

Tipp

Satzglieder voneinander abgrenzen

Wenn du einmal unsicher bist, wo die Grenze zwischen zwei Satzgliedern ist, kannst du die **Verschiebeprobe** machen: Wörter, die du **als Gruppe** zusammen an den **Satzanfang** stellen kannst, bilden ein Satzglied. Nicht zu diesem Satzglied gehören Wörter, die auf ihrem alten Platz bleiben können, ohne dass sich etwas am Sinn des Satzes ändert.

Hinweis: Das Prädikat lässt sich nicht auf diese Weise feststellen, denn es hat immer seinen festen Platz im Satz.

Beispiel

Er war nach dem Fußballspiel im Nachbarort sehr müde.
→ „nach dem Fußballspiel im Nachbarort" = ein Satzglied oder zwei Satzglieder?

Verschiebeprobe:
Nicht möglich: *Nach dem Fußballspiel war er im Nachbarort sehr müde.*
Möglich: *Nach dem Fußballspiel im Nachbarort war er sehr müde.*

→ Obwohl diese Wortgruppe neben einer Zeitangabe auch noch eine Ortsangabe enthält, bildet sie **nur ein** Satzglied. Gemeint ist nämlich nur **eine** Sache: Ein bestimmtes Fußballspiel, das im Nachbarort stattgefunden hat. **Nicht** gemeint sind **zwei** Dinge (ein Fußballspiel **und** der Nachbarort).

Aufgabe

Übung 48

Ergänze in den folgenden Satzbildern jeweils so viele Satzglieder, dass ein sinnvoller Satz entsteht. Du musst nicht immer alle Felder ausfüllen.

	holt		
	verstaut		
	berät		
	wohnt		
	schreibt		
	verdient		
	bringt		

Übung 49 Lies den folgenden Text und bearbeite anschließend die zugehörigen Aufgaben.

Roboterfrau Grace hat viele Talente

Grace kann mithilfe eines Sprachprogramms Leute ansprechen.
Sie fragt sie mit ihrer blechernen Stimme nach dem Weg.
Sie bekommt dann von ihnen ihre Anweisungen.
Die Roboterfrau läuft danach gleich los.
Grace geht sehr schnell zum gewünschten Zielort.
Sie gewann mit ihrer Schnelligkeit vor einiger Zeit
einen Preis in einem Roboterwettbewerb.
Alle Roboter mussten dort ihre Leistungen zeigen.
Grace bewältigte alle Anforderungen in kürzester Zeit
mit erstaunlicher Leichtigkeit:
Sie fand im Gebäude ihren Weg zur Anmeldung.
Sie nahm dort ohne Zögern ihr kleines Namensschild.
Grace lief danach in den großen Versammlungsraum.
Sie hielt dort über sich selbst einen Vortrag.

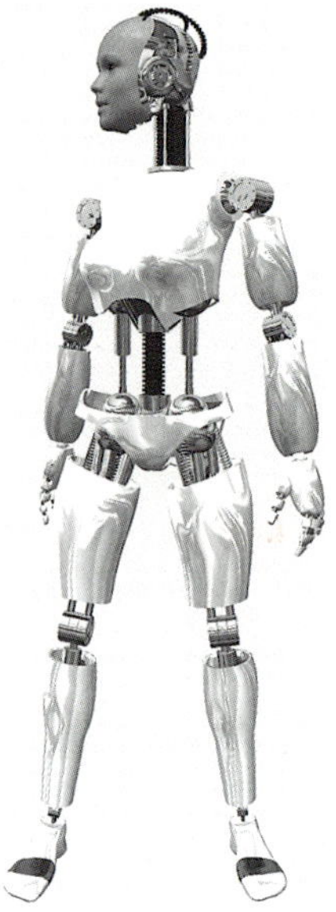

Aufgaben

1. Unterteile im Text oben alle Sätze in Satzglieder. Trenne sie durch | voneinander.

2. Bestimme in den folgenden Sätzen alle Satzglieder.

Grace	bewältigte	problemlos	alle Aufgaben	in kürzester Zeit.

____

Grace	geht	sehr schnell	zum gewünschten Zielort.

____

Alle Roboter	mussten	dort	ihre Leistungen	zeigen.

____

Grace	lief	danach	in den großen Versammlungsraum.

____

10.3 Sätze mithilfe des Feldermodells untersuchen

Mithilfe des **Feldermodells** kannst du den **Aufbau von Sätzen** gut sichtbar machen. Wie die Bezeichnung es schon andeutet, wird ein Satz dabei in verschiedene **Felder** untergliedert. Es gibt drei Felder: ein **Vorfeld**, ein **Mittelfeld** und ein **Nachfeld**.

- Im **Vorfeld** steht immer nur **ein einziges Satzglied**. Ob dieses Satzglied aus einem oder mehreren Wörtern besteht, spielt keine Rolle.
- Im **Mittelfeld** stehen **alle weiteren Satzglieder**. Hier können mehrere Satzglieder eingefügt werden. Das Mittelfeld kann aber auch leer bleiben.
- Das **Nachfeld** ist der typische Platz für **Nebensätze**, die dem Hauptsatz folgen.

Hinweis: Im Folgenden geht es nur um die Struktur **einfacher Hauptsätze**. Auf Nebensätze wird nicht weiter eingegangen; deshalb entfallen weitere Einzelheiten zum Nachfeld.

Eine herausragende Rolle im Feldermodell spielen die **Verben**. Sie sind es, die die einzelnen Felder eines Satzes voneinander abgrenzen. Dabei ist es stets die Position des **finiten (gebeugten) Verbs**, die über die Satzform bestimmt.

Aussagesätze

- In Aussagesätzen markiert das **finite (gebeugte) Verb** immer die **Grenze zwischen Vorfeld und Mittelfeld**.
- Bei **mehrteiligen Prädikaten** entsteht eine **Satzklammer**, die aus der **linken** und der **rechten Satzklammer** besteht. Beide Teile der Satzklammer umschließen das **Mittelfeld** vorn und hinten.

  Hinweis: Mehrteilig sind Prädikate immer dann, wenn neben dem Vollverb (z. B. *rufen, lesen, lachen*) noch ein weiteres Verb dazugehört, z. B. ein Hilfsverb (*haben, sein, werden*) oder ein Modalverb (z. B. *wollen, können, müssen*).
- Bei **trennbaren Verben** entsteht im Präsens und Präteritum ebenfalls eine **Satzklammer:** Der **vordere Teil** des Verbs wird abgetrennt und landet in der **rechten Satzklammer**. Die **gebeugte Form des eigentlichen Verbs** besetzt wie üblich die Position des zweiten Satzglieds, also **die linke Satzklammer**.

Beispiele

Vorfeld	linke Satzklammer	Mittelfeld	rechte Satzklammer
Nina	*feiert*	*in der nächsten Woche ihren 16. Geburtstag.*	/
Sie	*will*	*an diesem Tag eine große Party*	*geben.*
Zusammen mit ihren Eltern	*bereitet*	*sie sich gut auf diese Feier*	*vor*
Sie	*wird*	*sich noch lange an diesen Tag*	*erinnern können*

Übung 50

Aufgaben

1. Unterstreiche in den folgenden Sätzen jeweils die Satzklammer.
   Hinweis: Bei Sätzen mit einteiligen Prädikaten gibt es nur eine linke Satzklammer.
   a) Inzwischen sehen viele Menschen im Klimawandel das größte Problem unserer Zeit.
   b) Fast alle Bürgerinnen und Bürger haben das längst verstanden.
   c) Wir müssen den globalen Temperaturanstieg unbedingt noch stoppen..
   d) Jeder sollte sein Verhalten ändern.
   e) Sonst schreitet der Klimawandel unverändert fort.

2. Vertausche das Wort „man" im Vorfeld mit einem Satzglied aus dem Mittelfeld.
   a) Man sollte künftig auf überflüssige Flugreisen verzichten.
   b) Man sollte auch weniger Fleisch essen.
   c) Man sollte unnütze Dinge nicht mehr kaufen.
   d) Man sollte die Heiztemperatur in der Wohnung etwas drosseln.
   e) Man sollte statt mit dem Auto lieber mit dem Fahrrad fahren.

3. In den folgenden Sätzen fehlt jeweils die Satzklammer. Füge die Prädikatsteile an den passenden Stellen ein. Du findest sie nach jedem Satz in Klammern.
   a) Inzwischen die Klimaaktivisten von vielen Leuten. *(werden gehört)*
   b) Allmählich an den Freitags-Demonstrationen immer mehr Menschen. *(nehmen teil)*
   c) Eltern und Großeltern ihren Kindern eine lebenswerte Welt. *(wollen hinterlassen)*
   d) Kinder und Jugendliche auf der Erde auch künftig gut. *(möchten leben können)*
   e) Das man wirklich gut. *(kann verstehen)*

10.4 Satzreihe und Satzgefüge unterscheiden

Besteht ein Satz aus mehreren **Teilsätzen**, dann handelt es sich um einen **zusammengesetzten Satz**. Man unterscheidet zwei Formen:

- Eine **Satzreihe** besteht aus zwei oder mehr Hauptsätzen.
- Ein **Satzgefüge** besteht aus mindestens einem Hauptsatz und einem Nebensatz.

Hinweis: Ein Nebensatz kann einem Hauptsatz folgen, kann ihm aber auch vorangestellt sein.

Die Teilsätze eines zusammengesetzten Satzes werden durch **Satzzeichen** voneinander getrennt. In der Regel setzt man auf der Grenze zwischen zwei Teilsätzen ein Komma. (Vor den Konjunktionen *und* und *oder* kann das Komma auch entfallen.)

Tipp

Im **Hauptsatz** steht das **finite (gebeugte) Verb** immer **vorn** (auf der Position des zweiten Satzglieds), im **Nebensatz** steht es am **Satzende**.

Beispiele

Ich sollte langsam schlafen gehen, aber ich möchte noch den Film sehen.

Hauptsatz + Hauptsatz = Satzreihe

Es wäre aber nicht gut, wenn ich morgen in der Schule müde bin.

Hauptsatz + Nebensatz = Satzgefüge

Weil wir eine Englischarbeit schreiben, muss ich fit sein.

Nebensatz + Hauptsatz = Satzgefüge

Tipp

Vielleicht hast du den Eindruck, dass das finite Verb gar nicht immer auf Position 2 steht, also auf der Position des zweiten Satzglieds. Das ist aber doch der Fall: Eine **nebenordnende Konjunktion**, z. B. *und*, *aber* oder *denn*, ist nämlich **nicht Teil des Hauptsatzes**, sondern nur ein **Verbindungswort:** Es verbindet in diesem Fall zwei Hauptsätze miteinander – gehört aber nicht dazu. Die Konjunktion ist eher wie eine Brücke zwischen den Sätzen.

Beispiel:

Ich gehe jetzt ins Bett, | *denn* | *es ist schon sehr spät.*

1. Hauptsatz | *nebenord. Konj.* | *2. Hauptsatz*

Und wenn ein **Nebensatz vor dem Hauptsatz** steht, nimmt er die **Position des ersten Satzglieds** ein. Nicht ohne Grund werden Nebensätze oft auch ***Gliedsätze*** genannt.

Beispiel:

Als ich die Tür aufschloss, | *klingelte* | *im gleichen Moment* | *das Telefon.*

Nebensatz auf Position 1 | *finites Verb auf Position 2* | *Adverbial auf Position 3* | *Subjekt auf Position 4*

Übung 51

Aufgaben

1. Verbinde die folgenden Satzpaare jeweils zu einer Satzreihe. Verwende die Konjunktion, die in Klammern steht.

   a) Diese Matheaufgaben sind ziemlich schwierig. Ich kann sie trotzdem lösen. *(aber)*

   b) Meinem Freund werde ich dabei helfen. Er hat Schwierigkeiten mit den Aufgaben. *(denn)*

   c) Anschließend werden wir schwimmen gehen. Wir gehen ins Kino. *(oder)*

   d) Sicherheitshalber sollten wir schon mal unsere Badesachen einpacken. Geld müssen wir auch einstecken. *(und)*

2. Unterstreiche in den folgenden Sätzen jeweils das gebeugte Verb und bestimme dann den Satzbau: **Satzreihe** (SR) oder **Satzgefüge** (SG)?

	SR	SG
a) Ein Großvater und seine Enkelin überlebten einen Autounfall, weil sie einen Hund bei sich hatten.	☐	☐
b) Es war glatt auf den Straßen, und in einer Kurve hatte sich das Auto überschlagen.	☐	☐
c) Weil es draußen schon dunkel war, kam lange Zeit kein Fahrzeug vorbei.	☐	☐
d) Die beiden hätten erfrieren können, denn die Außentemperaturen lagen unter dem Gefrierpunkt.	☐	☐
e) Doch der Hund bewahrte sie vor dem Erfrierungstod, indem er sie abwechselnd wärmte.	☐	☐
f) Der Hund wurde anschließend als Held gefeiert, da er sein Herrchen und dessen Enkelin gerettet hatte.	☐	☐

Relativsätze

Eine besondere Art von Nebensatz ist der **Relativsatz**. Er **bezieht sich** immer **auf etwas zurück**, von dem gerade die Rede war. Statt mit einer Konjunktion beginnt ein Relativsatz mit einem **Relativpronomen** (*der, die, das* oder *welcher, welche, welches*). Dieses steht **stellvertretend** für ein Nomen oder eine Nominalgruppe, auf die es sich zurückbezieht.
Relativsätze folgen entweder **nach dem Hauptsatz**, zu dem sie gehören, oder sie sind in ihn **eingeschoben**.

Beispiele

- Der Relativsatz folgt dem Hauptsatz:

Mich interessiert der neue Science-Fiction, der gerade im Kino angelaufen ist.

Hauptsatz | Relativsatz

- Der Relativsatz ist in den Hauptsatz eingeschoben:

Die Bewertungen, die ich gehört habe, waren alle sehr positiv.

Hauptsatz (Teil 1) | Relativsatz | Hauptsatz (Teil 2)

Aufgaben

Übung 52

Verbinde jeweils den Satz, der in Klammern steht, als Relativsatz mit dem Hauptsatz. Zeige die Grenzen zwischen Haupt- und Relativsatz jeweils durch Komma an. Markiere zusätzlich das gebeugte Verb des Relativsatzes und das Relativpronomen.

a) Eine Frau (Man hatte der Frau einmal die Handtasche gestohlen.) verzichtete seither auf dieses modische Beiwerk.

b) Aus Vorsicht wollte sie die Geldbörse (Sie trug die Geldbörse bei sich.) nur noch eng am Körper tragen.

c) Sie kaufte sich fortan ausschließlich Jacken und Mäntel. (Die Jacken und Mäntel waren auf der Innenseite mit einer Tasche versehen.)

d) Allerdings lösten sich die Nähte der Innentaschen (In die Innentaschen hatte sie ihren Geldbeutel gesteckt.) nach und nach auf.

e) So rutschte ihr die Geldbörse (Sie hatte auf die Geldbörse so sorgsam aufgepasst.) aus der Tasche und fiel zu Boden.

f) Ein freundlicher Mann (Er hatte im Bus hinter der Frau gestanden.) hob sie auf und gab sie ihr zurück.

10.5 Die Wörter „das" und „dass" auseinanderhalten

Fällt es dir auch so schwer, zwischen **das** und **dass** zu unterscheiden? Zum Glück gibt es **klare Merkmale**, an denen man den Unterschied erkennt:

Das Wort **dass** ist immer eine Konjunktion, die einen **Nebensatz** einleitet:

Beispiel *Sie glaubt, dass sie ihre Geldbörse verloren hat.*

Das Wort **das** kann dreierlei sein:

- Als **Artikel** begleitet **das** ein Nomen oder ein Wort, das als Nomen verwendet wird.

  Beispiele *das Fenster, das Laub, das Gerät, das Hühnerhaus*

- Als **Relativpronomen** bezieht sich **das** auf etwas zurück, das im zugehörigen Hauptsatz gerade erwähnt wurde.

  Beispiel *Das alte Haus, das am Ende der Straße steht, wird abgerissen.*

- Als **Demonstrativpronomen** verweist **das** auf ein Wort, eine Wortgruppe oder sogar auf einen ganzen Satz. Das, wofür das Pronomen steht, findest du in der Regel im Satz davor.

  Beispiel *Der Fernseher lässt sich nicht mehr reparieren. Das hätte ich dir gleich sagen können.*

Tipp

Zwischen *das* und *dass* unterscheiden

So kannst du ganz leicht herausfinden, ob du **das** oder **dass** schreiben musst:

- Kannst du es durch **dies(es)**, **jenes** oder **welches** ersetzen, schreibst du **das**.
- Lässt es sich **nicht ersetzen**, musst du **dass** (= Konjunktion) schreiben.

Hinweis: Bedenke, dass ein Nebensatz, der mit der Konjunktion **dass** beginnt, auch am Anfang eines Satzgefüges stehen kann.

Übung 53

Füge in den folgenden Sätzen entweder die Konjunktion **dass** oder das Relativpronomen **das** ein.

a) Die Verkäuferin ärgert sich noch immer über das Mädchen, ______ vor einer Stunde in den Laden gekommen ist.

b) Es passiert zwar ab und zu, ______ eine Zeitschrift auf den Boden fällt.

c) Die Verkäuferin hat aber nie erlebt, ______ ein Kunde ein ganzes Regal umstößt.

d) ______ man so tollpatschig sein kann, hätte sie nicht gedacht.

e) Sie ist wütend über dieses Missgeschick, ______ ihr so viel Arbeit bereitet hat.

f) Denn sie musste natürlich das ganze Sortiment wieder einräumen, ______ aus dem Regal gefallen war.

g) ______ das Mädchen ihr dabei nicht helfen wollte, macht sie zusätzlich wütend.

Übung 54

Entscheide: **das** oder **dass**? Trage anschließend die Wortart (Artikel, Relativpronomen, Demonstrativpronomen oder Konjunktion) in die rechte Spalte ein.

Steckt ________ Gähnen auch Wellensittiche an?

Gähnt einer, gähnen meist bald alle – ____________ kennt man vom Menschen und von einigen Affenarten. US-Wissenschaftler wollen __________ Phänomen nun auch bei Wellensittichen beobachtet haben. ___________ Gähnen ansteckend ist, gilt außer für Menschen nur für wenige Tierarten wie Schimpansen, Makaken und Paviane. Nun behaupten Forscher, __________ sich auch Wellensittiche von gähnenden Artgenossen anstecken lassen.

Die Forscher filmten 21 der kleinen Papageien in einer Voliere. Zwar gähnten die Tiere insgesamt recht selten, doch war die Wahrscheinlichkeit größer, __________ ein Sittich den Schnabel aufriss und Flügel und Beine streckte, wenn unmittelbar zuvor andere Käfiggenossen gegähnt hatten. Nur selten passierte es, ___________ ein einzelner Vogel gähnte. Nach Ansicht der Forscher dient ein Gähnen, ____________ ansteckend ist, dem Zusammenleben in der Gruppe. Allerdings ist im Fall der Wellensittiche unklar, ob _____________ Gähnen verschiedener Vögel, __________ direkt aufeinanderfolgt, nicht bloß auf Zufall beruht. Möglicherweise ist es auch so, ________ die Vögel in der Voliere alle den gleichen Tagesrhythmus haben. Es kann also sein, ________ sie deshalb alle zur gleichen Zeit müde werden.

Quelle: Katrin Blawat: Steckt Gähnen auch Wellensittiche an? 18. 01. 2012. Im Internet unter: http://www.sueddeutsche.de/wissen/verhaltensbiologie-steckt-gaehnen-auch-wellensittiche-an-1.1260679, aus didaktischen Gründen stellenweise geändert und leicht gekürzt.

Operatoren (Arbeitsaufträge)

In den Aufgaben, die dir in der Prüfung gestellt werden, stößt du immer wieder auf bestimmte **Verben**, die dich auffordern, etwas zu tun. Oft beginnen Aufgaben mit Formulierungen wie: „Erkläre …“, „Beurteile …“, „Untersuche …“. Solche Verben nennt man **Operatoren** (Handlungsanweisungen): Sie sagen dir, welche **Operation** (Handlung) du ausführen sollst.

Es ist sehr wichtig, dass du die verschiedenen Operationen sicher unterscheiden kannst. Deshalb bekommst du hier einen Überblick über die wichtigsten Operatoren und ihre Bedeutungen.

Operator	Bedeutung: Du sollst …	Beispiel
analysieren/ untersuchen	… einen Text in Bezug auf Einzelheiten untersuchen. In der Regel analysiert man etwas in Bezug auf ein Thema oder eine Fragestellung.	*Analysiere den Text in Bezug auf den Satzbau.*
aufzeigen / zeigen	… Sachverhalte, Zusammenhänge oder Textinhalte meist unter einer bestimmten Fragestellung darlegen.	*Zeige anhand von Textbeispielen, dass die Hauptfigur mutig gehandelt hat.*
auswerten	… Informationen aus vorgegebenen Materialien gewinnen und zielgerichtet verarbeiten.	*Werte den Text daraufhin aus, wie oft … erwähnt werden.*
begründen	… Gründe vortragen, um zu zeigen, dass eine Behauptung stimmt. In der Regel muss man dann Argumente dazu ausführen.	*Was hältst du von dieser Aussage? Begründe deine Meinung.*
belegen	… Aussagen durch Textzitate oder geeignete Beispiele stützen und damit zeigen, dass die jeweilige Aussage zutrifft.	*Belege deine Vermutung anhand eines Zitates aus dem Text.*
(be-)nennen	… z. B. Personen, Begriffe oder Sachverhalte ohne nähere Erläuterungen aufzählen.	*Nenne vier enttäuschende Erlebnisse, die Max in seiner Kindheit gehabt hat.*
beschreiben	… Personen, Situationen oder Zusammenhänge mit eigenen Worten darstellen. Deine Darstellung soll strukturiert (=geordnet) und neutral (ohne eigene Wertung) sein.	*Beschreibe das Verhalten des Vaters gegenüber seinem Sohn.*
bestimmen	… Sachverhalte, Positionen, Inhalte usw. nach festgelegten Merkmalen feststellen.	*Bestimme die Wortarten der unterstrichenen Wörter*
beurteilen/ bewerten	… z. B. über eine bestimmte Textinformation oder ein Problem ein begründetes Urteil fällen. Du sollst also sagen, ob du etwas (oder jemanden) gut oder schlecht findest. Dieses Urteil musst du begründen.	*Beurteile das Verhalten des Vaters.*

Operator	Bedeutung: Du sollst ...	Beispiel
charakterisieren	... die typischen Eigenschaften einer Person oder Sache zusammenhängend darstellen.	*Charakterisiere die Persönlichkeit der Großmutter.*
darstellen / darlegen	... etwas mit eigenen Worten neutral zum Ausdruck bringen.	*Stelle den Ablauf des Streits zwischen Kai und Luise dar.*
erklären	... z. B. einen Sachverhalt verdeutlichen, in einen Zusammenhang einordnen und begründen.	*Erkläre, warum der Plan gescheitert ist.*
erläutern	... „Erläutern" entspricht grundsätzlich dem Operator „erklären". Darüber hinaus sollen zur besseren Anschaulichkeit noch zusätzliche Informationen und Beispiele gegeben werden.	*Erläutere Pauls Beweggründe für sein aggressives Verhalten.*
erörtern	... dich argumentativ mit einer Fragestellung auseinandersetzen.	*Erörtere, ob es richtig wäre, Zensuren abzuschaffen.*
formulieren	... z. B. einen Standpunkt, ein Ergebnis, einen Eindruck knapp und präzise zum Ausdruck bringen.	*Formuliere, welchen Standpunkt die Autorin im Text vertritt.*
herausarbeiten	... z. B. Leitgedanken oder Strukturen aus einem Text oder Sachverhalt herauslösen und darstellen.	*Arbeite die drei Hauptgedanken des vorliegenden Textes heraus.*
nennen	wie benennen (s. o.)	*Nenne Gründe für Peters Heimweh.*
skizzieren	... einen Sachverhalt oder Gedankengang in seinen Grundzügen darstellen.	*Skizziere den Handlungsverlauf.*
Stellung nehmen	... deine Einschätzung zu einem Problem oder einem Sachverhalt darstellen. Deine Meinung muss durch überzeugende Argumente gestützt sein.	*Nimm Stellung zu der Aussage, dass Computerspiele die Gewaltbereitschaft bei Jugendlichen fördern.*
untersuchen	wie analysieren (s. o.)	*Untersuche das Gedicht in Bezug auf seine Form.*
vergleichen	... zwei (oder mehr) Dinge oder Personen in Bezug auf Ähnlichkeiten und Unterschiede in den Blick nehmen.	*Vergleiche das Verhalten von Max und Moritz.*
wiedergeben	... den Inhalt eines Textes oder Textabschnitts mit eigenen Worten darstellen.	*Gib den Ablauf des Gesprächs wieder.*
zusammenfassen	... den wesentlichen Inhalt eines Textes mit eigenen Worten knapp darstellen.	*Fasse den Inhalt der Kurzgeschichte zusammen.*
zeigen	wie aufzeigen (s. o.)	*Zeige anhand von Textbeispielen, dass die Hauptfigur mutig gehandelt hat.*

Übungsaufgaben im Stil der Abschlussprüfung

Übungsaufgaben im Stil der Abschlussprüfung
Übungsaufgabe 1

Gesamtbearbeitungszeit: 180 Minuten

Teil A 1 und Teil A 2 (Pflichtteile)
Hilfsmittel: Rechtschreibwörterbuch, Lektüre, die im Unterricht gelesen wurde
Alle Aufgaben sind zu bearbeiten
Schreibe die Antworten auf separate Blätter.

Teil A 1

Lies den folgenden Sachtext und bearbeite anschließend die Aufgaben.

Pubertät: … denn sie wissen nicht, was sie tun
VON CLAUDIA LANDOLT

Schlechte Manieren habe die Jugend und verachte Autoritäten. „Sie widersprechen ihren Eltern, verschlingen bei Tisch ihre Süßspeisen und tyrannisieren die Lehrer." Die Klage stammt nicht etwa von nervenschwachen Eltern im Pubertätsstress, sondern vom Philosophen Sokrates. Und der beklagte immerhin schon vor rund 2 400 Jahren das Gebaren der heranwachsenden Söhne und Töchter seines Landes.

Daran geändert hat sich bis heute nicht viel. Die von Sokrates beschriebene Tyrannei sitzt in jeder guten Stube. Bei manchen beginnt das unmögliche Benehmen schon mit zehn Jahren. Sie benehmen sich zum Davonlaufen, boykottieren den Familienausflug oder verweigern grundsätzlich jede Antwort. Eltern, vor allem Mütter, fragen sich: Wo ist es hin, das freundliche Wesen von einst? Das Kind, das Milchzähne sammelte und freigiebig Küsse verteilte?

Wie lange müssen Eltern die Pubertät ihres Kindes aushalten? Die gute Nachricht: Es wird besser. Die schlechte: Es dauert.

Anna tastet sich seit nunmehr vier Jahren durch diese Zeit. Die 44-jährige Lehrerin ist Mutter zweier pubertierender Söhne von 14 und 16 Jahren. Der Jüngere gibt seit einem Jahr nur Ein-Wort-Antworten von sich. Was es an Hausaufgaben gibt? „Nichts." Wie die Party bei David war? „Gut." Wo er denn um Himmels willen seine nagelneue Jacke liegen gelassen habe? „Ähm."

Sein älterer Bruder dagegen ist sehr redselig, allerdings nur, wenn er zu Hause ist – was selten der Fall ist. In der Schule ein As, gibt er mit seinen Kollegen gern das Enfant terrible[1]. Zu Hause erzählt er Horrorgeschichten über Schlägereien […] im Park. Sein Pubertätsdasein gipfelt in regelmäßigen Anrufen der Polizei um drei oder fünf Uhr morgens, ob man denn den randalierenden Sohn bitte abholen möchte.

1 *Enfant terrible: schreckliches Kind*

Besser als gedacht

Jungs haben den Ruf, besonders häufig über die Stränge zu schlagen. Dabei gelten jene Knaben als besonders gefährdet, die viel Testosteron[2] im Blut haben und früh in die Pubertät kommen. Das Hormon erhöht die Aggressivität. Dennoch: Straffälligkeit im juristischen Sinn ist selten.

„Nur ein kleiner Teil von fünf bis zehn Prozent überschreitet die Grenzen und wird straffällig", erklärt die Entwicklungspsychologin [...] Françoise Alsaker. Sie stützt sich dabei auf das Ergebnis einer Studie an 7 500 Jugendlichen aus dem Jahr 2007. Zur Überraschung der Forscher verstanden sich auch 85 Prozent der Befragten sehr gut mit den Eltern. Es gebe natürlich Konflikte, etwa um die Ausgehzeiten, aber nur selten bestünden grundlegende Auseinandersetzungen, welche die Beziehung dauerhaft beschädigten.

Es muss also noch da sein, das freundliche Wesen. Ja, betonen die Pubertätsforscher. Es komme nur gerade nicht mehr heraus. In der Pubertät bilden sich im Gehirn neue Vernetzungen zwischen den Bereichen, die für Gefühle und Kontrolle zuständig sind. In dieser Zeit kann man seine Gefühle nicht so steuern, wie man das als Erwachsener kann. Und ist schon von Kleinigkeiten gestresst.

Biologisch bedingte Faulheit

Die Unfähigkeit zur adäquaten[3] Reaktion hat also biologische Gründe [...]. Zumal die Kids ja wirklich gestresst sind. Von der Schule, von nörgelnden Eltern, von blöden Mitschülern und der ersten Liebe. Dagegen helfe nur „pflanzenartige Lethargie"[4], wie Autor Jan Weiler [...] schreibt. „Das pubertierende Kind kann nicht aufräumen, weil es keinen Bock auf Stress hat. Es kann nicht ans Telefon gehen, weil es das Klingeln unter Leistungsdruck setzt. Es hätte gerne Salz in der Sauce, isst diese aber auch ungesalzen, wenn es das Salz selber holen muss." Die Faulheit, erzieherischer Pubertätskonfliktherd Nummer eins, ist nicht per se[5] gewollte Rebellion.

Stimmungsschwankungen sind Konflikt Nummer zwei. Die 13-jährige Livia zum Beispiel, das älteste Kind von Sarah, einer Bankkauffrau. Gut in der Schule und im Sport, nörgelt sie zu Hause permanent herum. Die Stimmungsschwankungen seien eine große Herausforderung, sagt Sarah. Einmal wurde sie „als langweilige, frustrierte Ökotante" beschimpft, weil sie ihrer Tochter verbot, bei frischen 7 Grad Celsius Shorts, String und Tanktop zu tragen. Nie wolle sie so enden wie sie, nie!, protestierte das Kind. Als Sarah nachfragte, schaute die Tochter sie mitleidig an: „Weil du immer geblümte langärmelige Blusen trägst." [...] Beim Frühstück war alles wieder vergessen, der Coolheitskredit[6] der Mutter wieder aufgefüllt. [...]

Chaos innen und außen

[...] Die Pubertät ist ein Abschied von gestern, ein Abschied vom bekannten Terrain[7]. Das neue Land ist noch nicht in Sicht, seine Regeln und Rituale noch unbekannt. Was hilft in der Zeit dieser Orientierungslosigkeit? Laut Jan Weiler nur bedingungsloses Verständnis: „Damit ist keine Haltungslosigkeit gemeint, aber die unbedingte Bereitschaft, die Sorgen der Kinder ernst zu nehmen."

Quelle: Claudia Landolt: Pubertät: ... denn sie wissen nicht, was sie tun. In: Das Schweizer ElternMagazin Fritz+Fränzi, 01. 11. 2015. Im Internet unter: https://www.fritzundfraenzi.ch/erziehung/entwicklung/pubertat-denn-sie-wissen-nicht-was-sie-tun; Bilder: Suzanne Tucker. Shutterstock.com (S. 113), Kamira. Shutterstock.com (S. 114)

2 *Testosteron: wichtiges Geschlechtshormon, das bei Männern besondere Kräfte weckt*

3 *adäquat: angemessen*

4 *Lethargie: Trägheit, auffallende Ruhe*

5 *per se: an sich*

6 *Coolheitskredit: was der Mutter an Coolheit eingeräumt wird*

7 *Terrain: Gelände, Gebiet*

Textverständnis — 12 Punkte

1. Welche Verhaltensweisen sind typisch für Heranwachsende – und welche nicht? Notiere zu jeder Aussage auf deinem extra Blatt „richtig“ oder „falsch“. (4 P.)
   a) Heranwachsende leiden unter Stimmungsschwankungen.
   b) Sie begehen Straftaten.
   c) Sie sind unordentlich.
   d) Sie wollen mit ihren Eltern nichts mehr zu tun haben.

2. Erkläre, warum Jungen in der Pubertät besonders aggressiv reagieren. Du musst **zwei** Gründe nennen. (2 P.)

3. Warum sind Jugendliche leicht gestresst? Nenne vier häufig vorkommende Auslöser von Stress. (4 P.)

4. „Das neue Land ist noch nicht in Sicht [...].“ (Z. 73) Erläutere den Sinn dieses Satzes. (2 P.)

Sprachgebrauch — 13 Punkte

1. Weise nach, dass die folgenden Wörter richtig geschrieben sind. (4 P.)
   Hinweis: Es geht jeweils um die Stelle, die durch Fettdruck hervorgehoben ist.
   a) Schl**ä**gereien
   b) Übe**rr**aschung
   c) Kontro**ll**e
   d) Abschie**d**

2. Schreibe aus dem Text jeweils ein Beispiel für die folgenden **Wortarten** heraus: (4 P.)
   a) Konjunktion
   b) Präposition
   c) Artikel
   d) Pronomen

3. Schreibe die folgenden Sätze richtig ab und ergänze dabei alle fehlenden Satzzeichen. (2 P.)
   a) Jugendliche die in der Pubertät sind verunsichern Erwachsene oft durch ihr ungewohntes Verhalten.
   b) Sie fragen sich wo das liebe Kind ist das gestern noch bereitwillig Küsse und Kekse verschenkt hat.

4. Bilde aus den folgenden Satzgliedern vollständige Sätze. Ergänze als Prädikat jeweils das in Klammern angegebene Verb in der richtigen Zeitform. (3 P.)
   a) in Streit / einige Jugendliche / mit ihren Müttern / regelmäßig / wegen ihrer Kleidung *(geraten, Perfekt)*
   b) der Geschmack ihrer Eltern / ihren eigenen Vorlieben / häufig *(widersprechen, Präsens)*
   c) die Eltern und ihre Kinder / eines Tages / wieder *(vertragen, Futur I)*

Hinweis: In dieser Übungsaufgabe sind **zwei Aufgabenteile A2 aufgeführt**. Du musst **nur einen Teil** davon bearbeiten – je nachdem, welche Lektüre ihr im Unterricht durchgenommen habt.

Teil A 2

25 Punkte

Lektüre „Blackbird" von Matthias Brandt

(2 P.) 1. Der Titel des Romans lautet „Blackbird". Nenne zwei Bedeutungen, die Motte, der Ich-Erzähler, damit verbindet.

(3 P.) 2. Mottes Leben gerät unerwartet aus den Fugen. Wie kommt es dazu? Nenne drei Ereignisse, die dazu führen. Schreibe jeweils vollständige Sätze.

(4 P.) 3. Wer sind die folgenden Personen? Beschreibe mit wenigen Worten, welche Rolle sie in Mottes Leben spielen.

a) Bogi

b) Claudia Hunger-Löper

c) Jacqueline Schmiedebach

d) Stefanie Fuchs

(4 P.) 4. An seinem 16. Geburtstag schreibt Motte einen langen Brief an Jacqueline. Erkläre, welche Botschaft er ihr damit vermitteln will und warum er für das Schreiben des Briefes so lange braucht.

(4 P.) 5. Stelle dar, welche Rolle die Musik für Motte und seine Freunde spielt.

(8 P.) 6. Am Abend nach dem missglückten Kinobesuch ist Motte so aufgewühlt, dass er einen Eintrag in sein Tagebuch schreibt, um sich über seine Gefühle klar zu werden. Schreibe diesen **Tagebucheintrag** (mindestens 80 Wörter).

Gehe darauf ein, …

- wie Motte sich den Ablauf des Kinobesuchs vorgestellt hat.
- was er zunächst gedacht hat, als er Jacqueline zusammen mit einem Jungen kommen sah.
- weshalb er mitten in der Vorstellung das Kino verlässt.
- was er künftig tun will, um die Begegnung mit Jacqueline zu vermeiden.

Teil A 2

Lektüre „Nathan und seine Kinder" von Mirjam Pressler **25 Punkte**

1. Wo und wann spielt der Roman? Nenne den Schauplatz der Handlung und das Jahrhundert, in dem das Geschehen spielt. (2 P.)

2. Entscheide: Welche der folgenden Aussagen stimmen und welche nicht? Notiere auf deinem gesonderten Papierbogen zu jeder Aussage „richtig" oder „falsch". (5 P.)
   a) Nathan ist ein reicher Geschäftsmann.
   b) Recha ist nicht die leibliche Tochter Nathans.
   c) Daja führt Nathan den Haushalt.
   d) Der Tempelritter ist bei seinem Vater aufgewachsen.
   e) Der Sultan geht verschwenderisch mit Geld um.

3. „Einer wie du …" – diese Worte hat der Tempelritter in seiner Kindheit oft gehört. Beschreibe, wie das auf ihn gewirkt hat. (2 P.)

4. Erkläre, weshalb Recha den Tempelritter am Anfang für einen Engel hält. (2 P.)

5. Der Sultan hat alle Kreuzritter, die seine Truppen gefangen genommen haben, brutal hinrichten lassen; nur einen Tempelritter hat er verschont. Warum hat er bei ihm Milde walten lassen? Nenne den Grund. (2 P.)

6. Der Patriarch will dem Tempelritter einen Auftrag geben. Beschreibe diesen Auftrag – und erkläre, weshalb der Tempelritter es ablehnt, diese Aufgabe zu erfüllen. (4 P.)

7. Nachdem der Tempelritter erfahren hat, dass Recha in Wirklichkeit eine Christin ist, sucht er den Patriarchen ein zweites Mal auf. Er will von ihm wissen, was davon zu halten ist, wenn ein Jude ein Christenmädchen im jüdischen Glauben aufwachsen lässt. Anschließend fragt er sich, ob es richtig gewesen ist, den Patriarchen in dieser Angelegenheit um Rat gebeten zu haben. – (8 P.)

   Schreibe einen **inneren Monolog** (ungefähr 80 Wörter), in dem der Tempelritter sich Gedanken über seinen Besuch beim Patriarchen macht. Lass den Tempelritter vor allem darüber nachdenken, …
   - warum die Frage von Rechas Religion ihn beschäftigt hat.
   - warum er den Patriarchen in dieser Angelegenheit um Rat gefragt hat.
   - warum ihn die Reaktion des Patriarchen entsetzt.
   - warum er den Sultan aufsuchen will.

Teil B (Wahlteil)
Hilfsmittel: Rechtschreibwörterbuch
Eine der Aufgaben ist zu bearbeiten
Schreibe deinen Text auf separate Blätter.

50 Punkte

Teil B

Aufgabe 1: Erörterung

Warum wohnt man mit 28 noch bei Mama und Papa?

VON LARISSA REHBOCK

Im Regal stehen ein Pokal vom Beer-Pong-Turnier, Bayern-München-Fanartikel und ein paar Flaschen Alkohol. Daneben steht ein 90-Zentimeter breites Bett, ein Schreibtisch, ein Window-Color-Bild am Fenster. Auf diesen zwölf Quadratmetern wohnt der 28-jährige Tom im Haus seiner Eltern in einem Dorf in Niedersachsen. Tom arbeitet als Elektriker. Eine eigene Wohnung hat er nicht. Warum auch? Bei seinen Eltern bekommt er alles, was er braucht. [...]

Vermisst er nichts? Warum wohnt man mit 28 noch zu Hause?

Tom wohnt nicht allein mit seinen Eltern. Aus der Küche im Erdgeschoss dröhnen Stimmen, im Flur steht ein Foto der fünfköpfigen Familie auf einem Beistelltisch. Tom hat zwei kleine Brüder, Benedikt und Raphael, 25 und 23 Jahre alt.

Die Tage laufen hier im Haus meist gleich ab: Nach der Arbeit trinken alle zusammen Kaffee, um 18 Uhr gibt es Abendessen.

„Wir wollen mindestens eine Mahlzeit am Tag haben, bei der wir zusammensitzen. Wir erzählen von unserem Tag oder sprechen über anstehende Probleme", sagt Toms Mutter Gisela. Wenn es Probleme gebe, würden diese am Tisch mit allen ausdiskutiert.

Tom denke nicht dran, auszuziehen. „Es ist doch super bequem hier", sagt er. [...]

Nicht einmal um den Zahnarzt muss Tom sich kümmern. Seine Mutter macht für die ganze Familie Termine, sein Papa Heinz fährt Tom und seine Brüder hin. „Wir machen das so als Familie, seit ich klein bin", sagt Tom.

Er hatte noch keine feste Freundin, keine Affären, keine Dates. Während er das erzählt, stochert er in seinem Stück Apfelkuchen herum. „Die Frauen reagieren komisch, wenn ich ihnen erzähle, dass ich noch zu Hause wohne. Sie sind irgendwie abweisender und reden weniger."

Trotzdem glaubt er nicht, dass das der Grund dafür ist, dass er keine Freundin findet. Seine Brüder haben ebenfalls keine Partnerin. Benedikt brachte mal eine Frau mit nach Hause. „Die Mädels wären bei uns immer willkommen. Nur wenn es jedes Wochenende eine andere Frau wäre, würde ich mal etwas sagen", sagt Toms Mutter.

Für seine Eltern ist es selbstverständlich, sich um ihre Söhne zu kümmern. Auch, wenn die dafür eigentlich zu alt sind. Als Gisela und Heinz ihren ersten Sohn bekamen, verließen sie ihren Kegelverein, um mehr Zeit für die Familie zu haben. [...]

Heinz will seine Söhne unterstützen, so gut es geht. „Und wenn das heißt, dass meine Frau und ich kochen und putzen, dann ist das so. Toms Arbeit ist etwa 45 Kilometer entfernt, da verstehe ich, dass er abends keine Lust mehr hat, den Haushalt zu machen." Braucht er auch nicht. Wenn Tom abends nach Hause kommt, ist nicht nur der Kühlschrank gefüllt, sondern auch sein Kleiderschrank – mit frisch gebügelter Wäsche.

Das Nesthocker-Dasein hat nur Vorteile für Tom, warum also etwas ändern?

[...] Manchmal, da fühlt Tom sich unselbstständig. „Ich habe noch nie eine Stromrechnung bezahlt und kann gerade mal ein paar Gerichte kochen", sagt er.

Seine Eltern sorgen sich um ihn, als wäre er 15, nicht 28. Wenn er am Abend das Haus verlässt, sagen sie „Pass auf dich auf" und „Trink nicht so viel".

[...] Gisela weiß, dass sie sich weniger Sorgen machen würde, wenn ihre Kinder nicht mehr zu Hause wohnen würden. Allein schon, weil sie nicht immer genau wüsste, was sie gerade machen.

Es gibt Gründe für den Auszug. Nur die, die dagegen sprechen, überzeugen Tom eben mehr.

Zum Beispiel das Geld. Leisten könnte sich der ausgelernte Elektriker eine kleine Mietwohnung. Er will nicht. „Ich sehe es nicht ein, mir eine Mietwohnung zu nehmen und für etwas zu zahlen, das nicht mir gehört", sagt er. Lieber spare er, um damit später ein eigenes Haus zu bauen. Dafür wartet er aber noch auf die richtige Frau. „Nachher gefällt ihr nicht, was ich baue", sagt Tom.

Toms Freunde sind keine Nesthocker. Bis auf einen Kumpel sind alle ausgezogen, heiraten und bauen Häuser. Wenn die Jungs nach dem Fußballtraining zusammensitzen, wird nur selten über Toms Situation gesprochen. „Ab und zu kommt ein leises ‚Du könntest wohl mal ...', das war's dann aber auch", sagt Tom.

Er schäme sich nicht, sagt er. Er genieße die Zeit mit seiner Familie.

In zwei Jahren soll das Leben im Hotel-Mama für Tom vorbei sein. Zumindest, wenn es nach seiner Mutter geht. „Ich habe immer gesagt, dass sie mit 30 langsam mal ausziehen könnten. Damit sie erfahren wie es ist, sich alleine zu kümmern", sagt Gisela.

Langsam mal. Tom schweigt.

Quelle: Larissa Rehbock: Tom ist Nesthocker: Warum wohnt man mit 28 noch bei Mama und Papa? Erschienen auf bento.de am 19. 09. 2018. Im Internet unter: https://www.bento.de/gefuehle/nesthocker-warum-tom-mit-28-noch-bei-mama-und-papa-wohnt-a-e 210a562-8e50-4d41-aa9b-0a3dff11f0de

Aufgabe:

Schreibe eine Erörterung zu dieser Frage:

Ist es richtig, wenn junge Erwachsene auch nach Abschluss ihrer Ausbildung bei ihren Eltern wohnen bleiben?

Gehe so vor:

- Führe in der **Einleitung** zur **Fragestellung** hin. Beziehe dich dabei auf den Text und beschreibe kurz das Problem, das die Verfasserin darin darstellt.
- Formuliere im **Hauptteil** mindestens **drei Argumente** aus, die **dagegen** sprechen. Reichere sie mit Beispielen an. Orientiere dich in deiner Argumentation sowohl an den Informationen aus dem Text als auch an eigenen Erfahrungen.
- Gelange am **Schluss** zu einem **Ergebnis:** Äußere deine **Meinung** zum Thema und verweise in dem Zusammenhang auf deine entscheidende Überlegung.

Dein Text muss mindestens 150 Wörter umfassen, er kann aber auch länger sein. Schreibe in vollständigen Sätzen. Gliedere deinen Text in Einleitung, Hauptteil und Schluss. Achte auf korrekte Sprache und Rechtschreibung, beides wird bewertet.

Aufgabe 2: Textbeschreibung Lyrik

Erich Kästner: Die Jugend hat das Wort (1946)

1

Ihr seid die Ält'ren. Wir sind jünger.
Ihr steht am Weg mit gutem Rat.
Mit scharfgespitztem Zeigefinger
weist ihr uns auf den neuen Pfad.

Ihr habt das wundervoll erledigt.
Vor einem Jahr schriet ihr noch „Heil!"
Man staunt, wenn ihr jetzt „Freiheit" predigt
wie kurz vorher das Gegenteil.

Wir sind die Jüng'ren. Ihr seid älter.
Doch das sieht auch das kleinste Kind:
Ihr sprecht von Zukunft, meint Gehälter
und hängt die Bärte nach dem Wind!

Nun kommt ihr gar, euch zu beschweren,
dass ihr bei uns nichts Recht's erreicht?
O, schweigt mit euren guten Lehren!
Es heißt: Das Alter soll man ehren ...
Das ist mitunter, das ist mitunter,
das ist mitunter gar nicht leicht.

2

Wir wuchsen auf in eurem Zwinger[1],
Wir wurden groß mit eurem Kult[2].
Ihr seid die Ält'ren. Wir sind jünger.
Wer älter ist, hat länger Schuld.

Wir hatten falsche Ideale?
Das mag schon stimmen, bitte sehr.
Doch was ist nun? Mit einem Male
besitzen wir selbst die nicht mehr!

Um unser Herz wird's kalt und kälter.
Wir sind so müd und ohn Entschluss.
Wir sind die Jüng'ren. Ihr seid älter.
Ob man euch wirklich – lieben muss?

Ihr wollt erklären und bekehren.
Wir aber denken ungefähr:
„Wenn wir doch nie geboren wären!"
Es heißt: Das Alter soll man ehren ...
Das ist mitunter, das ist mitunter,
das ist mitunter furchtbar schwer.

Quelle: Erich Kästner: Die Jugend hat das Wort. In: Ders.: Gedichte. Reclam Verlag, Stuttgart 1987, S. 114

1 *Zwinger: Käfig*
2 *Kult: übertriebene Verehrung von etwas durch die Gemeinschaft*

Aufgabe:

Verfasse eine Textbeschreibung zu dem Gedicht „Die Jugend hat das Wort" von Erich Kästner.

Gehe so vor:

- Nenne in der **Einleitung** die **Textsorte**, den **Titel** sowie den **Namen des Verfassers** und bestimme das **Thema**. Stelle außerdem den formalen Aufbau des Gedichts dar (Anzahl und Länge der Strophen).
- Bestimme den **Sprecher** und formuliere die **Botschaft**, die er seinem **Gegenüber** vermitteln will.
- Beschreibe das **Verhältnis** zwischen dem Sprecher und seinem Gegenüber. Belege deine Aussagen anhand des Textes.
- Gehe dann auf **Besonderheiten der Gestaltung** ein: Beschreibe zunächst das **Reimschema**. Äußere dich dann auch zu sprachlichen Bildern.
- Beantworte am **Schluss** diese Frage: *Was hält der Sprecher von den „Ält'ren"?*

Berücksichtige die Entstehungszeit des Gedichts. Kästner hat diesen Text im Jahr 1946 geschrieben, also kurz nach dem Ende des Zweiten Weltkriegs. Er hat darin seine Erfahrungen mit dem Zweiten Weltkrieg und mit dem Nationalsozialismus verarbeitet.
Schreibe mindestens 150 Wörter. Schreibe in vollständigen Sätzen. Achte auf korrekte Sprache und Rechtschreibung, beides wird bewertet.

Aufgabe 3: Textbeschreibung Prosa

Erin Jade Lange: Halbe Helden

Hinweis: Der Ich-Erzähler dieses Romans ist Dane, ein Jugendlicher, der in der Schule ständig Ärger bekommt, weil er sich von anderen leicht provozieren lässt und dann gewalttätig wird. In der Regel wird er dafür mit Nachsitzen bestraft. Einmal allerdings bekommt er eine ganz besondere Strafe: Er soll sich freiwillig als „Mentor" um einen Schüler kümmern, der das Downsyndrom[1] hat. Der allerdings hat gar kein Interesse daran, sich von Dane betreuen zu lassen. Lieber will er von ihm lernen, wie man sich richtig prügelt, um sich gegenüber anderen zur Wehr zu setzen.
Der folgende Textauszug erzählt vom Beginn der Freundschaft zwischen den beiden Jungen:

Der Bus kam mit quietschenden Bremsen vor uns zum Stehen und wir stiegen ein. Er war voller Feierabendvolk auf dem Heimweg und nirgends gab es einen freien Platz. Ich klammerte mich an einer Haltestange fest, aber Billy hatte das nicht nötig. Eine Frau in einem billig aussehenden Hosenanzug stand auf und forderte Billy wild gestikulierend auf, sich zu setzen. Als er es tat, lächelte sie selbstzufrieden, und er lächelte zurück. Ich sah noch weitere von diesen Mitleidslächeln um uns – mehr Leute, die Billy ihren Platz angeboten hätten, als könnte er nicht stehen wie jeder andere auch, als wäre sein ungewöhnliches Gesicht ein Zeichen dafür, dass seine Beine nicht funktionierten.

Die Frau, auf deren Sitz Billy nun saß, lächelte auch mir zu – ein stummes „Braver Junge"-Lob, weil ich so ein barmherziger Samariter war und mich mit dem Jungen mit Downsyndrom abgab. Ich reagierte mit einem finsteren Stirnrunzeln.

Am Ende unserer Straße stiegen wir aus, und kaum dass meine Füße den Asphalt berührten, erklärte ich Billy auch schon: „Mann, das ging echt gar nicht."

„Was ging nicht?"

„Du hättest den Platz von dieser Ollen nicht annehmen sollen."

„Warum nicht?"

„Weil sie ihn dir bloß aus einem Grund überlassen hat."

In Billys Miene flackerte Verwirrung auf.

Ich holte tief Luft und überlegte, wie ich ihm das nun einfühlsam erklären sollte.

„Sie hat ihn dir angeboten, weil sie dich für einen Mongo gehalten hat."

Einfühlsamkeit war offenbar nicht so meine Stärke.

Billy zog die Brauen zusammen. „Nein, die war bloß nett."

„Billy D., ist dir vielleicht schon mal aufgefallen, dass viele Leute nur zu dir und zu keinem anderen nett sind?", fragte ich, während wir losmarschierten.

Billy dachte kurz nach. „Kann sein."

„Und das macht dir nichts aus?"

„Warum sollte mir das was ausmachen?"

„Na ja ... die sind nur nett zu dir, weil du ihnen leidtust."

Überrascht sah Billy auf. „Wieso tue ich denen denn leid?"

Ich fing seinen Blick auf. „Meinst du das ernst?"

„Ja."

„Na, weil du anders aussiehst, Alter. Ist doch klar."

„Oh." Billy guckte runter auf seine Füße.

Hastig versuchte ich, es besser zu erklären. „Ich meine, immerhin *sind* sie nett, stimmt's? Besser, man ist nett zu jemandem, der ein bisschen anders ist, als gemein oder so. Aber trotzdem ... die bilden sich ein Urteil über dich. Fällen ihre Entscheidung nur wegen deines Aussehens ... wie ..." Ich schnippte hilflos mit den Fingern. „Wie zum Beispiel, wenn die Leute über mich denken, ich wäre ein Arschloch, nur weil ich nicht die ganze Zeit rumrenne wie 'ne Grinsekatze."

„Ach so.“ Billys Augen strahlten, als er begriff. „Und wie das mit deiner Haarsträhne, die da hinten immer so hochsteht.“

Unwillkürlich tastete meine Hand nach meinem Hinterkopf. „Was?“

„Die Leute denken bestimmt, du würdest dir nicht die Haare kämmen, aber ich glaub schon, das machst du, weil, ich hab nämlich gesehen, wie du immer versuchst, die Strähne runterzudrücken, aber sie bleibt nicht unten, egal, wie oft du dich kämmst, stimmt's? Nur, das wissen die Leute eben nicht.“

Langsam und bedächtig hob ich die Hand von der fraglichen Strähne und fühlte das Kitzeln auf meiner Kopfhaut, als die Haare sich eins nach dem anderen wieder aufstellten.

„Nein, darum geht's doch – ich meinte nicht … was ich sagen wollte, Billy …“ Ich atmete tief durch. „Die Leute sollten dich nicht anders behandeln, bloß weil du aussiehst wie ein Mon …“ Ich schluckte das Wort schnell runter. „Weil du … Förderbedarf hast oder wie das heißt.“

Billy blieb stehen. Wir waren vor unseren Häusern angekommen. „Du hast mich doch auch anders behandelt“, sagte er.

„Was? Nee, hab ich gar nicht.“

„Doch, du hast gesagt, mich verprügelst du nicht – weil ich so aussehe, wie ich aussehe, oder nicht?“

Er starrte mich mit ausdruckslosem Gesicht an. Er war nicht sauer deswegen oder so, er sagte nur, was Sache war.

„Scheiße“, erwiderte ich. „Hab ich wirklich. Tut mir l …“

„Wen verprügelst du denn sonst noch alles nicht?“

Wir standen mitten auf der Straße zwischen unseren beiden Häusern und es wurde immer dunkler. Ich wich zurück auf meine Seite, um nicht noch umgemäht zu werden. „Mädchen“, sagte ich im Rückwärtsgehen. „Mädchen haue ich nicht.“

„Warum nicht?“

„Alter, weil Mädchen hauen echt gar nicht geht.“

Darüber musste Billy ein Weilchen nachdenken. Schließlich nickte er. „Und wen sonst noch?“

„Keine Ahnung, Billy. Ich bin ziemlich fertig gerade, okay?“

„Okay.“ Er stampfte rüber auf seine eigene Straßenseite, drehte sich noch mal um, bevor er die Stufen zur Haustür hochging. […]

Billys Schatten bewegte sich auf seine Tür zu.

„Billy D.!“

„Ja?“

„Ich warte morgen auf dich. Dann können wir zusammen zur Schule laufen.“

Ich konnte fast sehen, wie sich ein Lächeln auf seinem Gesicht ausbreitete. „Na dann.“

„Na dann.“

Quelle: Erin Jade Lange: Halbe Helden. Magellan Verlag, Bamberg 2017, S. 61– 65

Aufgabe:

Verfasse eine Textbeschreibung zu dem gegebenen Auszug aus dem Jugendroman „Halbe Helden" von Erin Jade Lange.

Gehe so vor:

- Nenne in der **Einleitung** die **Textsorte**, den **Titel** sowie den **Namen des Verfassers** und bestimme das **Thema**.
- Formuliere zu **Beginn des Hauptteils** eine **Kernaussage** Schreibe mit einem Satz auf, was der Text über das Verhältnis der beiden Jungen zeigt.
- Fasse danach den **Textinhalt** mit wenigen Sätzen **zusammen**.
- Beschreibe die **Art und Weise**, wie die beiden Jungen miteinander umgehen.
- Gehe auf **Besonderheiten der Sprache** ein. Achte vor allem auf die Wörter, die der Ich-Erzähler benutzt, und überlege, was seine Wortwahl über ihn aussagt.
- Äußere am **Schluss** deine **Meinung** dazu, wie sich die Beziehung zwischen Dane und Billy entwickeln wird. Begründe deine Einschätzung.

Dein Text muss mindestens 150 Wörter umfassen, er kann aber auch länger sein. Schreibe in vollständigen Sätzen. Gliedere deinen Text in Einleitung, Hauptteil und Schluss. Achte auf korrekte Sprache und Rechtschreibung, beides wird bewertet.

Übungsaufgaben im Stil der Abschlussprüfung
Übungsaufgabe 2

Gesamtbearbeitungszeit: 180 Minuten

Teil A 1 und Teil A 2 (Pflichtteile)
Hilfsmittel: Rechtschreibwörterbuch; Lektüre, die im Unterricht gelesen wurde
Alle Aufgaben sind zu bearbeiten
Schreibe die Antworten auf separate Blätter.

Teil A 1

Lies den folgenden Sachtext und bearbeite anschließend die Aufgaben

Einsam in der Schule: Weg aus der Außenseiterrolle
VON ALIKI NASSOUFIS

„Es ist ein doofes Gefühl: Während die Mitschüler in den Pausen Cliquen bilden, steht man selbst nur daneben. Und als Außenseiter bleibt auch im Unterricht der Nachbarstuhl häufig frei.

Es gibt viele Jugendliche, die plötzlich oder schon seit Längerem keine Freunde in der Schule haben", sagt der Schulpsychologe Stefan Drewes aus Düsseldorf. Manchmal sind Machtkämpfe schuld, bei denen auch ehemals gute Freunde ausgeschlossen werden können. „Man muss sich mit der Situation aber nicht einfach abfinden. Es gibt Wege, um wieder Freunde zu finden."

Zuerst sollte man überlegen, warum man keine Freunde hat, rät Ulrich Gerth, Vorsitzender der Bundeskonferenz für Erziehungsberatung (bke) in Fürth. „Es kann beispielsweise an einem selber liegen, weil man bislang eher zurückhaltend war oder gar kein Interesse an Anschluss in der Klasse hatte, das nun aber ändern möchte." Ein Weg sei dann, sich in Gesprächen häufiger einzubringen.

Außerdem spiele das Äußere eine große Rolle. Deswegen sollte man selbstkritisch schauen, ob man ungepflegt erscheint oder finster dreinschaut. „Manchmal bemerkt man ja gar nicht, dass die eigene Körpersprache abwehrend wirkt", sagt Gerth.

Manchmal liegt es aber gar nicht an einem selbst, sondern an einzelnen Mitschülern oder der Klasse, wenn man außen vor bleibt. „Ein Klassenverband kann sich durch neue Schüler oder veränderte Interessen relativ schnell verändern, sodass bisher gut integrierte Jungen und Mädchen plötzlich Außenseiter sind", sagt Drewes. Das sei Teil des Entwicklungsprozesses, in dem sich Schüler immer wieder neu definierten. „Indem man sich gegen andere verbündet, läuft man nicht Gefahr, selber ausgeschlossen zu werden." Dabei könnten Mädchen besonders perfide[1] sein, da sie nicht immer offen vorgingen, sondern auch hinter dem Rücken Gerüchte in die Welt setzten.

Sich in einer solchen Situation zu verstellen, bringt laut Gerth nichts. Jungs versuchten häufig, besonders cool zu sein, während Mädchen eher sexy sein wollen. „Das geht

1 *perfide: gemein*

aber meist daneben, deswegen bleibt man am besten sich selbst treu.“ Gut könnte auch sein, ehemalige Freunde direkt anzusprechen. „Dafür wartet man einen günstigen Zeitpunkt ab, damit man ungestört reden kann.“

Wer dabei nicht allein weiterkommt, sollte sich Hilfe holen. „Dafür sollte man sich gut überlegen, wem man in dieser Situation vertraut“, rät Friederike Kreutz vom Landesverband bayerischer Schulpsychologen aus Ingolstadt. „Das muss nicht immer ein Lehrer sein, der die Klasse gut kennt.“ Stattdessen könnten auch Eltern, Verwandte, ältere Geschwister oder ein Trainer vom Sport helfen.

Stefan Drewes warnt jedoch vor einem zu forschen Vorgehen der Helfer. „Gerade Eltern neigen dazu, sich schnell bei Lehrern oder Eltern der Mitschüler zu beklagen – das ist aber meist alles andere als gut“, sagt er. Deswegen sollte das weitere Vorgehen stets besprochen werden.

Wenn das nicht weiterhilft, kann man sich an einen Lehrer, beispielsweise den Vertrauenslehrer oder einen Beratungslehrer, wenden. Der könne das Problem mit dem betroffenen Schüler und innerhalb der Klasse besprechen, sagt Kreuz. Angst vor noch mehr Ärger durch die Mitschüler brauchten die Betroffenen nicht zu haben: „Alle Lehrer unterliegen der sogenannten Amtsverschwiegenheit, und Schulpsychologen haben sogar eine Schweigepflicht wie Ärzte oder Priester.“

„An Schulen gibt es meist gute Möglichkeiten, Freunde auch außerhalb der eigenen Klasse zu suchen“, sagt der Diplom-Psychologe Ulrich Gerth. Dazu zählen AGs, klassenübergreifende Projektwochen und einzelne Unterrichtsstunden, die mit Schülern mehrerer Klassen stattfinden. „Dort kann man meist gut auf andere zugehen und neue Kontakte knüpfen.“ Manchen Schülern genüge es, nur lose Bekanntschaften in der Schule zu haben, mit denen sie sich gut verstehen. „Das ist wie im späteren Arbeitsleben: Man muss nicht mit allen Kollegen befreundet sein, meist reicht es, wenn man gut miteinander auskommt.“

Quelle: Aliki Nassoufis: Einsam in der Schule: Weg aus der Außenseiterrolle. Erschienen in der Mitteldeutschen Zeitung am 22. 10. 2008. Im Internet unter: https://www.mz-web.de/leben/einsam-in-der-schule--weg-aus-der-aussenseiterrolle-8130234 (zuletzt aufgerufen am: 20. 08. 2019)

12 Punkte

Textverständnis

(4 P.) 1. Lassen sich die folgenden Aussagen dem Text entnehmen oder nicht? Notiere auf deinem extra Blatt jeweils „richtig“ oder „falsch“.
   a) Meist ist ein Schüler selbst schuld, wenn er in seiner Klasse zum Außenseiter wird.
   b) Manchmal wird auch jemand, der gut integriert war, plötzlich zum Außenseiter.
   c) Wer in seiner Klasse zum Außenseiter geworden ist, muss sich damit abfinden.
   d) Um Hilfe zu bekommen, sollten sich Außenseiter bei jemandem Rat holen.

(4 P.) 2. Nenne vier mögliche Ursachen, die dazu führen können, dass jemand in seiner Klasse zum Außenseiter wird.

(2 P.) 3. Um bei ihren Klassenkameraden Anerkennung zu finden, neigen Außenseiter manchmal dazu, sich zu verstellen. Wie gehen sie dabei vor? Beschreibe mit je einem Satz das Verhalten von Jungen und das von Mädchen.

(2 P.) 4. Erkläre, warum es eine gute Idee sein kann, in der Schule an einer Arbeitsgemeinschaft teilzunehmen.

Sprachgebrauch **13 Punkte**

1. Die folgenden Wörter sind alle richtig geschrieben. Notiere, wie du die Schreibung der fett gedruckten Buchstaben überprüfen kannst. (4 P.)
   a) Au**ß**enseiter
   b) Machtk**ä**mpfe
   c) zurückhalten**d**
   d) **S**chweigepflicht

2. Schreibe die folgenden Sätze richtig ab und ergänze die fehlenden Satzzeichen. (3 P.)
   a) Es gibt kaum eine Klasse in der nicht einzelne Schüler ausgegrenzt werden
   b) Wie kommt es dazu dass ein Junge oder ein Mädchen von anderen gemobbt wird
   c) Das Opfer versteht meist gar nicht warum es von anderen abgelehnt wird

3. Bestimme die Wortarten der Wörter, die in den folgenden Sätzen durch Fettdruck hervorgehoben sind. (4 P.)
   a) Der Stuhl neben einem Außenseiter bleibt häufig **frei**.
   b) Es macht keinen Spaß, **wenn** man in der Schule keine Freunde hat.
   c) Wer unter dieser Situation leidet, sollte sich bei **seinem** Klassenlehrer Hilfe holen.
   d) Der kann das Problem dann während des Unterrichts **mit** der Klasse besprechen.

4. Setze die folgenden Sätze in die angegebene Zeitform. (2 P.)
   a) Max hat im neuen Schuljahr die Schule gewechselt. *(Futur I)*
   b) Sein Vater findet in Stuttgart eine neue Stelle. *(Perfekt)*

Hinweis: In dieser Übungsaufgabe sind **zwei Aufgabenteile A2 aufgeführt**. Du musst **nur einen Teil** davon bearbeiten – je nachdem, welche Lektüre ihr im Unterricht durchgenommen habt.

Teil A 2

25 Punkte

Lektüre „Blackbird" von Matthias Brandt

(2 P.) 1. An einem Tag lädt Motte Steffi ins Café ein. Warum wird es am Ende des Treffens peinlich für Motte? Nenne den Grund – und beschreibe das Verhalten, das er in dieser Situation zeigt.

(3 P.) 2. Beurteile das Verhalten, das Motte zeigt, als er zusammen mit seiner Mutter in die neue Wohnung zieht: Sie will ihn im Auto mitnehmen, er will aber lieber mit dem Fahrrad dorthin fahren.

(2 P.) 3. Erkläre, warum Motte zeitweise gegenüber seinem Freund Bogi ein schlechtes Gewissen hat.

(4 P.) 4. Beschreibe, wie Walki, einer von Mottes Mitschülern, sich an dem brutalen Sportlehrer Kragler rächt.

(3 P.) 5. Motte versucht auf unterschiedliche Weise, seine Trauer über den Tod seines Freundes zu bewältigen. Nenne drei Dinge, die er tut.

(3 P.) 6. Die letzten Wochen des Schuljahres verbringt Motte in der Psychiatrie („in der Klapsmühle"). Erkläre, wie es dazu gekommen ist.

(8 P.) 7. Die Begegnung mit Motte hat Elvis, den Bademeister, so bewegt, dass er am nächsten Morgen seiner Frau davon erzählt. Schreibe das **Gespräch** zwischen den beiden auf. Schreibe mindestens 80 Wörter.

Lass den Bademeister erzählen, ...

- wie er darauf aufmerksam wurde, dass jemand mitten in der Nacht auf das Zehn-Meter-Brett gestiegen ist.
- wie er vergeblich versucht hat, den Jungen dazu zu bewegen, wieder hinunterzusteigen.
- wie es dazu gekommen ist, dass der Junge vom Zehn-Meter-Brett gesprungen ist.
- welchen Ausgang dieses nächtliche Geschehen genommen hat.

Teil A 2

Lektüre „Nathan und seine Kinder“ von Mirjam Pressler **25 Punkte**

1. Womit beginnt der Roman – und wie endet er? Beschreibe mit wenigen Sätzen Beginn und Ende der Handlung. (3 P.)

2. Stelle dar, wie es dazu gekommen ist, dass Daja ihre Heimat verlassen hat. (4 P.)

3. Weshalb hat Daja eines Tages den Wunsch, wieder in ihre Heimat zurückzukehren? Erläutere ihre Beweggründe. (3 P.)

4. Nathan sorgt dafür, dass das namenlose Findelkind, das bei ihm lebt, einen Namen bekommt. Warum tut er das? Nenne den Grund. (2 P.)

5. Nathan hat in der Vergangenheit Schreckliches erlebt. Beschreibe das Unfassbare, das ihn bei der Rückkehr von einer Geschäftsreise zu Hause erwartet hat. (3 P.)

6. Erkläre, wie Nathan nach all dem Schlimmen, das ihm widerfahren ist, wieder seinen Frieden gefunden hat. (2 P.)

7. Eines Tages erfährt Recha von Daja, dass Nathan nicht ihr leiblicher Vater ist. Das verunsichert sie völlig. An diesem Abend schreibt sie einen **Eintrag in ihr Tagebuch**. Sie will sich Klarheit darüber verschaffen, ob sich ihre Beziehung zu Nathan dadurch verändert. Sie fragt sich, … (8 P.)

   - warum Nathan ihr nie etwas über ihre wahre Herkunft gesagt hat.
   - wie ihr Leben zusammen mit Nathan bisher ausgesehen hat.
   - wie es gewesen wäre, wenn Nathan sie nicht bei sich aufgenommen hätte.
   - ob sich an ihrer Beziehung zu Nathan etwas ändern wird.

   Schreibe mindestens 80 Wörter.

Teil B (Wahlteil)
Hilfsmittel: Rechtschreibwörterbuch
Eine der Aufgaben ist zu bearbeiten
Schreibe deinen Text auf separate Blätter.

50 Punkte

Teil B

Aufgabe 1: Erörterung

Gruppenzwang macht mich fertig

Von Lara Thiede

Manchmal schleifen mich Freunde mit ins Fußballstadion. Ein Ort, an dem ich mich maximal unwohl fühle. Das liegt nicht einmal an meinem wenig ausgeprägten Interesse an diesem Sport. Sondern vielmehr an den sozialen Mechanismen, die dort greifen: Ein Tor und alle springen Fahnenschwenkend auf. „JAAAA!", brüllen meine Freunde und tausende Menschen fallen sich gegenseitig in die Arme. Ich sitze währenddessen auf meinem Sitz und versuche, mich unauffällig zu verhalten. Mir ist die ganze Situation hochgradig peinlich. Ich falle hier schließlich komplett aus dem Raster – will mich aber auch nicht an das Verhalten der anderen anpassen, nur weil das eben alle so machen.

Dabei freue ich mich tatsächlich aufrichtig, dass dieses Tor gefallen ist und sich jetzt ganz viele Menschen darüber freuen können. Aber nichts liegt mir ferner, als deshalb komplett auszurasten, die Fäuste in der Luft zu ballen und laut zu jubeln. Ich lächle einfach selig in mich hinein.

Bei den anderen kommt das nicht gut an. „EEEEEY, nimm mal den Stock aus dem Arsch", sagt mir dann jemand. Ich weiß zwar nichts von einem Stock in meinem Arsch. Aber ich weiß zumindest, was er meint. Und obwohl ich mich furchtbar dabei fühle, blind nachzumachen, was alle anderen vormachen, nehme ich mir vor, meine Freude beim nächsten Tor ein wenig anders zu zeigen.

Nicht nur, weil ich nicht unangenehm auffallen möchte. Sondern auch, weil ich merke, dass meine skeptische Distanziertheit die Dynamik hier vollkommen blockiert. Anstatt dass mein Freund Michael (rechts von mir), mir im Freudentaumel direkt um den Hals fallen kann, muss er sich für eine Umarmung über mich hinweg beugen, um dann Leonie (links von mir) erreichen zu können. Ich verharre währenddessen total überfordert auf meinem Sitz, ziehe den Kopf ein und lächele beschämt.

Das mit dem „Freude anders zeigen" klappt leider auch beim nächsten Tor nur so semi-gut[1]. Ich stehe zwar auf und umarme einen Menschen. Dabei tätschle ich ihm aber verlegen den Rücken, sage „Juhu" und fühle mich wie eine verdammte Heuchlerin.

Ähnlich enthusiastisch[2] verläuft meine Beteiligung an einer La-Ola-Welle und das Mitgeschunkle bei den Fangesängen. Ich fühle mich wie eine Gefangene – in einem Strudel aus sozialen Zwängen, die mich früher oder später in Scham ertränken werden.

Der Besuch im Fußballstadion stellt mich also vor immense soziale Herausforderungen. Ähnlich geht es mir aber auch an Orten, die ich eigentlich gerne besuche. Zum Beispiel im Club: „Put your hands up in the air". Ich putte erstmal gar nichts up in the air, weil es mir bescheuert und unnötig vorkommt. Bei der dritten oder vierten Aufforderung des DJs hebe ich zaghaft die Hand Ich passe sonst einfach nicht in die Menge aus

1 *semi-gut: halb gut*

2 *enthusiastisch: begeistert*

Hände-hochhaltenden Menschen. Oder im Festzelt beim Tanzen auf der Bierbank. Da lasse ich mich mit raufziehen und denke mir trotzdem gleichzeitig: „Warum zur Hölle sollte man riskieren, runterzufallen, wenn am Boden auch Platz ist?"

Der Gruppenzwang übermannt mich also früher oder später immer wieder und lässt mich Dinge tun, die mir vollkommen zuwider sind. Die Angst ist einfach zu groß, dass mich andere Leute dafür verurteilen könnten, dass ich nicht mitziehe. Dass sie mich nicht mehr als wertvolles Mitglied wahrnehmen könnten, weil ich sie ausbremse. Irgendwie will man ja – auch als Individualistin – in der eigenen Gruppe gut ankommen.

Dafür opfert man dann aber eben auch etwas: seine Authentizität[3]. Und das verursacht wahrscheinlich dieses schreckliche Gefühl, das Gruppendynamiken bei mir auslösen. Dass ich immer wieder glaube, durch sie zu einer Entscheidung gedrängt zu werden: Will ich nun lieber gemocht werden oder mich einfach verhalten, wie ich mich natürlicherweise verhalten würde?

Klar kann man darauf altklug erwidern: „Wenn deine Freunde dich nicht so nehmen, wie du bist, dann sind sie eben auch nicht deine Freunde." Danke Omi, aber den Spruch kenne ich schon. Fakt ist ja trotzdem, dass Freundschaften vor allem durch gemeinsamen Spaß entstehen und wachsen. Wenn einer die Gruppe ständig nur lahmlegt mit seiner „Da mach ich nicht mit"-Haltung, gefährdet das die Freundschaft auf lange Sicht gesehen eben doch.

Ich werde also vermutlich weiter versuchen, mich anzupassen – mir dabei aber immer wieder die gleichen Fragen stellen: Wie viele der Menschen, die hier alle das gleiche Programm abspulen, genießen das eigentlich? Denken die meisten von ihnen insgeheim wie ich? Oder bin ich wirklich die Einzige, die das alles ziemlich dämlich findet?

Glücklicherweise habe aber auch ich Grenzen. Es gibt nämlich auch Gruppenzwänge, denen ich mich nicht beugen will. Bei denen die Kosten-Nutzen-Rechnung also eher zu Gunsten meiner eigenen Authentizität ausgeht. Bei Drogen zum Beispiel. Oder in Sachen politische Meinung. Und ab sofort auch dann, wenn es wieder heißt: „Wir gehen alle ins Stadion. Kommst du mit?" „Nein", werde ich dann sagen. Und mir denken, dass das wirklich besser für alle Beteiligten ist.

Quelle: Lara Thiede: Gruppenzwang macht mich fertig. Die Angst aufzufallen, lässt mich Dinge tun, die mir eigentlich zuwider sind. Erschienen auf jetzt.de am 20. 03. 2018. Im Internet unter: https://www.jetzt.de/gutes-leben/sozialphobie-gruppendynamik

3 Authentizität: Glaubwürdigkeit, Echtheit

Aufgabe:

Schreibe eine Erörterung zu dieser Frage:

Ist es richtig, wenn man sich in seinem Verhalten anderen anpasst?

Gehe so vor:

- Führe in der **Einleitung** zur **Fragestellung** hin. Beziehe dich dabei auf den Text und beschreibe kurz das Problem, das die Verfasserin für sich sieht.
- Formuliere im **Hauptteil** mindestens **drei Argumente** aus, die dafür sprechen, dass man sich an andere anpasst. Reichere sie mit Beispielen an. Orientiere dich in deiner Argumentation sowohl an den Informationen aus dem Text als auch an eigenen Erfahrungen.
- Gelange am **Schluss** zu einem **Ergebnis:** Äußere deine **Meinung** zum Thema und verweise in dem Zusammenhang auf deine entscheidende Überlegung.

Dein Text muss mindestens 150 Wörter umfassen, er kann jedoch auch länger sein. Schreibe in vollständigen Sätzen. Gliedere deinen Text in Einleitung, Hauptteil und Schluss. Achte auf korrekte Sprache und Rechtschreibung, beides wird bewertet.

Aufgabe 2: Textbeschreibung Lyrik

Erich Kästner: Sozusagen in der Fremde

Er saß in der großen Stadt Berlin
an einem kleinen Tisch.
Die Stadt war groß auch ohne ihn.
Er war nicht nötig, wie es schien.
Und rund um ihn war Plüsch.

Die Leute saßen zum Greifen nah,
und er war doch allein.
Und in dem Spiegel, in den er sah,
saßen sie alle noch einmal da,
als müsste das so sein.

Der Saal war blass vor lauter Licht.
Es roch nach Parfüm und Gebäck.
Er blickte ernst von Gesicht zu Gesicht.
Was er da sah, gefiel ihm nicht.
Er schaute traurig weg.

Er strich das weiße Tischtuch glatt
und blickte in das Glas.
Fast hatte er das Leben satt.
Was wollte er in dieser Stadt,
in der er einsam saß?

Da stand er, in der Stadt Berlin,
auf von dem kleinen Tisch.
Keiner der Menschen kannte ihn.
Da fing er an, den Hut zu ziehn!
Not macht erfinderisch.

Quelle: Erich Kästner: Sozusagen in der Fremde. In: Ders.: Gedichte. Reclam Verlag, Stuttgart 1987, S. 32

Aufgabe:

Verfasse eine Textbeschreibung zu dem Gedicht „Sozusagen in der Fremde" von Erich Kästner.

Gehe so vor:

- Nenne in der **Einleitung** die **Textsorte**, den **Titel** sowie den **Namen des Verfassers** und bestimme das **Thema**. Stelle außerdem den formalen Aufbau des Gedichts dar (Anzahl und Länge der Strophen).
- Formuliere zu Beginn des **Hauptteils** eine **Kernaussage:** Erkläre, welche Botschaft das Gedicht vermittelt.
- Beschreibe danach die Situation der **Hauptperson**. Gehe auch auf deren **Gefühle** ein. Belege deine Aussagen anhand von Textstellen.
- **Erläutere** diese **Textstelle:** „Not macht erfinderisch." (V. 25)
- Gehe dann auf **Besonderheiten der Gestaltung** ein. Beschreibe zunächst das **Reimschema**. Beziehe dich dann auf **Gegensätze**, die in dem Gedicht aufgezeigt werden.
- **Beantworte** am Schluss diese **Frage:** *Wird sich an der Situation der Hauptperson etwas ändern?* Begründe deine Meinung.

Der Text muss mindestens 150 Wörter umfassen, er kann jedoch auch länger sein. Schreibe in vollständigen Sätzen. Gliedere deinen Text in Einleitung, Hauptteil und Schluss. Achte auf korrekte Sprache und Rechtschreibung, beides wird bewertet.

Aufgabe 3: Textbeschreibung Prosa

Stefanie Höfler: Tanz der Tiefseequalle (Auszug)

In diesem Jugendroman geht es um die Probleme eines Jungen, der aufgrund seiner Körperfülle von seinen Klassenkameraden gemobbt wird. Seine Erlebnisse werden abwechselnd von ihm selbst und von einer Klassenkameradin dargestellt. Im vorliegenden Textauszug erzählt der Junge von seinen Erlebnissen auf einer Klassenfahrt.

Das Zimmer teile ich mit Peter, Lenni und Amir. Die Zimmerverteilung war gar kein so großes Problem, wie ich befürchtet hatte. Überraschenderweise hat sich keiner der drei beschwert, dass er mit mir ins Zimmer muss. Als wir die Reisetaschen auspacken, sehe ich, wie Lenni durch seinen dunkelblonden Haarvorhang einen verstohlenen Blick auf meine zweite Jeans riskiert, bevor ich sie falte und in den schmalen Schrank lege, aber er sagt nichts und ich auch nicht. Wenn ich nicht ich wäre, sondern Lenni, würde ich vermutlich ebenso neugierig auf die überdimensionalen, ausgebeulten Riesenhosenböden meiner Jeans schielen. [...]

„Was gibt's heute noch?", frage ich Lenni, obwohl ich das Programm seit Wochen auswendig weiß, um mich mental auf jede einzelne Dicke-Leute-Schikane darin vorbereiten zu können.

„Abendessen, dann Nachtwanderung, glaub ich", sagt Lenni, ohne aufzublicken. Es klingt nicht besonders feindselig.

„Ob es hier cholesterinfreie Diät gibt?", sage ich. Lenni schaut mich überrascht an. „War ein Witz. Ich esse absolut alles. Sieht man das nicht?"

Lenni muss grinsen, und ich kann sehen, was er denkt. Der Dicke ist witziger, als ich dachte. Das ist auch so ein Vorurteil, dass Dicke wenigstens witzig sein müssen, wenn sie schon die ästhetischen Ansprüche anderer Menschen strapazieren. [...]

Das Abendessen ist genauso widerlich, wie alle, die schon einmal auf Klassenfahrt waren, es immer berichten. [...] Trotzdem esse ich den verklebten Nudelklumpen mit undefinierbarer brauner Soße und den matschigen Salat restlos auf, wahrscheinlich aus Gewohnheit, weil ich zu Hause auch nie etwas übrig lasse, damit Großmama nicht traurig wird. Natürlich bin ich der Einzige, der alles aufisst. Aber die anderen haben auch anderes im Kopf. Geschätzt die Hälfte der Klasse will auf dieser Klassenfahrt ihren ersten Kuss erleben, und die meisten davon wissen genau, dass sie sich minutiös vorbereiten müssen, wenn es klappen soll. Dass die Nachtwanderung dafür die beste Gelegenheit bieten dürfte, ist so klar wie die geschmacklose Salatsoße.

Fast alle glauben, dass der erste Kuss zwischen Sera und Marko stattfinden wird. Das ist wahrscheinlich auch der Grund dafür, dass sie beim Essen immer wieder zu den beiden hinüberschielen, um irgendwelche Anzeichen dafür aufzuschnappen, wann es soweit ist.

Ich bin wohl als Einziger überhaupt nicht aufgeregt, im Gegenteil: Auf die Nachtwanderung freue ich mich beinahe, zumindest ist das der Programmpunkt, vor dem ich mich am wenigsten fürchte. Ich habe im Dunkeln keine Angst, und da alle mit der Kussfrage beschäftigt sind, werde ich vermutlich eine ganze Stunde lang meine Ruhe haben.

Nach Einbruch der Dunkelheit gehen wir in loser Formation in Richtung Wald, Herr Helmer vorne, Frau Mast hinten. Jeder von uns hat eine kleine Laterne mit einem Teelicht bekommen, sodass wir aussehen wie eine Gruppe Kindergartenkinder beim Laternenumzug. Natürlich gibt es sofort Gerangel und einige machen Blödsinn mit den Laternen. Ich lasse mich ans Ende der Gruppe zurückfallen.

„Na, wie gefällt es dir?", sagt Frau Mast, die auf einmal neben mir auftaucht. Gäbe es in meiner Klasse jemanden, mit dem ich Wetten abschließen könnte, hätte ich genau darauf gewettet: dass am Wochenende einer der Lehrer die Aufgabe übernehmen muss, sich um den fetten Außenseiter zu kümmern. Ob sie es ausgelost haben?

„Gut", sage ich knapp. Eine kleine unangenehm aufdringliche Parfümwolke streift mich von der Seite.

„Kommst du klar?", fragt Frau Mast.

Ich weiß mit neunzigprozentiger Sicherheit, was andere über mich denken, aber manchmal hätte ich trotzdem gerne einen Wahrheitsabsauger. Den würde ich blitzschnell ans Ohr meines Gegenübers heften und er würde innerhalb eines Augenblicks die tatsächlichen Gedanken eben dieses Menschen absaugen und an mein eigenes Ohr transportieren. Jetzt gerade würde der Wahrheitsabsauger in etwa durchleiten: „Du arme Sau, Gott sei Dank war ich nie so fett wie du, bin es nicht und werde es nie sein. Wie soll ich jemanden wie dich bloß in diese Klasse integrieren?"

„Ob ich womit klarkomme?", frage ich. „Mit meiner Fettleibigkeit oder mit den Nebenwirkungen dieser Fettleibigkeit auf einem Klassenausflug voller Schwimmbäder und Kletterparks, der für sportliche Durchschnittsschüler kreiert wurde?"

Frau Mast holt tief Luft. Als Lehrerin sollte sie jetzt eigentlich ihre Grundkenntnisse in Psychologie auf mich anwenden und mit sanftmütiger Lebensweisheit auf meine Provokation reagieren. Aber ich kann beinahe spüren, wie ihr pseudoselbstverständlicher[1] Berg an Mitleid in Sekundenschnelle auf ein kleines Häuflein zusammenschrumpft. Zum Antworten kommt sie aber nicht mehr, denn gerade hat Jan mithilfe seiner Laterne ein paar Tannenäste angezündet, die augenblicklich lichterloh brennen, und sie sprintet los, um einen Waldbrand zu verhindern.

Quelle: Stefanie Höfler: Tanz der Tiefseequalle. Gulliver Verlag von Beltz & Gelberg, Weinheim 2018, S. 31–34

1 *pseudoselbstverständlich: scheinbar selbstverständlich*

Aufgabe:

Verfasse eine Textbeschreibung zu dem gegebenen Auszug aus dem Jugendroman „Tanz der Tiefseequalle" von Stefanie Höfler.

Gehe so vor:

- Nenne in der **Einleitung** die **Textsorte**, den **Titel** sowie den **Namen der Verfasserin** und bestimme das **Thema**. Fasse dann den Textinhalt mit wenigen Sätzen zusammen.
- Formuliere zu **Beginn des Hauptteils** eine **Kernaussage**. Beurteile die Situation des Ich-Erzählers. Überlege, ob es außer seiner Körperfülle noch einen anderen Grund dafür geben könnte, dass er anders ist als andere.
- Beschreibe danach den Umgang des Ich-Erzählers mit seiner Außenseiterrolle.
- Gehe auf **Besonderheiten der Sprache** ein. Stelle dar, wie der Ich-Erzähler sich ausdrückt, und frage dich, was das über ihn aussagt.
- Äußere am **Schluss** deine **Meinung** zum Ich-Erzähler. Wie **ehrlich** wirkt er auf dich? Begründe deine Meinung.

Der Text muss mindestens 150 Wörter umfassen, er kann jedoch auch länger sein. Schreibe in vollständigen Sätzen. Gliedere deinen Text in Einleitung, Hauptteil und Schluss. Achte auf korrekte Sprache und Rechtschreibung, beides wird bewertet.

Original-Prüfungsaufgaben

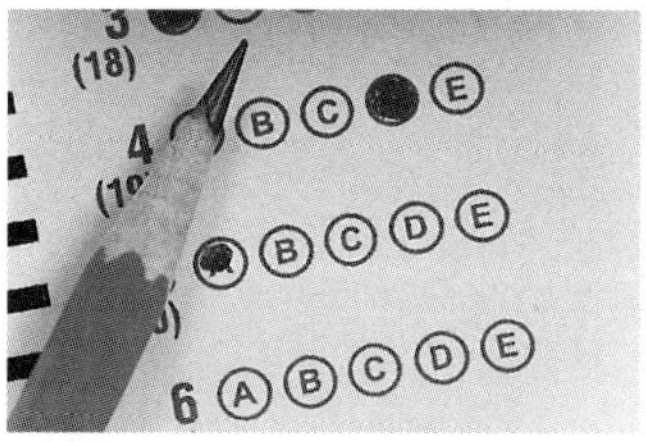

Hauptschulabschlussprüfung Baden-Württemberg – Deutsch 2020

Gesamtbearbeitungszeit: 180 Minuten

Teil A 1 und Teil A 2 (Pflichtteile)
Hilfsmittel: Rechtschreibwörterbuch, Lektüre „Schneeriese"
Alle Aufgaben sind zu bearbeiten.
Die Antworten sind auf separate Schülerbögen zu notieren.

Teil A 1

Nr. 1: Textverständnis

12 Punkte

Lies den Sachtext und bearbeite anschließend die Aufgaben.

Neue Stadt – neues Zuhause?
Wie junge Menschen häufig wohnen

Stell dir vor, du beginnst deine Ausbildung in einer fremden Stadt und musst von zu Hause ausziehen. Dann hast du verschiedene Möglichkeiten. Ob ein Zimmer in einer Wohngemeinschaft, ein Platz im Wohnheim oder gleich eine eigene Wohnung für dich das Richtige ist, hängt von verschiedenen Dingen ab. Es gehören einige Überlegungen dazu, von zu Hause auszuziehen und einen neuen Lebensabschnitt zu beginnen, besonders, wenn du gerade erst mit der Schule fertig bist und nun zum ersten Mal auf eigenen Füßen stehst.

In einer Wohngemeinschaft[1] (WG) ist immer etwas los. Langeweile kommt dort eher selten auf. Es ist so gut wie immer jemand zum Quatschen da und gemeinsames Kochen macht viel Spaß. Ein WG-Zimmer ist außerdem billiger als eine eigene kleine Wohnung und man muss nicht alles selbst anschaffen (Waschmaschine, Küchenutensilien, Staubsauger und so weiter), sondern jeder steuert etwas bei.

Rücksicht auf die anderen nehmen, Absprachen treffen und sich an den gemeinsamen Plan für notwendige Erledigungen halten, sollten eine Selbstverständlichkeit sein.

Ein Zimmer in einem Wohnheim ist meistens die günstigste Wahl, denn die Warmmiete kostet im Schnitt ca. 240 Euro im Monat. Viele Wohnheime vermieten komplett möblierte Zimmer, so muss man kein Geld für Möbel ausgeben. Außerdem liegen Wohnheime meistens in der Nähe der Ausbildungsstelle oder Berufsschule. Lange Fahrten fallen also weg. Gemeinschaftsräume bieten die Möglichkeit, Kontakte zu knüpfen, denn die Zimmer sind häufig zu klein, um sich mit Freunden zu treffen.

In einer eigenen Wohnung bist du Herrscher in deinem eigenen Reich und hast die größtmögliche Privatsphäre. Allerdings bist du auch selbst verantwortlich für die Einkäufe, das Putzen und das Wäschewaschen. Die Miete für die eigenen vier Wände ist erheblich höher als für ein Zimmer in einer Wohngemeinschaft oder einem Wohnheim. Gerade wenn du zum ersten Mal von zu Hause ausziehst, ist der Posten, der dafür monatlich von deinem Konto geht, ein ganz schöner Batzen. Außerdem kann man sich in einer eigenen Wohnung sehr einsam fühlen, wenn man noch nie zuvor allein gelebt hat.

Nach: https://www.das-richtige-studieren.de/vor-dem-studium/wohnungssuche/wg-wohnheim-oder-wohnung. Stand: 28.03.2019.

1 Wohngemeinschaft: Mehrere junge Menschen teilen sich eine Wohnung.

(1 P.) a) Nenne zwei der Möglichkeiten zu wohnen, die im Text vorgestellt werden.

(3 P.) b) Entscheide mit Hilfe des Textes, ob folgende Aussagen richtig oder falsch sind. Notiere auf dem Schülerbogen „richtig“ oder „falsch“.
1. Bei einem Zimmer im Wohnheim braucht man immer eigene Möbel.
2. In einer Wohngemeinschaft ist Rücksichtnahme wichtig.
3. Die Miete für eine eigene Wohnung ist günstiger als ein Zimmer in einem Wohnheim.

(2 P.) c) Erkläre die folgenden Formulierungen in eigenen Worten.
1. „Herrscher in deinem eigenen Reich“ (Zeile 21)
2. „ein ganz schöner Batzen“ (Zeile 26)

(6 P.) d) Jede Wohnform, die im Text genannt wird, hat ihre Vor- und Nachteile. Nenne jeweils ein Pro- und ein Contra-Argument aus dem Text.

13 Punkte Nr. 2: Sprachgebrauch

(4 P.) a) Die folgenden Wörter sind richtig geschrieben. Wie kannst du die Schreibung der fettgedruckten Buchstaben überprüfen?
1. War**mm**iete
2. W**ä**sche
3. regelmäßi**g**
4. schlie**ß**lich

(4 P.) b) Schreibe die folgenden Sätze mit <u>allen fehlenden Satzzeichen</u> auf den Schülerbogen.
1. Eine Auszubildende berichtet dass es ihr in ihrem Wohnheim sehr gefällt.
2. In einem Zimmer das du selbst eingerichtet hast fühlst du dich wohl.
3. Für die eigene Wohnung benötigst du ein Bett einen Kleiderschrank Geschirr und viele weitere Dinge.
4. Ich sage meinen Eltern Ihr braucht euch keine Sorgen zu machen.

(2 P.) c) Nenne für jede der genannten Wortarten ein Beispiel.
1. Personalpronomen
2. Konjunktion
3. Präposition
4. Verb in der Grundform

(3 P.) d) Setze die folgenden Sätze in die jeweils angegebene Zeitform.
1. Ich habe eine schöne Wohnung gefunden. (Futur 1)
2. Ich habe meine beste Freundin angerufen. (Präteritum)
3. Der Vermieter war sehr nett. (Präsens)

Teil A 2

Nr. 1: Lektüre „Schneeriese“ von Susan Kreller **25 Punkte**

a) Im Roman „Schneeriese“ werden verschiedene Themenfelder im Leben eines Jugendlichen angesprochen. Nenne fünf Themenfelder. (5 P.)

b) In dem Buch werden viele ungewöhnliche Wortverknüpfungen verwendet. Erkläre folgende Begriffe mit eigenen Worten. (3 P.)
1. siamesische Häuser (Seite 44)
2. Dreitotenhaus (Seite 16)
3. Haltestellenmoment (Seite 48)

c) Nenne sechs Merkmale, die Misses Elderly beschreiben. (6 P.)
Du kannst auch auf ihre Vorlieben eingehen.

d) Seite 52: „Stellas Blick war neu. Denn als sie verstanden hatte, wer da in der Tür stand, ließ sie für einen winzigen Moment ihre Mundwinkel sinken, es dauerte wirklich nicht lange, und trotzdem, am Ende entschied sich alles in diesen winzigen Mundwinkelmomenten.“ (3 P.)
Beschreibe, was Adrian in diesem Moment klar wird.

e) Stell dir vor, Stella ist wieder einmal zu Besuch bei Dato. Er interessiert sich natürlich sehr für das Leben von Stella und hat einige Fragen an sie. (8 P.)
Vervollständige den Dialog zwischen Dato und Stella. Verwende alle vorgegebenen Fragen und ergänze zwei weitere Fragen und die passenden Antworten. Schreibe in ganzen Sätzen und notiere den Dialog auf dem Schülerbogen. Achte auf korrekte Schreibweise. Verwende den Inhalt des Buches.

DATO: „Warum bist du ausgerechnet mit Adrian befreundet?“

STELLA: „…“

DATO: „Was hat es mit dieser Hollywoodschaukel auf sich?“

STELLA: „…“

DATO: „Warum sehe ich dich nie mit Adrian zusammen?“

STELLA: „…“

DATO: „Warum hast du früher Angst vor unserem Haus gehabt?“

STELLA: „…“

DATO: „…?“

STELLA: „…“

DATO: „…?“

STELLA: „…“

Teil B (Wahlteil)
Hilfsmittel: Rechtschreibwörterbuch
Eine der Aufgaben ist zu bearbeiten
Die Ausführungen sind auf den Schülerbögen zu notieren.

50 Punkte

Teil B

Text 1: Erörterung

Er wollte nicht ausziehen – Eltern verklagen 30-Jährigen

Das Zerwürfnis eskalierte am 2. Februar 2018. An diesem Tag bekam Michael Rotondo, 30 Jahre alt, wohnhaft im US-Bundesstaat New York, Post von seinen Eltern.

„Michael, nach einer Diskussion mit deiner Mutter haben wir entschieden, dass du dieses Haus so schnell wie möglich verlassen musst. Du hast 14 Tage Zeit auszuziehen. Wir werden alles unternehmen, was nötig ist, diese Entscheidung auch durchzusetzen.“ Statt mit „Mama und Papa“ unterzeichneten Michaels Eltern den Brief mit ihren vollen Namen. Denn den Rotondos war es bitterernst. So ernst, dass sie wenig später den entscheidenden Schritt unternahmen: Sie verklagten ihren eigenen Sohn, weil er einfach nicht ausziehen wollte. Vorausgegangen waren fünf schriftliche Bescheide inklusive zahlreicher Lebenstipps für den Sohn und ein Geldangebot von umgerechnet knapp 1 000 Euro, mit dem der Sohn sich eine eigene Bleibe suchen sollte.

Michael Rotondo, nach eigenen Angaben „Unternehmer“, nahm das Geld zwar, doch statt sich damit eine Wohnung zu suchen, nutzte er es, um Schulden zu begleichen.

Vor Gericht fand der junge Mann keine Unterstützung für seine Position: Der Richter des Obersten Gerichts des Bezirks gab den Eltern recht und wies den Sohn an, das Elternhaus zu verlassen.

„Das ist wirklich unfair mir gegenüber“, zitierte die „New York Post“ den Unterlegenen. Und: „Ich wollte da doch sowieso nicht mehr bleiben. Ich versuche schon sehr lange auszuziehen. Und sie haben einfach aufgehört, mir Essen zu geben, und telefonieren darf ich auch nicht.“

Vor Gericht lieferte sich Michael Rotondo eine verbale Auseinandersetzung mit dem Richter. Unter anderem beharrte er darauf, dass seine Eltern eine zusätzliche sechsmonatige Kündigungsfrist einhalten müssten. Eine Forderung, die Richter Donald Greenwood als „unerhört“ bezeichnete.

Doch wann ist eigentlich der richtige Zeitpunkt, von zu Hause auszuziehen?

Die eigenen vier Wände – das ist der große Traum vieler Jugendlicher. Allerdings bietet eine eigene Wohnung nicht nur viele Freiheiten, sondern bringt auch jede Menge Pflichten, Kosten und Arbeit mit sich. Für zahlreiche junge Frauen und Männer ist deshalb das sogenannte „Hotel Mama“, also der Verbleib im Elternhaus, eine Alternative, die sie gerne in Anspruch nehmen. Ein stets gefüllter Kühlschrank, immer frische Wäsche und ein geputztes Bad sind Vorzüge, auf die viele nicht so schnell verzichten wollen. Kommen dann noch knappe Finanzen hinzu, kann sich der Auszug weiter verzögern.

Das Alter, in dem junge Menschen das Elternhaus verlassen, weicht je nach Land deutlich voneinander ab. Junge Erwachsene in Deutschland ziehen im Durchschnitt erst mit 25 Jahren von zu Hause aus.

Nur eines ist in allen EU-Ländern gleich: In allen Staaten entschließen sich Frauen früher zum Auszug als ihre männlichen Altersgenossen.

https://www.welt.de/vermischtes/article176600346/Raus-aus-Hotel-Mama-Er-wollte-nicht-ausziehen-Eltern-verklagen-30-Jaehrigen.html, 23.05.2018
Simone Blass: Endlich ausziehen – oder doch lieber „Hotel Mama“?, https://www.t-online.de/leben/familie/erziehung/id_21133030/-hotel-mama-wann-jugendliche-aus-dem-elternhaus-ausziehen.html, Stand: 27. 03. 2019

Aufgabe:

Schreibe eine Erörterung zu der Frage: **„Dürfen erwachsene Kinder verlangen, bei den Eltern wohnen zu bleiben?“**

Beachte dabei folgende Punkte:
- Arbeite mindestens drei Argumente mit Beispielen heraus, die gegen das Ausziehen von zu Hause sprechen. Verwende Informationen aus dem vorliegenden Text.
- Äußere auch deine eigene Meinung zum Thema.
- Gehe darauf ein, wie du als Richter im Fall Rotondo entschieden hättest.

Der Text muss mindestens 150 Wörter umfassen, er kann jedoch auch länger sein. Schreibe in vollständigen Sätzen. Gliedere deinen Text in Einleitung, Hauptteil und Schluss. Achte auf korrekte Sprache und Rechtschreibung, beides wird bewertet.

Text 2: Lyrik

Erich Kästner: Besuch vom Lande

Sie stehen verstört am Potsdamer Platz.
Und finden Berlin zu laut.
Die Nacht glüht auf in Kilowatts.
Ein Fräulein sagt heiser: „Komm mit, mein Schatz!“
Und zeigt entsetzlich viel Haut.

Sie wissen vor Staunen nicht aus und nicht ein.
Sie stehen und wundern sich bloß.
Die Bahnen rasseln. Die Autos schrein.
Sie möchten am liebsten zu Hause sein.
Und finden Berlin zu groß.

Es klingt, als ob die Großstadt stöhnt,
weil irgendwer sie schilt[1].
Die Häuser funkeln. Die U-Bahn dröhnt.
Sie sind alles so gar nicht gewöhnt.
Und finden Berlin zu wild.

Sie machen vor Angst die Beine krumm.
Sie machen alles verkehrt.
Sie lächeln bestürzt. Und sie warten dumm.
Und stehn auf dem Potsdamer Platz herum,
bis man sie überfährt.

Erich Kästner: Besuch vom Lande, https://www.deutschelyrik.de/besuch-vom-lande-1929.html. Stand: 15. 10. 2019

1 schilt: ausschimpft, tadelt

Aufgabe:

Verfasse eine Gedichtbeschreibung. Beachte dabei folgende Punkte:
- Nenne Autor, Titel und Thema des Gedichts.
- Stelle den formalen Aufbau dar. Verwende die Fachbegriffe Strophe, Vers und Reim.

- Beschreibe, wie der Autor die Großstadt darstellt.
- Arbeite heraus, wie sich die Besucher vom Lande in der Großstadt fühlen und belege deine Aussagen mit passenden Textstellen.
- Verändere die letzte Strophe des Gedichts inhaltlich, sodass die Handlung für die Besucher gut ausgeht. Du musst nicht in Versen und Reimen schreiben.

Der Text muss mindestens 150 Wörter umfassen, er kann jedoch auch länger sein. Schreibe in vollständigen Sätzen. Gliedere deinen Text in Einleitung, Hauptteil und Schluss. Achte auf korrekte Sprache und Rechtschreibung, beides wird bewertet.

Text 3: Erzählung

Annette Rauert: Der Schritt zurück

Er stand am Rand. Zehn Meter unter ihm die gleißende Wasseroberfläche. Er hatte Angst, nackte Angst. Hinter sich hörte er die Stimme des Trainers: „Spring!“

Leute starrten nach oben. Er musste springen, damit sie ihre Sensation bekamen. Er fühlte, dass er es nicht schaffen würde. Er war noch nicht so weit. Aber er musste beweisen, dass er ein Mann war. Lieber tot sein, als sich vor diesen Gesichtern zu blamieren. Er blickte nach unten. Warum lächelte niemand? Lauter gespannte Ovale mit harten Augen. Er forschte in seinem Gewissen. Wenn er sprang, war irgendetwas damit erreicht? Tat er damit etwas Falsches? Etwas Richtiges? Er wusste, was er tun sollte, warum sträubte er sich dagegen? Aber war das Springen heldenhaft, hatte es einen Sinn? Ein Schritt nur! Sein Fuß schob sich langsam vor. Dann ging ein Ruck durch seine Gestalt. Er richtete sich auf und drehte sich um. Ganz bewusst. Seine Unsicherheit war von ihm gewichen, der Druck, der auf ihm lastete, verschwand. Langsam kletterte er die Leiter herab und schritt durch die starre Gruppe.

Zum ersten Mal in seinem Leben trug er den Kopf hoch. Er begegnete den Blicken der anderen mit kühler Gelassenheit. Keiner sprach ein Wort oder lachte gar. Er fühlte sich so stark, als hätte er gerade die wichtigste Prüfung in seinem Leben bestanden. Er spürte so etwas wie Achtung vor sich selbst. Eines Tages würde er springen, das wusste er plötzlich.

Annette Rauert: Der Schritt zurück, https://www.christoph-kreitmeir.de/spirituelles/textmeditationen/der-schritt-zurück, Stand: 19. 10. 2019

Aufgabe:

Verfasse eine Textbeschreibung. Beachte dabei folgende Punkte:

- Nenne Titel, Autor und Thema der Erzählung.
- Fasse den Inhalt zusammen.
- Beschreibe die Gefühle und Gedanken des Jungen.
- Bewerte seine Entscheidung.
- Stelle einen Bezug zu deinem eigenen Leben her.

Der Text muss mindestens 150 Wörter umfassen, er kann jedoch auch länger sein. Schreibe in vollständigen Sätzen. Gliedere deinen Text in Einleitung, Hauptteil und Schluss. Achte auf korrekte Sprache und Rechtschreibung, beides wird bewertet.

Hauptschulabschlussprüfung Baden-Württemberg – Deutsch 2021

Teil A 1

Warum sich Menschen tätowieren lassen: Über ein Schönheitsideal und den Spiegel der Persönlichkeit

Das Tätowieren liegt im Trend und macht einen Zeitgeist deutlich.

Tätowierungen zeigen eine Lebenseinstellung und weisen auf eine bestimmte Art der Persönlichkeit hin, da sind sich Experten einig.

Auf die Frage, warum Menschen sich tätowieren lassen, gibt es keine einfache Antwort. Valentina Stirn ist Ärztin und hat in zahlreichen Studien untersucht, was Menschen dazu bringt, ihren Körper dauerhaft zu verändern. Sie meint, dass der Wunsch, sich Motive in die Haut stechen zu lassen, nicht nur an einem bestimmten Schönheitsideal liegt, sondern auch eine spezielle Lebenseinstellung deutlich macht. „Wer sich tätowieren lässt, der markiert sich“, sagt Stirn.

Stirn unterscheidet zwischen Menschen, die nur ein oder zwei Tätowierungen haben und denjenigen, die eine Sammelleidenschaft entwickeln. „Für einige wird das Tattoo-Stechen zur Sucht. Sie haben das Verlangen nach immer mehr Tattoos.“

Stirn hat in ihren Studien festgestellt, dass Menschen mit vielen Tätowierungen experimentierfreudiger und risikobereiter sind als andere. Das können positive wie negative Eigenschaften sein. „Einerseits sind sie offen für Neues und abenteuerlustig, andererseits aber häufig auf der Suche nach noch mehr Reizen und Risiken.“

Der Psychologe Dirk Hofmeister forscht darüber, was vor allem junge Menschen dazu treibt, sich Tätowierungen oder Piercings stechen zu lassen. Der wichtigste Beweggrund von Jugendlichen sei ihr Drang nach Individualität. „Viele wollen einen Vorsprung vor Gleichaltrigen haben und herausragen, auffallen. Sei es durch Klamotten, Frisur, ungewöhnliche Hobbys – oder eben Körperschmuck“, sagt Hofmeister.

Neue Lebensabschnitte, wie zum Beispiel eine neue Liebe oder die Geburt eines Kindes, sind beliebte Momente, um sich ein neues Tattoo zu gönnen. „Die meisten Menschen überlegen lange, bevor sie sich tätowieren lassen. Sie entscheiden sich ganz bewusst, welches Motiv sie an welcher Körperstelle haben wollen. Schließlich bleibt ein Motiv, das unter die Haut gestochen wurde, ein Leben lang auf dem Körper“, sagt Hofmeister.

Genauso unterschiedlich wie die Auswahl der farbigen Motive sind auch die Persönlichkeiten der Tätowierten. Es ist schließlich ein Unterschied, ob sich jemand eine Axt auf den Rücken oder einen Delphin an den Knöchel stechen lässt. Eines scheinen die Tattoo-Träger jedoch gemeinsam zu haben: „Unsere Studien zeigen, dass Menschen mit Tätowierungen häufig gesprächiger sind als andere“, sagt Hofmeister.

Aus Umfragen geht aber auch hervor, dass sich nicht alle Arbeitnehmer im Klaren darüber sind, wie der Chef oder die Chefin zu sichtbaren Tattoos steht. Jeder Zehnte der Befragten glaubt, dass die eigenen Tattoos einen negativen Einfluss darauf haben, wie man beruflich wahrgenommen wird.

Einer von fünf hat sich der Karriere zuliebe sogar ganz gegen Tattoos entschieden. 28 Prozent der unter 34-Jährigen werden sich aus Sorge um ihre Karrieren wahrscheinlich nicht tätowieren lassen. Jeder zehnte Mann hat eine Beschwerde wegen seiner Tattoos am Arbeitsplatz erhalten – das sind doppelt so viele Beschwerden wie bei Frauen. Aber keine Panik: Nur jeder 50. hat wegen der Tinte unter seiner Haut schon mal den Job verloren.

Die Tatsache, dass inzwischen fast die Hälfte der 15- bis 25-Jährigen ein Tattoo oder Piercing trägt, zeigt, dass die gesellschaftliche Akzeptanz inzwischen deutlich größer ist als noch vor wenigen Jahren. Dennoch sei es für manche Arbeitgeber noch immer ein Problem, wenn ihre Mitarbeiter sichtbar tätowiert sind. Die Gründe dafür liegen möglicherweise darin, dass es Vorurteile gegenüber tätowierten Menschen gibt. In vielen Berufen jedenfalls möchten Arbeitgeber, dass Tätowierungen unter der Kleidung verborgen bleiben.

Quelle: Anna Vonhoff: Warum sich Menschen tätowieren lassen, Focus online vom 09.09.2014, im Internet unter: https://www.focus.de/gesundheit/ratgeber/psychologie/news/lifestyle-schoenheitsideal-und-spiegel-der-persoenlichkeit-warum-sich-menschen-taetowieren-lassen_aid_742024.html (Stand: 21. 06. 2021). Aus didaktischen Gründen verändert und gekürzt.

12 Punkte

Textverständnis

(2 P.) 1. Nenne zwei Gründe aus dem Text, warum sich Menschen tätowieren lassen.

(3 P.) 2. Entscheide mit Hilfe des Textes, ob die Aussagen richtig oder falsch sind. Notiere auf dem gesonderten Papierbogen „richtig" oder „falsch".
   a) Tätowierungen weisen auf eine spezielle Einstellung zum Leben hin.
   b) Die meisten Menschen entscheiden sich spontan für ein Tattoo.
   c) Tätowierungen sind ein häufiger Kündigungsgrund.

(3 P.) 3. Menschen mit vielen Tätowierungen zeigen andere Verhaltensweisen als nicht-tätowierte Menschen. Nenne hierfür drei Beispiele aus dem Text.

(4 P.) 4. Finde die vier im Text genannten Möglichkeiten für junge Menschen, sich von Gleichaltrigen abzuheben und schreibe sie auf den gesonderten Papierbogen.

13 Punkte

Sprachgebrauch

(2 P.) 5. Nenne für jede der genannten Wortarten ein Beispiel.
   a) Personalpronomen   b) Verb in der Grundform
   c) Konjunktion   d) Präposition

(2 P.) 6. Erkläre die Schreibung der fett gedruckten Buchstaben.
   a) Tätowierungen und Piercings sind nicht i**mm**er gern gesehen.
   b) Dies ist inzwischen nichts **A**u**ß**ergewöhnliches mehr.

(3 P.) 7. Ersetze die fett gedruckten Begriffe in den folgenden Sätzen durch ein anderes Wort mit der gleichen Bedeutung. Der Text kann dir helfen.
   a) Tätowierte wollen sich **kennzeichnen**.
   b) Wichtigste **Motivation** von Jugendlichen ist der Wunsch nach Individualität.
   c) Tätowierungen sind inzwischen deutlich häufiger gesellschaftlich **geduldet**.

(3 P.) 8. Übertrage die Sätze mit allen fehlenden Satzzeichen auf den gesonderten Papierbogen.
   a) Es ist nicht leicht zu erklären warum sich Menschen tätowieren lassen.
   b) Motive für ein Tattoo sind zum Beispiel ein Einhorn ein Delfin ein Schriftzeichen oder ein aufwändiges Bild.
   c) Morgen werde ich mir ein Tattoo stechen lassen sagt die 18-jährige Tochter zu ihrer Mutter.

(3 P.) 9. Setze die folgenden Sätze in die angegebene Zeitform.
   a) Er entscheidet sich für ein Tattoo am Oberarm. (**Perfekt**)
   b) Seine Tätowierung auf dem Rücken gefiel ihm nicht mehr. (**Präsens**)
   c) Am Montag lässt er sich im Tattoo-Studio beraten. (**Futur I**)

Teil A 2

Lektüre „Der Sonne nach" von Gabriele Clima **25 Punkte**

10. Im Roman werden wichtige Themenfelder im Leben eines Jugendlichen angesprochen. Nenne drei davon. (3 P.)

11. Ordne die folgenden Sätze den vorgegebenen Kapiteln des Buches zu. (8 P.)

    Beispiel: Kapitel 3 – Dario lernt Andy kennen.

    Kapitel:
    Kapitel 6, Kapitel 9, Kapitel 13, Kapitel 20, Kapitel 25,
    Kapitel 29, Kapitel 32, Kapitel 36

    Sätze:
    Dario und die Nonne retten einen verletzten Vogel.
    Rak motorisiert den Rollstuhl.
    Bei der Party lässt Dario Andy eine Weile alleine.
    Sie steigen in den Zug.
    Andy und Dario sitzen am Meer.
    Andy und sein Vater besuchen Dario zu Hause.
    Ankunft bei Darios Vater.
    Sie übernachten in einer Kirche.

12. Dario muss Elisa helfen, sich um Andy zu kümmern. Beschreibe in drei Beispielen, was Dario an ihrer Art, mit Andy umzugehen, stört. (3 P.)

13. In Kapitel 4 sagt Andy zum ersten Mal ein Wort zu Dario. Beschreibe kurz, worum es geht und wie Dario reagiert. (2 P.)

14. Nenne zwei Veränderungen, die Andys Vater nach seiner Rückkehr an Andy bemerkt. (2 P.)

15. **Hinweis zur Aufgabe**
    Aufgrund der erschwerten Lernsituation während der Corona-Pandemie standen den Fachlehrkräften zwei produktive Schreibaufgaben zur Auswahl, von denen den Schülerinnen und Schülern jedoch nur eine zur Bearbeitung vorgelegt wurde.

    Brief (7 P.)

    Nach ihrer Rückkehr sehen sich Dario und Andy für längere Zeit nicht. Dario denkt über viele Dinge nach. Stell dir vor, Dario schreibt Andy einen Brief, in dem er ihm erzählt, wie er die Reise mit ihm erlebt hat.

    - Nenne zwei Dinge, für die sich Dario bei Andy entschuldigt.
    - Beschreibe eine Begebenheit mit Andy, über die sich Dario gefreut hat.
    - Erzähle von einer Situation, in der sich Dario über andere Menschen geärgert hat.
    - Schreibe auf, was sich Dario vielleicht für die Zukunft wünschen würde.

    Schreibe Darios Brief. Gehe auf alle Punkte ein. Achte auf die korrekte Briefform. Auch die Rechtschreibung wird bewertet.

oder:

(7 P.) Dialog

Dario hat seiner Mutter nicht gesagt, dass er seinen Vater suchen will. Stell dir vor, dass die beiden nach Darios Rückkehr ein Gespräch führen, in dem sie sich über die Reise unterhalten.

- Dario berichtet, warum er mit Andy in den Zug gestiegen ist.
- Er erzählt, wodurch er auf die Idee gekommen ist, nach seinem Vater zu suchen.
- Er spricht von zwei spannenden Erlebnissen.
- Er nennt zwei schöne oder lustige Ereignisse.
- Er erzählt, wie sich Andy verändert hat.

Stell dir vor, wie der Dialog verlaufen sein könnte.

MUTTER: „Ich hab mir Sorgen um euch gemacht."

DARIO: „. . ."

MUTTER: „. . ."

DARIO: „. . ."

Schreibe einen Dialog. Gehe auf alle oben genannten Punkte ein. Achte auch auf die Rechtschreibung, denn diese wird auch bewertet.

Eine der Aufgaben ist zu bearbeiten.

50 Punkte

Teil B

Aufgabe 1: Erörterung

Kündigungsgrund: Tätowierung

Heutzutage ist es beinahe schwieriger, jemanden zu finden, der nicht tätowiert ist, als andersherum. Auf Instagram gibt es unter Hashtags wie #tattoo, #tattooinspiration oder #tattoogirls Millionen von Posts. Aber ist dieser Trend auch bei den Arbeitgebern angekommen? Oder haben Tätowierte noch immer mit Vorurteilen am Arbeitsplatz zu kämpfen? Eine repräsentative Umfrage kommt zu interessanten Ergebnissen. So tragen beispielsweise 60 % der befragten Führungskräfte Tattoos.

Überall dort, wo Menschen aufeinandertreffen, lassen sie sich von Äußerlichkeiten leiten – erst recht dann, wenn sie die Fähigkeiten anderer beurteilen sollen.

Dabei zeigt sich, dass Vorurteile einfach zu tief in unserem Gehirn verwurzelt sind. Auch deshalb galt eine Tätowierung bisher als Nachteil für die Karriere, denn der Körperschmuck diente lange Zeit traditionell als Merkmal von Seeleuten, Gefängnisinsassen und Gangmitgliedern. Doch weil Tätowierungen inzwischen in der Mitte der Gesellschaft angekommen sind, wächst nun offenbar auch die Akzeptanz unter angesehenen Berufen und wird auch noch weiter zunehmen. Das legt zumindest eine wissenschaftliche Studie nahe. Die Studie kommt zu dem Schluss: „Entgegen der landläufigen Meinung scheinen Tätowierungen die Aussichten auf dem Arbeitsmarkt inzwischen nicht mehr zu schmälern."

Die Tätowierung einer jungen Frau wurde jedoch kürzlich gerichtlich verhandelt. Sie hatte sich ein großflächiges Tattoo auf den rechten Unterarm stechen lassen. Das Verwaltungsgericht Darmstadt meinte, zu großflächig, jedenfalls für eine Polizistin. Die Frau war wegen des Tattoos nicht zum Auswahlverfahren für eine Ausbildung für den Polizeidienst zugelassen worden. Dagegen hatte sie geklagt. Die Richter jedoch meinten, das Verbot der Polizei sei nachvollziehbar.

Die Entscheidung wirft Fragen auf: Was darf ein Chef seinen Mitarbeitern verbieten? Welche Tattoos sind für welche Karrieren hinderlich? In der Arbeitswelt haben Chefs tatsächlich das Recht, beim Erscheinungsbild ihrer Mitarbeiter mitzusprechen. „Der Arbeitgeber ist Herr des Arbeitsbereichs. Er kann bestimmen, welchen Eindruck der Mitarbeiter in der Öffentlichkeit vermitteln soll", sagen Arbeitsrechtsexperten. Besonders strenge Regeln gelten für die Angestellten des öffentlichen Dienstes und für Beamte, wie zum Beispiel Polizisten. Sie stehen in einem besonderen Verhältnis zu ihrem Arbeitgeber und genießen in der Gesellschaft großes Vertrauen.

Auch bei Arbeitsplätzen mit Publikumsverkehr können Tätowierungen zur Ablehnung einer Bewerbung führen. Das könnte Bankangestellte betreffen, Flugbegleiterinnen und Flugbegleiter oder Servicekräfte im Restaurant. Sie alle sind verpflichtet, Vereinbarungen über das Erscheinungsbild zu beachten. Was optisch erlaubt ist oder nicht, entscheide jeweils der Arbeitgeber, sagen die Experten.

„In einem hippen Klamottenladen kann es sein, dass Tattoos sogar gern gesehen sind." Eine kleine, dezente Tätowierung sei kein Hindernis für den Polizeidienst, so das Darmstädter Verwaltungsgericht, die Tätowierung der Bewerberin wäre allerdings selbst in Uniform zu sehen gewesen.

Thomas März, der Chef eines Tätowier-Ladens, kennt diese Problematik. „Gerade junge Leute um die 20 wollen sichtbare Tattoos. Sie sind häufig leider sehr sorglos. Wir weisen die Kunden auf mögliche Nachteile hin, wenn es um Unterarme, Hände, Hals oder das Gesicht geht. Wir besprechen dann auch Alternativen." Tätowierungen seien für die Ewigkeit, „auch wenn es inzwischen Studios gibt, die Tätowierungen und deren Entfernung per Laser nach zehn Jahren im Paket verkaufen."

Diese Behandlung ist allerdings langwierig und schmerzhaft. Also sollte man sich vorher lieber gut beraten lassen.

Quellen: TATTOOS AM ARBEITSPLATZ Überraschende Studie: Führungskräfte sind häufiger tätowiert als ihre Untergebenen, STERN 21.10.2019, im Internet unter: https://www.stern.de/neon/vorankommen/karriere/tattoos-am-arbeitsplatz--ueberraschende-ergebnisse-bei-studie-8960472.html
Daniel Rettig: Tätowierungen sind kein Karrierekiller, Wirtschaftswoche vom 13.08.2018, im Internet unter: https://www.wiwo.de/erfolg/beruf/studie-taetowierungen-sind-kein-karrierekiller/22908162.html
Johanna Bruckner und Lisa Rüffer: Tattoo-Regeln im Job Kündigungsgrund: Körperschmuck, SZ.de vom 05.06.2014, im Internet unter: https://www.sueddeutsche.de/karriere/tattoo-regeln-im-job-kuendigungsgrund-koerperschmuck-1.1985902

Aufgabe:

Schreibe eine Erörterung zu der Frage: **„Hältst du es für richtig, dass die Arbeitgeber bestimmen, ob die Mitarbeiter sichtbare Tätowierungen haben dürfen?"**

Beachte dabei folgende Punkte:

- Nenne anfangs den Titel und gib kurz den Inhalt des Textes wieder.
- Benenne mindestens drei Beispiele für Berufe, bei denen der Arbeitgeber vielleicht auf Tätowierungen achtet.
- Nenne deinen Berufswunsch und gehe darauf ein, wie der zukünftige Arbeitgeber vermutlich zu Tätowierungen steht.
- Würdest du auf eine Tätowierung verzichten, weil dein Arbeitgeber Tätowierungen ablehnt? Begründe deine Haltung.

Der Text muss mindestens 150 Wörter umfassen, er kann jedoch auch länger sein. Schreibe in vollständigen Sätzen. Gliedere deinen Text in Einleitung, Hauptteil und Schluss. Achte auf korrekte Sprache und Rechtschreibung, beides wird bewertet.

Aufgabe 2: Textbeschreibung Lyrik

Mascha Kaléko. Sozusagen grundlos vergnügt

Ich freu mich, dass am Himmel Wolken ziehen
Und dass es regnet, hagelt, friert und schneit.
Ich freu mich auch zur grünen Jahreszeit,
Wenn Heckenrosen und Holunder blühen.
– Dass Amseln flöten und dass Immen[1] summen,
Dass Mücken stechen und dass Brummer brummen.
Dass rote Luftballons ins Blaue steigen.
Dass Spatzen schwatzen. Und dass Fische schweigen.

Ich freu mich, dass der Mond am Himmel steht
Und dass die Sonne täglich neu aufgeht.
Dass Herbst dem Sommer folgt und Lenz[2] dem Winter,
Gefällt mir wohl. Da steckt ein Sinn dahinter,
Wenn auch die Neunmalklugen[3] ihn nicht sehn.
Man kann nicht alles mit dem Kopf verstehn!
Ich freue mich. Das ist des Lebens Sinn.
Ich freue mich vor allem, dass ich bin.

In mir ist alles aufgeräumt und heiter:
Die Diele blitzt. Das Feuer ist geschürt.
An solchem Tag erklettert man die Leiter,
Die von der Erde in den Himmel führt.
Da kann der Mensch, wie es ihm vorgeschrieben,
– Weil er sich selber liebt – den Nächsten lieben.
Ich freue mich, dass ich mich an das Schöne
Und an das Wunder niemals ganz gewöhne.
Dass alles so erstaunlich bleibt, und neu!
Ich freu mich, dass ich … Dass ich mich freu.

Quelle: Mascha Kaléko: Sozusagen grundlos vergnügt. Aus Mascha Kaléko: In meinen Träumen läutet es Sturm.

1 *Immen: Bienen*

2 *Lenz: Frühling*

3 *Neunmalkluge: Besserwisser, Schlauberger*

Aufgabe:

Verfasse eine Textbeschreibung für das Gedicht. Gehe auf folgende Punkte ein:

- Nenne Autorin, Titel und Thema des Gedichts.
- Stelle den formalen Aufbau dar. Verwende die Fachbegriffe Strophe, Vers und Reim.
- Beschreibe, wie die Natur dargestellt und welche Stimmung dadurch erzeugt wird.
- Berichte von einer Situation, in der du dich selbst so gefreut hast, dass du die ganze Welt umarmen wolltest.

Der Text muss mindestens 150 Wörter umfassen, er kann jedoch auch länger sein. Schreibe in vollständigen Sätzen. Gliedere deinen Text in Einleitung, Hauptteil und Schluss. Achte auf korrekte Sprache und Rechtschreibung, beides wird bewertet.

Aufgabe 3: Textbeschreibung Prosa

Torsten Löschmann: Im Abseits

Entspannt ließ er sich aufs Sofa fallen. Es versprach ein gemütlicher Abend zu werden. Seine Frau war über das Wochenende bei ihrer besten Freundin und seine 15-jährige Tochter hatte sich gerade zu einer Party verabschiedet, von der sie erst spät zurückkommen würde.

Also war er allein mit dem Fernseher. Zufrieden schaltete er das Gerät an und wartete gespannt auf die bevorstehende Fußballübertragung.

Als er aufwachte, stellte er enttäuscht fest, dass er die zweite Halbzeit verschlafen hatte. Ein schneller Blick auf den Videotext verriet ihm, dass sein Verein mal wieder verloren hatte. Ein Fehlpass im letzten Drittel hatte zum entscheidenden Gegentor geführt. Leise fluchend erhob er sich vom Sofa und ging auf den Flur. Im Vorbeigehen fiel sein Blick auf die Uhr. Kurz vor elf. Gleich müsste seine Tochter nach Hause kommen.

Auf dem Flur sah er, dass ihre Winterjacke am Haken hing. Na großartig. Sie hatte mal wieder nur ein dünnes Jäckchen angezogen. Er seufzte. Morgen würde sie schniefend im Bett liegen und er konnte sich eine Standpauke seiner Frau anhören, warum er nicht darauf geachtet hatte, dass „das Kind" sich vernünftig anzieht.

Um kurz nach elf schüttelte er genervt den Kopf. Es war ja klar, dass sie sich verspäten würde! Eine halbe Stunde später marschierte er wütend im Wohnzimmer auf und ab. Sie war noch immer nicht zu Hause. Typisch. Nie hielt sie sich an Absprachen, regte sich ständig auf, dass ihre Eltern kleinkariert und viel zu streng seien. Sie hatte ja keine Ahnung, was einem Mädchen in der Nacht alles passieren konnte, so allein auf der Straße. Und dann auch noch ohne vernünftige Jacke! Um kurz vor zwölf griff er nervös zum Telefon. Schnell hatte er die Handynummer seiner Tochter eingetippt und wartete darauf, mit ihr verbunden zu werden. Sie hätte sich ja wenigstens melden können! In Gedanken legte er sich schon die Worte für sein Angriffsspiel zurecht, das würde eine Strafpredigt werden, die sich gewaschen hatte. Doch leider hörte er Sekunden später das Gerät seiner Tochter an der Garderobe summen. Nicht mal das Handy hatte sie mitgenommen. Er stürmte in den Flur, erschrak kurz vor seinem Spiegelbild, grimmiger Blick, Zornesfalten, mürrischer Mund, und wandte sich dem Klamottenwirrwarr an den Kleiderhaken zu. Beim wütenden Suchen des Handys riss er so an der Jacke, dass eine Naht aufriss.

Vor seinem inneren Auge erschienen schreckliche Bilder. Und gleichzeitig stieg der Ärger auf seine Tochter. Vermutlich tanzte sie gerade ausgelassen und scherte sich einen Dreck darum, dass ihr Vater sich daheim große Sorgen machte. Wie konnte man nur so unzuverlässig sein?

Da stellte er fest, dass er nicht einmal wusste, mit wem sie unterwegs war. Er hatte keine Ahnung, wo die Party überhaupt stattfand. Seine Frau hätte all das sicher erfragt.

Vielleicht würde ja auf ihrem Schreibtisch ein Hinweis liegen. Eine Einladung oder so etwas. Schnell rannte er in das Zimmer seiner Tochter, knipste die Schreibtischlampe an und durchwühlte schnaubend den Papierstapel auf der Tischplatte.

„He, Papa, was ist denn los?" Irritiert verharrte er in der Bewegung. Er drehte sich um und blickte in die verschlafenen Augen seiner Tochter. „Was machst du hier?", stieß er zu harsch hervor.

„Das ist mein Zimmer. Ich liege im Bett und versuche zu schlafen", antwortete sie gereizt.

„Seit wann bist du denn hier?", fragte er mittlerweile etwas sanfter.

„Halb elf", antwortete sie gähnend. „Du hast auf dem Sofa gepennt, als ich kam. Wollte dich nicht wecken." Und damit drehte sie ihm den Rücken zu und zog sich die Decke über den Kopf.

Quelle: Torsten Löschmann: Im Abseits. Aus: Neue Kurzgeschichten und Erzählungen, Persen Verlag, Hamburg 2020.

Aufgabe:

Verfasse eine Textbeschreibung zum vorliegenden Prosatext. Beachte dabei folgende Punkte:

- Nenne Titel, Autor und Thema der Erzählung.
- Beschreibe die beiden Hauptpersonen und deren Beziehung zueinander.
- Stelle dar, wie sich die Wut des Vaters entwickelt und nenne die einzelnen Gründe dafür.
- Stell dir vor, die Mutter kommt am nächsten Tag nach Hause. Schreibe auf, was der Vater seiner Frau über den Abend erzählt.

Der Text muss mindestens 150 Wörter umfassen, er kann jedoch auch länger sein. Schreibe in vollständigen Sätzen. Gliedere deinen Text in Einleitung, Hauptteil und Schluss. Achte auf korrekte Sprache und Rechtschreibung, beides wird bewertet.

Hauptschulabschlussprüfung Baden-Württemberg – Deutsch 2022

Um dir die Prüfung 2022 schnellstmöglich zur Verfügung stellen zu können, bringen wir sie in digitaler Form heraus.

Sobald die Original-Prüfungsaufgaben 2022 zur Veröffentlichung freigegeben sind, können sie als PDF auf der Online-Plattform *MyStark* heruntergeladen werden (Zugangscode vgl. Farbseiten vorne im Buch).

Prüfung 2022

www.stark-verlag.de/mystark

PRÜFUNGS-ANGST

STOPP DIE PANIK

Mit der Fußsohlen-Methode

Prüfungen können Angst- und Fluchtsituationen sein. Dein Körper schüttet Adrenalin aus und dämpft das Gefühl in den Füßen. Z. B. beim Weglaufen ist es gut, wenn man die Füße nicht spürt. Eine Prüfung ist aber **keine Gefahrensituation**. Signalisiere deinem Körper, dass du nicht weglaufen musst, und bring das Gefühl in deine Füße zurück:

Setze oder stelle dich hin.
Die Füße müssen den **Boden** berühren.

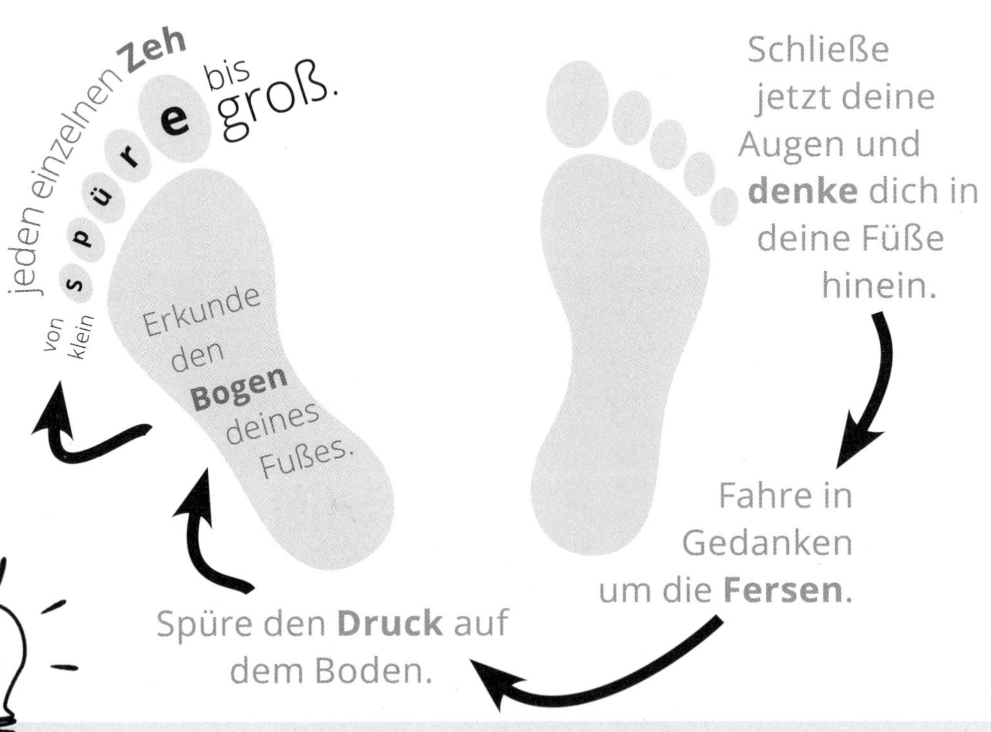

Dein Körper **fühlt** die Füße wieder und denkt, er sei in keiner Panik-Situation, sondern in **Sicherheit**.